本书为国家社科基金青年项目"海洋油污损害生态环境民事追责制度研究"（15CFX041）的最终成果

海洋油污损害生态环境民事追责制度研究

HAIYANG YOUWU SUNHAI SHENGTAI HUANJING

MINSHI ZHUIZE ZHIDU YANJIU

刘长霞◎著

中国政法大学出版社

2022·北京

图书在版编目（CIP）数据

海洋油污损害生态环境民事追责制度研究/刘长霞著. —北京：中国政法大学出版社，2022.7

ISBN 978-7-5764-0551-4

Ⅰ.①海… Ⅱ.①刘… Ⅲ.①海上溢油－海洋污染－国际法－研究 Ⅳ.①D996.9

中国版本图书馆 CIP 数据核字(2022)第 113926 号

出 版 者	中国政法大学出版社
地　　址	北京市海淀区西土城路 25 号
邮寄地址	北京 100088 信箱 8034 分箱　邮编 100088
网　　址	http://www.cuplpress.com（网络实名：中国政法大学出版社）
电　　话	010-58908285(总编室) 58908433（编辑部）58908334(邮购部)
承　　印	固安华明印业有限公司
开　　本	720mm×960mm　1/16
印　　张	15
字　　数	252 千字
版　　次	2022 年 7 月第 1 版
印　　次	2022 年 7 月第 1 次印刷
定　　价	69.00 元

　　我国拥有广阔海域，近年来，海上溢油导致的污染事件不断发生，无论来自船舶还是来自海上钻井平台的溢油事故均对海洋环境造成了损害，对既有海洋环境的生态功能造成了现实破坏，对人类海洋资源的未来进行了透支。与此同时，我国的相关法律制度尚不健全，油污事件发生后，缺乏有效追究相关责任者民事责任的法律依据及程序规范，致使油污受害者的权利难以得到有效保护，海洋生态环境修复缺乏充分的资金保障，溢油事故责任者有恃无恐。2011年的渤海康菲溢油事件便是一个例证，这次溢油事件对渤海湾海洋生态环境造成了难以估量的损失，但事后的法律追责却困难重重。

　　海洋环境油污事故带来的环境损害在广义上可以分为两种：一种是对私人财产权和人身权的损害，另一种是对作为公共产品（财产）的海洋生态环境的损害。第一种损害是传统侵权法所调整的内容，本书所讨论的是第二种损害，即海洋生态环境损害。在此语境下，本书不再将生态环境作为一种介质，以此来讨论和确定通过环境而引起的人身损害和财产损害，而是将生态环境单独作为一个本体，讨论对于海洋生态环境本身的损害如何进行追责。

　　本书以海洋油污损害生态环境民事追责制度为题，在分析梳理我国现行法律制度规定及司法实践中具体案例的基础上，结合国外相关制度及研究，从实体及程序两个方面对我国海洋油污损害生态环境民事追责法律制度进行研究，研究重点集中在三个部分：一为海洋油污损害生态环境民事追责的索赔主体，主要对现行法律规定的索赔主体及其索赔权基础进行探讨，在肯定多个不同主体均具有索赔权的基础上，进而提出不同索赔主体在海洋油污损害生态环境民事索赔中的功能界分和相互衔接；二为海洋油污损害生态环境民事责任的范围及其确定，这一部分是本书的核心和重点，也是理论和司法实践中的难点。明确的法律责任内容是进行有效民事追责的前提，本书对海洋油污损害生态环境民事责任的内容进行了归类研究，明确了其具体内涵及相互之间的关系；三为海洋油污损害生态环境民事责任的归责，主要在对海洋油污进行类型化区分的基础上，探讨了海洋油污损害生态环境民事责任主体的确定、民事责任的归责原则与免责。海洋油污损害生态环境民事追责的方式包含诉讼方式与非诉讼方式，两者各有优势，本书最后一部分对海洋油污损害生态环境的民事责任追究方式进行了研究与探讨，对我国相关法律制度进一步完善提出有益建议与理论支持。

第一章
CHAPTER 1

概　述

第一节　海洋油污来源的类型化区分

对于不同来源的油污所造成的海洋生态环境损害民事责任，应适用不同的法律制度来处理，因此，有必要对海洋油污的来源进行类型化区分。本节对当前国内外的主要油污事件进行梳理，并将海洋油污的来源大致区分为船舶油污、海洋石油开发过程中的油污（钻井平台油污）及其他油污三大类。

一、世界主要船舶油污事件统计

1. "托雷峡谷"号（Torrey Canyon）溢油事故

1967 年 3 月，利比里亚油轮"托雷峡谷"号因事故沉没并泄漏大量原油，污染了英法两国海岸和港口，造成大量鸟类与海洋生物死亡，重创海洋产品与旅游业，对英法两国的海洋生态环境造成严重破坏。

2. "阿莫科·加的斯"号（Amoco Cadiz）溢油事故

1978 年 3 月，利比里亚籍"阿莫科·加的斯"号油轮发生事故沉没，事故泄漏原油导致约 400 公里海域受污染。本次溢油事故造成事发海域约 30% 的海洋动物和 5% 的植物被毁灭，鸟类大量死亡，渔业、旅游业、餐饮业及居民日常生活受到严重影响。

3. "埃克森·瓦尔迪兹"号（Exxon Valdez）溢油事故

1989 年 3 月，美国籍油轮"埃克森·瓦尔迪兹"号发生搁浅事故，事故致使 4000 多万吨原油泄漏进入附近海域，严重污染近 2000 公里海岸线，造成大量海洋生物死亡，甚至部分鱼类灭绝，给当地相关企业及居民带来严重经济损失。据估算，本次事故造成的实际损失高达 80 亿美元，仅清污费用就高达 25 亿美元。事发后，相关受害者就其污染损失向法院提起诉讼，要求经济赔偿。1994 年 9 月 16 日，阿拉斯加州的一家联邦法院判处埃克森公司 50 亿美元的罚款，相关诉讼一直持续到 2009 年。

4. "爱琴海"号溢油事故

1992 年 12 月，希腊油轮"爱琴海"号在西班牙西北海岸搁浅，事故造成至少 6 万吨原油泄漏，致使加利西亚沿岸 200 公里海域受到严重污染。

5. "布里尔"号溢油事故

1993 年 6 月，"布里尔"号油轮在苏格兰海域发生搁浅事故并泄漏大量原油，事故造成周围海域海洋生态环境严重污染。

6. "海洋女王"号溢油事故

1996 年 2 月，利比里亚籍"海洋女王"号油轮在发生搁浅事故，约 14.7 万吨原油泄漏入海，给事发海域海洋生态环境带来严重污染。

7. "埃里卡"号（Erika）溢油事故

1999 年 12 月，马耳他籍油轮"埃里卡"号发生碰撞事故致使船体断裂，事故造成一万多吨重油泄漏入海，造成沿海 400 公里区域受到污染，对法国等地的海洋生态环境造成严重污染。

8. "威望号"（Prestige）轮溢油事故

2002 年 11 月，装载着 7.7 万吨燃油的巴哈马籍油轮"威望号"轮在西班牙海域沉没，约 6 万吨燃油随船体沉入 3600 米深海底，并慢慢泄漏，溢油事故造成法国、西班牙及葡萄牙等国数千公里海岸受到严重污染。

9. "伏尔加石油 139"轮溢油事故

2007 年 11 月，俄罗斯籍"伏尔加石油 139"号油轮因遭遇恶劣天气发生沉没事故，大量重油泄漏入海带来严重海洋生态环境污染。

二、世界主要海上钻井平台油污事件统计

1. 克斯托克 1 号钻井平台溢油事故

1979 年 6 月，墨西哥湾克斯托克 1 号探测油井发生爆炸，并导致大量石油进入附近海域，最终造成墨西哥湾海域严重海洋生态环境污染。

2. 美国墨西哥湾溢油事故

2010 年 4 月，"深水地平线"（Deepwater Horizon）钻井平台发生爆炸。事故致使约 7000 万吨原油泄漏，并导致约 3000 公里海域海洋生态环境遭受

污染。

除上述船舶油污及钻井平台油污事件外，也有一些其他因素造成的严重溢油污染损害事件，如在 20 世纪 90 年代的海湾战争中，科威特境内的油井被伊拉克军队在撤离前点燃，导致大量石油泄漏，对附近区域海域造成严重污染损害。

三、我国主要海洋油污事件统计

1. "闽燃供 2"轮溢油事故

1999 年 3 月，台州公司所有的"东海 209"轮与福建公司有的"闽燃供 2"轮在伶仃水道附近海域发生碰撞，造成重油泄漏，导致珠海市部分水域及海岸带污染。

2. "塔斯曼海"轮油污事故

2002 年 11 月，马耳他籍油轮"塔斯曼海"轮与大连"顺凯一号"在天津大沽锚地东部海域发生碰撞，导致不少于 200 吨的大量原油泄漏，影响 359.6 平方公里海域。溢油事故致事发海域海洋沉积物中油污含量严重超过正常值，渤海湾西岸海洋渔业资源遭受重创，海洋生态环境遭到严重破坏。

3. 中国大连输油管爆炸事故

2010 年 7 月，一外籍油轮在大连新港卸油过程当中，因操作不当引发输油管线爆炸，并引发海洋原油污染。本次事故造成当地海域大面积污染，其中，重度污染海域面积约为 12 平方公里，一般污染海域为 52 平方公里。

4. 蓬莱康菲溢油事件

2011 年 6 月，中国渤海蓬莱 19-3 油田发生溢油事故。据国家海洋局[1]的统计，本次事故导致大量原油泄漏，污染渤海约 7% 的海域面积。污染事故给当地渔民、水产养殖户带来巨大经济损失。

5. "桑吉"轮油污事故

2018 年 1 月，巴拿马籍"桑吉"轮与香港籍"长峰水晶"轮在长江口以东约 160 海里处发生碰撞，事故致"桑吉"轮失火爆炸，事发时"桑吉"轮

---

[1]　2018 年 3 月，中共中央印发《深化党和国家机构改革方案》。依据该方案第 24 条，国家海洋局的职责划归入新组建的自然资源部，不再保留国家海洋局。依据第 25 条，国家海洋局的海洋环境保护职责划入新组建的生态环境部。

载有约 13.6 万吨凝析油。

通过对国内外主要溢油事故进行简单梳理可知，当前比较有影响的海洋油污损害生态环境事件中，油污来源主要有两种：船舶油污与海上钻井平台油污，其中船舶油污又分为船舶燃油污染与船载货油污染。相较于海上钻井平台油污，船舶油污所占比例更大。据国际油轮防污联盟的数据统计，1990年至 2000 年，共有 358 起 7 吨及以上的石油泄漏事故，造成 1 134 000 吨石油损失，其中 73% 是在 10 起事故中泄漏的；2000 年至 2010 年，也即在 21 世纪初，共有 181 起 7 公吨及以上的石油泄漏，造成 19.6 万公吨的石油流失，其中75% 是在 10 起事故中泄漏的；2010 年至 2020 年，有 63 起 7 吨及以上的石油泄漏，造成 164 000 吨石油损失，其中 91% 是在 10 起事故中泄漏的。一次事故造成了大约 70% 的石油泄漏。1970 年至 2020 年期间，50% 的大型泄漏发生在船舶在开阔水域航行时；碰撞和搁浅是造成船舶燃油和货油泄漏的主要原因。[1]

船舶油污与海上钻井平台油污在事故影响特别是对海洋生态环境的破坏上具有极高的相似性，在后续损害赔偿中受害人的确定、损害评估、生态环境修复等问题上具有高度一致性，但两者毕竟属于完全不同的海事活动，在责任主体上存在较大的差异，船舶油污往往与海上货物运输交织在一起，油污损害赔偿往往受到海商法上特殊民事法律制度的影响。船舶油污与海上钻井平台油污损害海洋生态环境的民事追责有无进行整合的必要及整合可能性，如何进行整合等问题，本书将在后续章节进行详细探讨。除上述比较有影响力的两类油污以外，其他油污事件主要表现为陆源油污，这类油污事件在实践中所占比例较小，影响不大，司法案例不多。本书所探讨的海洋油污损害生态环境民事追责制度主要针对前两种油污事件。

第二节　海洋油污损害生态环境民事追责的意义

传统上，对作为公共利益的生态环境损害主要通过行政追责来救济。近年来，随着生态环境公法私法化的发展，通过民事追责的方式来救济受损害的生态环境成为一种新的方式，"国家不仅可以通过行政机关对污染、破坏环

---

〔1〕 载 https://www.itopf.org/knowledge-resources/data-statistics/statistics/，最后访问日期：2022年 2 月 20 日。

境的行为进行规制，而且还可以作为资源的所有人或所有权人代表向污染者主张民事性质的赔偿或环境修复费用。"[1]在生态环境损害的民事追责领域，我国已经具有行政主管机关通过私法途径获得救济的相关法律规定，并积累了一定的司法实践。

本书着重从事后的民事追责角度，探讨溢油事故发生后如何对遭受破坏的海洋生态环境进行有效的民事救济，以降低油污事故对海洋生态环境所带来的不利影响。海洋溢油事故后民事救济机制的建立和完善，一方面，可以使相关行为人基于严格法律制度的存在而采取更为审慎的态度，对油污事故的发生起到预防作用；另一方面，在油污事故发生后，我们能通过完善的制度使受损的海洋生态环境尽可能地获得填补，为受损海洋生态环境的修复提供物质保障。

一、海洋油污损害生态环境民事责任的特殊性

民事责任与行政责任对海洋油污损害生态环境的追责都具有重要意义。尽管两者是两种性质完全不同的责任类型，但两者在一定范围内也存在一些交叉，民事追责有时也可以借助行政手段来实现，如：行政调解与行政仲裁就是民事追责的实现方式。本书讨论的主要内容为海洋油污损害生态环境的民事追责，但并不因此否认行政责任的意义及其重要性。

海洋油污损害生态环境民事责任与行政责任的区别在于：

第一，两种责任对行为违法性的前提要求不同。

目前，环境法学界一般认为环境侵权民事责任不以违法性为构成要件，如，环境法学者吕忠梅等教授认为，环境损害赔偿责任不以违法性为前提。[2]排污者在排放污染物时，即使符合法定排污标准，但如果这种排污明显造成了他人的损害，排污者也应对这种损害承担赔偿责任。《最高人民法院关于审理环境侵权责任纠纷案件适用法律若干问题的解释》第1条的规定对此进行了明确，依据该条规定，污染者以排污符合国家或者地方污染物排放标准为由主张不承担责任的，人民法院不予支持。

---

〔1〕　参见吕忠梅等：《环境损害赔偿法的理论与实践》，中国政法大学出版社2013年版，第258页。

〔2〕　吕忠梅等：《环境损害赔偿法的理论与实践》，中国政法大学出版社2013年版，第80页。

一般而言，环境行政责任以行为的违法性为前提，而环境民事责任则不同。例如，取得排污许可并且严格遵守排污许可进行排放，即使造成了环境污染，[1]也不会承担环境行政责任。但如果这一排污行为造成了环境损害，则应当承担一定的民事责任。因此，相较于环境行政责任而言，环境民事责任的追责范围更为广泛。

第二，两种责任的承担方式不完全一致。

行政处罚是行政责任中相对而言比较严厉的手段，也是对责任人比较具有震慑力的一种行政责任承担方式。行政处罚是借助公权力实现国家对环境污染的统一治理与规划，[2]行政处罚不仅保护特定受害人的利益，还具有维护社会公共利益的目的。因此，行政处罚在具体形式中不以具备特定受害人为要件。相较于民事责任而言，行政处罚在对责任人的惩戒上具有简单易操作的特点。

在民事责任领域，损害赔偿等责任承担方式属于私法范畴，为了确认受害人的索赔权，必须考虑受害人的主客观状态，并由受害人加以主张。

当前，我国相关法律对生态环境污染损害行为的行政救济手段主要体现为行政强制执行和行政处罚，这两种手段在实践运用中均具有一定的局限性。一方面，依照《中华人民共和国行政强制法》的规定，相关主管机关在运用行政强制执行措施开展生态环境损害救济时，其权限非常有限。此外，可供使用的行政代履行制度在权利主体、行使程序、费用保障等方面仍存在制度上的不完善；另一方面，我国相关法律对环境污染损害行为的行政处罚金额相对较低，海洋油污损害往往带来巨大损失，仅仅依靠一定限额的罚款无异于杯水车薪。而民事责任的承担往往与损害程度相对应，对损害的救济也更为充分。

二、海洋油污损害生态环境民事追责的重要性

尽管溢油事故给海洋生态环境带来了巨大的破坏，但发展海洋运输业、开发海洋石油等活动均为社会发展所必需的事项，因此，油污损害风险仍将长期存在。此时，从法律制度设计上完善海洋油污损害生态环境的事先预防

---

[1] 排污行为必然会带来环境的污染，许可本身就是一种环境价值化，通过许可允许一定的环境污染的存在。

[2] 参见吕忠梅等：《环境损害赔偿法的理论与实践》，中国政法大学出版社 2013 年版，第 64 页。

与事后救济就更为重要。对于事后救济而言，民事追责制度的意义在于：

第一，油污损害生态环境民事追责是救济海洋生态环境的物质保障。

在油污致海洋生态环境损害时，为了恢复受损海洋生态环境或减轻油污所导致的生态环境的破坏，必然需要大量人力、物力及财力的投入。对油污责任人有效的民事追责，可以填补既有损害，为改善受损海洋生态环境提供物质保障。

第二，油污损害海洋生态环境民事追责制度的存在是对潜在责任人的有效震慑。

海洋油污损害生态环境事件的发生原因，除了难以避免的天灾以及人类尚无法克服的技术缺陷以外，存在很大比例人为的不正规操作及疏忽大意。在渤海康菲溢油事件中，事故发生后组成的联合调查组在深入细致调查分析的基础上认为，作业者不正确破坏地层是海底溢油的重要原因，作业者在事故发生后理应立即停注排查时却未果断停注，造成溢油量增加。[1]

溢油事故发生后，康菲公司对溢油损害的民事赔偿问题消极应对，这很大程度上缘于我国尚未形成完善的油污损害赔偿及民事追责制度。完善、有效的民事追责制度的存在，会在一定程度上对油污潜在责任人起到一定的威慑作用，使他们在开展相关海洋工程作业时采取更加谨慎尽责的态度与方式。

第三，油污损害海洋生态环境民事追责制度的存在，有利于推动相关主管机关积极应对油污事件。

在渤海康菲溢油事件中，国家海洋局在事件的处理中处于相对被动的局面，更多的是被社会和舆论压力推着走，整个事件的处理过程相对软弱。而良好的民事追责制度的存在，会为相关主管机关采取合理应对措施提供法律上的支持与保障。

第四，海洋油污损害生态环境民事追责是事前预防失败后的补救措施。

对海洋生态环境的良好维护，事前预防比事后补救更为重要。尽管如此，事前预防更多是一种对于未来的规划，其有效实现受制于各种因素。事后追责制度的存在，一方面有利于事前预防的更好实现，另一方面也为事前预防失败后提供合理的救济制度保障。

---

[1] 参见"蓬莱 19-3 油田溢油事故联合调查组公布调查结论"，载 http://www.gov.cn/gzdt/2011-11/11/content_1990862.htm，最后访问日期：2022 年 2 月 20 日。

第二章

海洋油污损害生态环境民事追责的索赔主体

海洋油污损害生态环境民事追责的首要问题是明确有权进行追责的主体。当前，在海洋生态环境损害赔偿领域的索赔主体大致包含了国家、社会组织及人民检察院。本章主要在对各索赔主体的索赔权利来源、相关法律规定及司法实践进行分析的基础上，探讨不同索赔主体在我国海洋油污损害生态环境民事追责中的功能界分及相互衔接，并提出完善我国海洋油污损害生态环境民事索赔主体法律制度的相关建议。

第一节 国家的索赔权

一、国家索赔权的相关法律规定

在海洋油污损害事故发生后，国家是否有权就油污所引发的海洋生态环境损害提起赔偿？这一问题涉及的相关法律规定及司法解释主要有三个：《中华人民共和国海洋环境保护法》（以下简称《海洋环境保护法》）、《最高人民法院关于审理海洋自然资源与生态环境损害赔偿纠纷案件若干问题的规定》以及《海洋生态损害国家损失索赔办法》（以下简称《索赔办法》）。

（一）《海洋环境保护法》的规定

自1982年发布以来，我国的《海洋环境保护法》已经进行了多次修订。最早的1982年《海洋环境保护法》共四十八条，纵观这四十八条的规定，其内容更偏重行政管理。第七章法律责任部分的第41条规定，主管机关可以对造成或可能造成海洋环境污染损害的责任人收取相关费用、赔偿金以及罚款。结合该条的规定，我们可以看出，该条所称的海洋环境污染损害，主要局限于清污费用及国家收取的排污费，而主管机关收取两项费用的权利主要是通过行政处罚或行政决定而进行的，并非一种民事意义上的索赔权。

1999 年修订后的《海洋环境保护法》第 90 条的规定第一次涉及对海洋生态环境本身损害的赔偿问题，该条文第 2 款的原文表述如下："对破坏海洋生态、海洋水产资源、海洋保护区，给国家造成重大损失的，由依照本法规定行使海洋环境监督管理权的部门代表国家对责任者提出损害赔偿要求。"之后，在 2013 年、2016 年、2017 年，《海洋环境保护法》分别进行了三次修正，这几次修正对该条款的内容只字未改，唯一的变化是自 2016 年始，条款顺序从第 90 条变更为了第 89 条。

1. 《海洋环境保护法》第 89 条的规定具有先进性及积极意义

《海洋环境保护法》是较早对生态环境损害本身进行规定的法律之一，该法第 89 条的规定具有两个积极意义：第一，突破了传统环境损害的范围，提出了生态环境本身的损害；第二，对于给国家造成重大损失的海洋生态环境污染事件，明确授权海洋环境监督管理部门代表国家就生态环境损害向污染责任者进行索赔。

早在 1999 年《海洋环境保护法》就能做出这样的规定，可以说是非常先进的。海洋生态环境损害只是整个生态环境损害的内容之一，《中华人民共和国环境保护法》（以下简称《环境保护法》）作为在更广泛领域适用的法律，并未对上述问题作出详细规定，其对环境损害的规定仍局限于传统的以环境为介质所造成的人身损害与财产损害。《中华人民共和国侵权责任法》（以下简称《侵权责任法》）第八章专门对环境污染责任进行了规定，共四条，内容包含举证责任分配、责任承担及责任人的确定，并未对生态环境损害的索赔主体作出特殊规定。《侵权责任法》体系下所涉及的环境污染损害，主要是指以环境为介质所造成的人身损害与财产损害，同样未涉及对生态环境本身损害的规范。直到 2021 年《中华人民共和国民法典》（以下简称《民法典》）实施生效，对生态环境本身的侵权行为损害赔偿问题才在侵权责任编中进行了规定，并且明确了国家规定的机关的民事索赔权。

对于生态环境本身的损害如何索赔，《环境保护法》中与之相关的条款主要体现在第 58 条的规定，该条款是对环境公益组织诉权的规定，依据该条的规定，符合条件的社会组织对污染环境、破坏生态而损害公共利益的行为具有诉权。这一规定实质上不再将生态环境损害的民事索赔局限于以环境为介质而造成的人身损害与财产损害，而将其扩展为损害公共利益的行为，与生态环境自身损害具有一定相似性。[1]与《海洋环境保护法》的规定相比，《环境保护法》并未提及国家对生态环境损害的民事索赔权，更多规定了各级政府部门在生态环境保护方面的职责及对破坏生态环境行为的处罚权。

2. 对《海洋环境保护法》规定的两点思考

除却上述积极意义，依据《海洋环境保护法》第89条的规定，我们可以看出，海洋环境监督管理部门就海洋生态环境污染损害向责任人索赔有两个要点：第一，行使海洋环境监督管理权的部门是代表国家索赔，也就是说真正的索赔权主体是国家；第二，海洋环境监督管理部门索赔的前提是相关污染事件给国家造成了重大损失。

基于上述两点，我们有以下思考：

第一，《海洋环境保护法》赋予海洋环境监督管理部门的索赔权，对这些管理部门而言，是权利还是义务？

通常理解认为，第2款赋予海洋环境监督管理部门的索赔权是一种权利，依据该条，在海洋生态环境发生损害时，相关管理部门有权代表国家向责任人索赔。但如果仅仅将其视为一种权利，那么，相关管理部门是否有权代表国家放弃索赔权？现实中，海洋环境监督管理部门有多个，如果这些部门对油污所致的海洋生态环境损害均不索赔，该如何处理？《海洋环境保护法》的这种授权性规定，给海洋生态环境民事追责的最终实现带来不确定性。

第二，海洋环境监督管理部门索赔的前提是相关污染事件给国家造成了重大损失，那么何为重大损失？

国家海洋局发布的《索赔办法》对这一标准进行了明确，其第3条详细列举了海洋生态损害国家损失的范围所包含的五项费用，并规定总费用超过30万元的，属于重大损失。但《索赔办法》属于部门性规范，其对重大损失的规定是否适用于所有依据《海洋环境保护法》第89条第2款提起的海洋生态环境损害赔偿呢？《索赔办法》主要规范海洋行政部门针对海洋生态环境损害而进行的索赔，而实践中，除了海洋局外，渔业管理部门代表国家提起海洋生态环境损害索赔的司法实践更为普遍。[2]因此，《海洋环境保护法》对

---

〔1〕 之所以说具有一定相似性，是因为还是存在不同。

〔2〕 本章后续第三部分"国家索赔权的司法实践"详细介绍了司法实践中代表国家提起海洋生态环境损害索赔的相关管理机关。

代表国家的海洋环境监督管理部门提起海洋生态环境损害索赔设置的前提条件——"重大损失"，并没有明确的统一适用的标准。也即，对于海洋环境监督管理部门在何时何种情形下应代表国家提起海洋生态环境损害赔偿，并没有统一明确的标准。

（二）《最高人民法院关于审理海洋自然资源与生态环境损害赔偿纠纷案件若干问题的规定》

该司法解释由最高人民法院 2017 年 12 月 29 日发布，并于 2018 年 1 月 15 日实施。整个司法解释共十三条，主要适用于人民法院审理请求赔偿为《海洋环境保护法》第 89 条规定的海洋自然资源与生态环境损害而提起的诉讼。

关于海洋自然资源与生态环境损害索赔权，该司法解释第 3 条明确规定："海洋环境保护法第五条规定的行使海洋环境监督管理权的机关，根据其职能分工提起海洋自然资源与生态环境损害赔偿诉讼，人民法院应予受理。"

可以说，最高人民法院的这一司法解释，是从司法实践的角度，再次肯定了《海洋环境保护法》第 89 条第 2 款所授予的行使海洋环境监督管理权的部门代表国家提起海洋生态环境损害赔偿的索赔权，也是从诉讼角度，针对如何实现《海洋环境保护法》第 89 条所规定的海洋生态环境损害索赔的专门性司法解释。

（三）《索赔办法》的规定

《索赔办法》是国家海洋局 2014 年出台的部门规范性文件。《索赔办法》第 1 条明确了其立法目的，依据《海洋环境保护法》第 90 条第 2 款的规定，[1]为了保护海洋生态环境，规范海洋生态损害国家损失索赔工作而制定。可以说，《索赔办法》是对如何实施《海洋环境保护法》第 89 条第 2 款的进一步规定。

《索赔办法》共十六条，再一次明确规定海洋行政主管部门在相关行为导致海洋生态环境污染或破坏，造成国家损失的情况下，可以向责任者提出赔偿要求，并详细列举了可能会导致海洋生态环境污染或破坏的十二种行为。

1. 海洋行政主管部门在索赔工作中的分工

依据《索赔办法》的规定，国家海洋局与省级海洋主管部门分级别负责海洋生态损害国家索赔工作，其中国家海洋局负责监督管理，省级海洋行政

---

〔1〕　现行《海洋环境保护法》第 89 条第 2 款。

主管部门负责管辖海域内的海洋生态国家损失索赔。同时，所在海区国家海洋局派出机构负责跨省索赔工作、地方管辖海域以外的国家损失索赔工作，以及同一事件造成上述两种规定海域海洋生态损害的国家损失索赔工作。

2. 索赔程序

按照《索赔办法》的规定，海洋行政主管部门在发现海洋生态损害行为或接到相关报告、通报后，如认为需要就海洋生态损害进行索赔的，应委托具有相应技术能力及独立法人资格的机构进行评估，在此基础上确定具体的索赔金额，并向海洋生态损害责任者发送生态损害国家损失索赔函。为此国家海洋局制定了专门的索赔函样式。如果相关责任者对海洋行政主管部门的索赔无异议的，应当与承办部门签订赔偿协议，责任者按照赔偿协议规定的方式、程序和期限履行赔偿责任。在相关责任者对索赔要求提出不同意见的情况下，具体承办部门应及时通过其他方式解决，如与相关责任者进行协商、仲裁或提起诉讼等。[1]

由此我们可以看出，发送索赔函是海洋行政主管机关进行民事索赔的一个前置程序。在索赔函的目的不能实现时，才启用传统的协商、仲裁和诉讼等民事索赔方法。那么，海洋行政主管机关就海洋生态损害国家损失向责任者发送索赔函的行为性质是什么，其与行政决定、行政处罚有何不同？

行政决定是指行政机关及其公务员经法定程序依法对相对人的权利义务作单方面处分的行为，具有单方性、强制性和无偿性的特点。行政处罚则主要是指行政主体对违反行政法规范、但未构成犯罪的行政相对人，依照法律规定的职权和程序进行行政制裁的行为。行政处罚与行政决定的相似之处在于，行政处罚也具有单方性与强制性的特点。

海洋行政主管机关向责任者发送索赔函的行为，并不是一种纯粹的单方行为，也不具有强制性。只有在责任人没有异议的情况下，具体的承办部门才能与责任人就索赔函的具体赔偿内容签订协议，并由责任人按协议规定的方式、程序和期限履行赔偿责任。也就是说，索赔函内容的实现需要以责任人的同意为前提。因此，这种索赔函是行政主导下的具有私法因素的行政行为，后续的赔偿协议则可以称为一种民事赔偿，可以说这是一种非常有意义的制度创新。

---

[1] 《索赔办法》第6-11条。

3. 对《索赔办法》的简要评析

2011 年，位于我国渤海湾的蓬莱 19-3 油田发生溢油事故，造成严重海洋生态环境污染。事发时，对由海上钻井平台所造成的海洋油污损害生态环境的民事索赔，我国缺乏对应法律规定。在此背景下，为了能够更好地进行海洋生态损害国家损失的索赔工作，国家海洋局出台了《索赔办法》。在这之前，国家海洋局还出台了《海洋生态损害评估技术指南（试行）》，为《索赔办法》的出台及具体实施奠定了基础。

《索赔办法》在国家海洋生态环境损失索赔方面进行了积极的制度创新，创设了向责任者发送索赔函这一前置程序，其积极意义表现在以下几个方面：

第一，避免了直接进行协商的不确定性。海洋行政主管机关向责任者发送的索赔函是建立在专业机构评估的基础上，具有专业性与客观性。索赔函给责任者设定的回应只有"认可"与"不认可"两种选择，与直接跟责任人协商相比，发送索赔函的行为效率更高，索赔内容与数额也更具有确定性。

第二，避免了过早介入诉累。如果直接介入仲裁或诉讼程序的话，无论给海洋行政主管机关还是相关责任人都会带来时间、金钱上的诉累。发送索赔函的行为，实质上给了相关责任人一个可选择的机会，因为索赔函的索赔内容建立在专业评估的基础上，相关责任人也容易认可。

在总体肯定《索赔办法》的同时，我们也应正视《索赔办法》只是一个部门规范性文件，仅在国家海洋局内部使用。依据《海洋环境保护法》第 89 条的规定，除海洋局外，行使海洋环境监督管理权的部门还有海事局、海洋与渔业局等，这些部门也可以就海洋生态损害国家损失向有关责任人提起索赔主张，此时，《索赔办法》就无法适用。

2015 年，《生态环境损害赔偿制度改革试点方案》（以下简称《改革试点方案》）发布实施，随后确定在吉林、山东、江苏、湖南、重庆、贵州、云南七省市开展试点工作。其创设了生态环境损害赔偿磋商制度，并将其作为诉讼的前置程序。在生态环境损害发生后，由各级政府或其指定的部门对生态环境损害的责任者提出赔偿磋商，磋商不成，则以政府作为生态环境损害赔偿权利人提起索赔诉讼。2017 年 12 月 17 日，新的《生态环境损害赔偿制度改革方案》（以下简称《改革方案》）发布，废止前述《改革试点方案》，要求从 2018 年 1 月 1 日起，在之前部分省市进行试点的基础之上，将试行工作扩展至全国。对于海洋生态环境损害赔偿，《改革方案》虽然明确不适用，但一般生态环境损害赔偿与海洋生态环境损害毕竟具有很多相似之处，特别是《改革方案》提出的生态环境损害赔偿磋商制度，与前述国家海洋局的索赔函制度虽然不完全相同，但有异曲同工之妙。

在海洋油污损害生态环境民事索赔制度上，我们可以借鉴生态环境损害索赔领域的生态环境损害赔偿磋商制度，探索将国家海洋局《索赔办法》中的索赔函制度加以扩展适用，本书将在后续章节中对这一问题继续展开讨论。

二、国家索赔权的法理依据

尽管《海洋环境保护法》第 89 条以法条的形式，实际赋予了海洋环境监督管理部门代表国家行使海洋生态环境损害的索赔权，但第 89 条仅解决了国家及海洋环境监督管理部门针对海洋生态环境损害在程序上的索赔权，并未明确这种索赔权在实体法上的法律依据。如同我们在诉讼法上规定，当事人在自身合法权益遭受损害时具有提起诉讼的权利，但要真正行使这种权利并获得胜诉，需要实体法律依据的支持，是财产权还是人身权受到了损害？也就是说，我们在海洋油污致生态环境损害索赔中，需要明确责任人侵犯了索赔人的何种权益。尽管有《海洋环境保护法》第 89 条的授权规定，但在司法实践中，在几乎所有海洋环境监督主管机关的海洋生态环境损害索赔诉讼案件中，这些主管机关的索赔主体资格都被质疑，原因之一就是这种索赔权的法理基础尚存在一定争议。要真正实现国家的海洋生态环境损害索赔权，无法回避也有必要探讨这种索赔权的实体法依据，或者说这种索赔权的法理依据。

对于国家索赔权的法理依据问题，有些国家，如美国已经存在较为确定的理论依据[1]与法律规定。美国 1990 年《油污法》规定，美国、州或印第安部落就油污所致的清污费用、自然资源损害等具有索赔权，这种索赔权的法理依据为环境公共信托理论。环境公共信托的目的是环境资源的可持续利用，其中信托财产为环境资源，在这一公共信托中，受托人是政府，委托人和受益人是全体人民。美国 1990 年《油污法》第 1006 条明确规定了此时的

---

〔1〕 参见王小钢："生态环境损害赔偿诉讼的公共信托理论阐释——自然资源国家所有和公共信托环境权益的二维构造"，载《法学论坛》2018 年第 6 期。

指定受托管理人，包括总统和州长等人以及由特定机构指定的管理人。[1]

目前，我国国内针对海洋生态环境损害国家索赔权的法理依据，主要有两种观点：一种观点认为，国家索赔权来源于国家的海域所有权；另一种观点则认为国家此时的索赔权属于环境公益诉讼的一种，其来源于对环境公共利益的保护。以下就这两种观点分别进行分析。

（一）现有法律框架下的解释：海域所有权

在我国现行法律框架下，国家作为索赔主体的主要困境在于，环境权益不属于我国现行法律框架下的权益，环境不是法律上的物，因此，国家无法基于所有者的身份就生态环境自身损害提起赔偿。有学者指出，可以引入国家海域所有权来解决这种理论依据上的难题，"海洋环境容量和海域所有权都以海洋水体为客体，这是两者的共同之处，以此为基础，海洋环境容量损害实质就是对海域所有权的侵害。因此，自然资源国家所有权可以用作为主管机关向侵权行为人进行海洋环境容量损害求偿的法律基础。"[2]这一理论将海洋环境容量与海域所有权以客体一致为连接点，得出这样一个结论：国家作为海域所有权人，当然地具有了海洋生态环境损害的索赔主体资格。

这一解释致力于在现有法律框架下，为国家的海洋生态环境损害索赔权寻求理论支持，无疑提出了一种全新的视角与解释路径。其积极意义在于，在生态环境本身是否可以作为独立的法益尚存在一定争议的情况下，将国家对海洋生态环境损害的索赔权建立在国家自然资源所有权的基础上，可以在一定程度上解决海洋生态环境损害国家索赔权的理论基础问题。这一解释也与《海洋环境保护法》第89条的规定保持了一致。[3]

当然，本书认为，这一解释也存在一定局限性：

国家的海域所有权，是国家自然资源所有权的一种体现。上述解释的基础建立在海域所有权与海洋环境容量具有同一客体上，因此将海洋环境容量损害的索赔权转移至其海域所有权人——国家。如果这一推理成立的话，那么不止在海洋领域，在其他环境损害领域是否都可以得出这样的结论，比如，

---

〔1〕　美国1990年《油污法》第1006条第2款。

〔2〕　邓海峰：《海洋油污损害国家索赔的理论与实践》，法律出版社2013年版，第21页。

〔3〕　理论界一般认为，《海洋环境保护法》第89条的规定，是一种授权性也是一种排他性规定，根据这一规定，海洋环境监督管理部门对海洋生态环境损害的索赔权具有排他性，其他组织，如环境公益组织不具有相应索赔权，司法实践也支持了这一观点。本书在后续章节中会继续讨论这一问题。

林业污染、土地污染、水污染领域，国家都可以基于自然资源所有权而向责任人索赔。这本来应该没有异议，但是如果以自然资源所有权作为生态环境损害索赔权的理论基础，则对生态环境损害的索赔，只能由其所有者，即国家，享有损害索赔权。在这一解释论下，难以解决环境公益组织、公民个人等对生态环境损害具有索赔权的理论基础问题。

在环境公益诉讼中，一般认为公民个人、环境公益组织等为了公共环境利益，可以对损害生态环境的责任人提起索赔之诉，其理论基础更多为我国法律上尚未确定的环境权或者公共利益理论，在海洋油污损害生态环境的情况下，如果以国家的海域所有权为理论基础赋予国家索赔权，这种基于所有权的索赔权也就当然地排除了其他主体的索赔权。进而言之，这种基于所有权的索赔权是否能与基于公共利益的环境公益诉讼并存，也是一个需要讨论和辨明的问题。[1]

(二) 基于环境公共利益的国家索赔权

另一种国家索赔权的法理依据为将海洋生态环境视为公共利益，将与海洋生态环境损害有关的诉讼视为环境公益诉讼。公益诉讼[2]有广义与狭义之分，狭义的公益诉讼仅指为了社会公共利益而提起的诉讼，广义的公益诉讼则包含为了国家利益而提起的诉讼。

《中华人民共和国民事诉讼法》（以下简称《民事诉讼法》）第122条是对起诉条件的规定，依照该条规定，只有与本案有直接利害关系的公民、法人和其他组织才能提起诉讼。而生态环境属于公共利益，其具有普惠性与共享性，并没有特定的法律上的利害关系人。为了保护生态环境，鼓励、引导和规范社会组织依法提起环境公益诉讼，《民事诉讼法》第58条明确了"法律规定的机关和有关组织"以及"人民检察院"就生态环境和资源保护损害提起环境公益诉讼的权利。《环境保护法》第58条则明确了相关社会组织提起诉讼的条件。

结合《海洋环境保护法》第89条第2款的规定，有关学者及实务工作者认为"海洋环境监督管理权的部门代表国家提起海洋生态环境索赔诉讼，具

---

〔1〕 事实上，在海洋油污损害生态环境民事追责中，司法实践只认可国家机关的索赔主体资格，不认可社会组织或者个人的索赔主体资格。而在一般生态环境损害索赔中，有关政府部门及社会组织的索赔主体资格均得到了司法实践的认可。详细讨论可见本书后续内容。

〔2〕 公益诉讼的理论基础为公共信托理论。

有公益性，在性质上应将其归为民事公益诉讼，这种诉讼具有环境民事公益诉讼与环境侵权诉讼的双重属性，是两者的结合。"[1]

司法实践也支持了上述观点，认为由海洋环境监督管理部门所提起的海洋生态环境损害索赔诉讼属于环境公益诉讼。如，"中山市海洋与渔业局诉彭伟权等污染海洋环境责任纠纷案"[2]被视为海洋环境公益诉讼的典型案件，也是全国首例由人民检察院支持起诉的污染海洋环境公益诉讼案件。本案判决将该案定性为"污染海洋环境责任纠纷民事公益诉讼"，案件的第一个争议焦点便是原告中山市海洋与渔业局的主体是否适格。该案判决依据《海洋环境保护法》第89条及《民事诉讼法》第55条（现为第58条）第1款的规定，认为中山市海洋与渔业局的主体适格，有权代表国家提起本案民事公益诉讼。

环境公益诉讼实质上取消了一般民事诉讼对诉讼主体"直接利害关系"的限制，是对民事诉讼主体资格的突破。将海洋生态环境损害诉讼视为环境公益诉讼，可以较好地解决海洋油污损害生态环境国家索赔权的法理依据问题，但这一解释也带来一些问题：

第一，针对油污损害海洋生态环境的国家民事索赔，包含了诉讼的索赔方式，但不局限于诉讼方式；

第二，环境公益诉讼的索赔主体，除了法律规定的机关以外，也包含有关社会组织，对此，《环境保护法》第58条进行了详细的规定。在此背景下，油污所致的海洋生态环境损害索赔权，除了《海洋环境保护法》第89条规定的行使海洋环境监督管理权的机关以外，是否也应包含有关社会组织？或者说《海洋环境保护法》第89条第2款的规定是一种授权性规定还是一种限制性规定，抑或两种兼具？此时，如何协调国家与有关社会组织的索赔权就成了一个现实问题。

三、国家索赔权的司法实践

针对油污所致的海洋生态环境损害，行使海洋环境监督管理权的机关代

---

[1]　王淑梅、余晓汉："《关于审理海洋自然资源与生态环境损害赔偿纠纷案件若干问题的规定》的理解与适用"，载《人民司法》（应用）2018年第7期。

[2]　广州海事法院（2017）粤72民初541号。

表国家索赔的司法实践并不少见。

（一）代表国家行使索赔权的具体机关

《海洋环境保护法》第89条所规定的代表国家提起海洋生态环境赔偿的机关为"依照本法规定行使海洋环境监督管理权的部门"，结合该法第5条的规定，可知相关部门包括：国务院环境保护行政主管部门以及国家海洋、海事、渔业等领域的行政主管部门。

实践中，已经发生多起由上述海洋环境监督管理部门代表国家提起海洋生态环境损害赔偿的案例。如：

1. "海成"轮漏油污染案[1]

1997年2月，东亚油船有限公司所有的"海成"轮在靠泊湛江港开泵卸油过程中产生漏油，造成湛江东岛文参至十二昌一带海域污染。1998年4月9日，广东省渔政海监检查总队湛江支队以东亚油船有限公司及其保险公司为被告，向广州海事法院提起诉讼，主张天然渔业资源损失赔偿。

一审法院判决被告赔偿原告天然渔业资源损失3 106 180元（包含滩涂渔业资源直接经济损失和游泳生物资源直接经济损失两项），认定原告主张的渔业、业资源中、长期损失12 941 300元不属于油污损害赔偿范围。原被告皆不服一审判决并提起上诉，二审法院最终支持了原告的天然渔业资源损失。[2]

广东省渔政海监检查总队是广东省渔政海监检查总队湛江支队的上级，后者是前者的下属机构。前者是广东省海洋与水产厅的直属下属机构，主要职责为负责全省的渔政监督及管理工作，领导包括湛江支队在内的全省渔政执法队伍。在本案的审理初期，广东省海洋与水产厅授权湛江支队向本案被告进行渔业资源损害索赔。

此案在一审及二审过程中，原告广东省渔政海监检查总队湛江支队的诉讼资格均为争议焦点。

一审法院认可了原告的诉讼资格，其理由为：我国领海内的天然资源所有权归国家，事发湛江港的天然渔业资源也当然属于国家所有。本案被告所载原油的泄漏造成了我国国家在湛江港的天然渔业资源损失，对此，我国有

---

[1] 广州海事法院（1999）广海法商字第117号，广东省高级人民法院（2000）粤高法经二终字第328号。

[2] "海成"轮漏油污染案的二审判决时间为2000年3月14日。1999年修订的《海洋环境保护法》第一次出现了第89条第2款的规定，这一修订版本的正式实施时间则为2000年4月1日。

关政府部门有权向被告主张索赔。依照我国法律规定，相关政府部门在授权范围内可以代表国家行使索赔权。按照我国《中华人民共和国渔业法》（以下简称《渔业法》）第 6 条的规定，渔业行政主管部门主管渔业工作，本案中，广东省海洋与水产厅是代表国家进行索赔的适格主体，而其又将该项权利特别授权给了湛江支队，因此，湛江支队具有本案中天然渔业资源的索赔资格。

被告则认为，依据上述一审法院的观点，湛江渔政支队的索赔权源自广东省海洋与水产厅的授权，但依据中国法律，除非法律明确规定（例如，保险关系中的代位求偿权），因侵权行为而产生的索赔权利不具有可转让性，而且广东省海洋与水产厅的授权属于事后授权，不能使没有索赔权的湛江渔政支队变得具有索赔权。也即，一审法院并没有明确湛江渔政支队被授予索赔权的合法性。

对于湛江渔政支队的索赔资格，二审法院也予以支持，其理由与一审法院保持了一致，主要法律依据仍为《渔业法》第 6 条及《民事诉讼法》第 49 条〔1〕。其中，以《渔业法》第 6 条的规定确定湛江渔政支队在职责上属于具有渔港渔政监督管理权的机构；以《民事诉讼法》第 49 条的规定确定湛江渔政支队具有独立性，具有独立承担民事责任的能力，符合《民事诉讼法》对诉讼当事人资格的基本规定。最终得出湛江渔政支队具有以自己的名义代表国家向本案被告提起索赔的权利。

二审法院的这一理由存在一定的问题，《渔业法》第 6 条赋予湛江渔政支队在附近海域的渔政监督管理权，可以对违反海洋环境保护法的当事人进行行政处罚。但依据该条及《民事诉讼法》第 49 条规定，并不能得出湛江渔政支队有权代表国家提起民事索赔。

2. "闽燃供 2" 轮碰撞漏油污染事件〔2〕

1999 年 3 月 24 日，在广州港伶仃水道附近水域，台州东海海运有限公司所有的 "东海 209" 轮与中国船舶燃料供应福建公司所有的 "闽燃供 2" 轮发生碰撞。事故造成 "闽燃供 2" 轮船体断裂并最终沉没，事发当时，"闽燃供 2" 轮载有大量燃料油，船载货油的泄漏入海导致珠江伶仃洋西海域水质污染，潮间带生态环境受到严重破坏。

---

〔1〕　现为第 51 条，下同。
〔2〕　广州海事法院（1999）广海法事字第 150 号。

　　事故发生后，广东省海洋与水产厅向广州海事法院提起民事诉讼，主张渔业资源损失 1060 万元，具体包含两个方面的内容：天然渔业资源损失和天然水产品直接经济损失，其中前者 795 万元，后者 265 万元。

　　该案中，原告广东省海洋与水产厅的诉讼主体资格同样成为争议焦点。

　　被告认为本案为一般民事诉讼案件，国家不是民事诉讼的主体。原告广东省海洋与水产厅属于政府行政管理部门，本案中的渔业资源损失是国家的损失，并非广东省海洋与水产厅自身的财产损失，因此其就渔业资源损失向被告提起诉讼并索赔，不具有法律依据。对于辖区内的环境污染，本案原告具有监督管理职能，也可以对造成污染的相关单位和个人进行行政处罚，但因其不是国家自然资源的直接受害人，无权就本案中的渔业资源损失进行索赔。当前，《海洋环境保护法》正在修改中，虽然增加了相关主管部门代表国家的索赔条款，但该条款并未生效，即使生效，原告也不具有诉讼主体资格，原因如下：（1）《海洋环境保护法》在性质上属于行政法，对本案中平等主体间的经济纠纷不适用；（2）原告不属于该法中的主管机关，该法第 5 条明确规定对船舶污染海洋环境的由国家海事行政主管部门监督管理（专属行政管辖权）；（3）原告仅可通过行政途径要求责任者赔偿国家损失。

　　该案与上述"海成"轮漏油污染案的一审法院均为广州海事法院，且审理时间较为接近。对于原告的诉讼主体资格，广州海事法院及二审广东省高级人民法院均予以了认可，主要理由如下：第一，根据《渔业法》第 6 条的规定，可以确定广东省海洋与水产厅属于《海洋环境保护法》第 5 条所规定的海洋环境监督管理部门，具有代表国家进行海洋生态环境损害的索赔资格；第二，广东省海洋与水产厅在代表国家提起海洋生态环境损害时，依据的是国家对海洋资源的所有权，其行使的是权利，与权力有所区别，此时其主体身份不再是行政主体而是民事主体。因这一权利不具有强制性，因此只能通过协商或诉讼在民事关系中实现对受损海洋生态环境恢复的目的。本案中，原告作为国家的代表，在国家资源受损时，有权利和义务维护国家的所有权。除可以行使有关行政职权外，也可以依照民事财产关系，向侵害方提起民事损害赔偿诉讼。因此，广东省海洋与水产厅是与本案有直接利害关系的适格诉讼主体。

　　该案适用的是 1982 年版的《海洋环境保护法》，依据当时该法第 5 条的规定，港务监督（即后来的海事局）主管船舶污染损害的环境保护工作。

1999 年修订后的《海洋环境保护法》则扩大了主管机关的范围。

3. "通天顺" 轮与 "天神" 轮碰撞油污事件[1]

2001 年 6 月，天顺公司所有的 "通天顺" 轮装满石膏石驶往海南省三亚港。天神公司所有的 "天神" 轮则装满集装箱驶往上海港。两船于 6 月 21 日在广东省内海域发生碰撞事故。事故发生后，"通天顺" 轮在有倾覆危险的情况下决定抢滩，并在抢滩过程中触礁沉没。天顺公司在事发后委托广州救助打捞局对 "通天顺" 轮的漏油管进行封堵处理。尽管如此，仍有部分油类从沉入海底的 "通天顺" 轮泄漏入海，并给附近海域带来海洋生态环境污染与损害。

根据广州海事法院关于碰撞责任的民事判决[2]认定，"通天顺" 轮与 "天神" 轮根据各自的过失程度，分别对碰撞事故承担 60% 与 40% 的过失责任。

针对上述油污所造成的损害，广东省海洋与渔业局[3]以南通天顺船务有限公司（"通天顺" 轮船舶所有人）、天神国际海运公司（"天神" 轮的船舶所有人）、扬州育洋海运有限公司（"天神" 轮的光船承租经营人）以及中国船东互保协会（"天神" 轮的油污责任保险人）为四被告，向广州海事法院提起诉讼，诉称：在 "通天顺" 轮与 "天神" 轮碰撞油污事故中，沉没的 "通天顺" 轮泄漏大量油类，造成了事发海域的海洋生态环境损失（天然渔业资源经济损失和天然水产品直接经济损失），诉请四被告对原告的上述损失及调查费用承担连带赔偿责任。

本案中，广东省海洋与渔业局的索赔主体资格是案件的争议焦点之一。被告认为，广东省海洋与渔业局作为国家行政管理机关，无权主张油污损害民事赔偿。广州海事法院最终认可了广东省海洋与渔业局的诉讼资格，其理由为：依照《海洋环境保护法》第 90 条[4]的规定，海洋环境监督管理部门有权代表国家对海洋生态环境损害进行索赔，这一法律规定的理论基础为国

---

[1] 广东省海洋与渔业局诉南通天顺船务有限公司等油污损害赔偿纠纷案，广州海事法院 (2001) 广海法初字第 89 号。

[2] 广州海事法院 (2001) 广海法初字第 109 号，(2001) 广海法初字第 163 号。

[3] "广东省海洋与渔业局" 原名为 "广东省海洋与水产厅"，2016 年 12 月，改名为 "广东省海洋与渔业厅"，其主要职责包括：渔业渔政的管理与监督执法、海洋环境的监督保护等。

[4] 现第 89 条。

家对领海内自然资源具有所有权。根据我国《渔业法》第 6 条的规定，广东省海洋与渔业局作为渔业主管机关，属于我国海洋环境监督管理部门。因此，广东省海洋与渔业局具有本案的诉讼主体资格。

4. "塔斯曼海"油轮与"顺凯 1 号"货轮碰撞油污事件

2002 年 11 月 23 日，英费尼特航运有限公司（INFINITY SHIPPING CO.，LTD.）所有的"塔斯曼海"油轮与大连旅顺顺达船务有限公司的"顺凯 1 号"轮发生碰撞事故。本次事故最终致使受损的"塔斯曼海"油轮上原油流入事发的曹妃甸海域，造成渤海湾相关海域严重污染。

事件发生后，天津市海洋局向天津海事法院以英费尼特航运有限公司及其保险人伦敦汽船互保协会为被告提起诉讼，要求被告赔偿原告的海洋环境容量损失及相关费用损失，包括调查评估费用、检测费用等，天津海事法院判决支持了原告的诉讼请求。[1]与此同时，天津市渔政渔港监督管理处也向天津海事法院提起赔偿，主张被告赔偿国家渔业资源损失 1782.8 万元及其利息，天津海事法院判决支持天津渔政渔港监督管理处渔业资源损失 1465.42 万元。[2]

在上述案件中，原告天津市海洋局及天津市渔政渔港监督管理处的索赔资格均为争议焦点。

在天津市海洋局一案中，对原告天津市海洋局的诉讼主体资格，被告抗辩称：依据《海洋环境保护法》第 90 条[3]的规定，并不能当然得出天津市海洋局具有本案原告资格的结论。退一步讲，即使天津市海洋局具有法律上的索赔权，但因本案中事故主要影响海域在河北省内，应由河北省海洋局而非天津市海洋局提出相关诉讼权利主张。天津海事法院在判决中支持了天津市海洋局的诉讼主体资格，主要理由为：被告所有的油轮在事实上泄漏大量原油，造成渤海湾附近海域污染。依照《海洋环境保护法》第 90 条的规定，国家作为海洋自然资源的所有人，对海洋环境污染损失有权进行索赔，而依据《海洋环境保护法》第 5 条的规定，天津市海洋局属于海洋环境监督管理部门，具有代表国家提起赔偿的诉讼主体资格。

---

[1] 天津海事法院（2003）津海法事初字第 183 号。
[2] 天津海事法院（2003）津海法事初字第 184 号。
[3] 现第 89 条，本案下同。

在天津市渔政渔港监督管理处一案中，被告抗辩称：依据中华人民共和国相关法律规定，原告不具有诉权，无权索赔渔业资源损失，且原告的索赔与河北省滦南县渔民和天津市汉沽、北塘、大沽渔民，以及天津市海洋局的索赔重复，依法应驳回。对于天津市渔政渔港监督管理处的索赔资格，天津海事法院同样予以了认可，理由同上述对天津市海洋局诉讼主体资格的认定大致相同。

5. "金玫瑰"轮与"金盛"轮碰撞油污事件[1]

2007年5月12日，圣文森特籍集装箱船"金盛"轮（金盛船务公司所有）与韩国籍杂货船"金玫瑰"轮（延成海运公司所有）在大雾天气下发生碰撞，碰撞位置位于山东烟台海域，事故致"金玫瑰"轮沉没并引发燃油泄漏致附近海域环境污染。

事发后，山东省海洋与渔业厅委托农业部[2]黄渤海区渔业生态环境监测中心和国家海洋局北海环境监测中心就该事故所造成的渔业资源损害与海洋生态环境损害开展相关调查、取证及损失评估工作，两部门共同出具了本次事故的海洋生态环境损失评估报告书。[3]山东省海洋与渔业厅以上述两船东为被告，向青岛海事法院提起诉讼，主张国家渔业资源损失及海洋生态损失，并最终获得法院支持。烟台海事局就清污行动所发生的费用提起诉讼，并获得法院的大部分支持。

6. "海盛"轮与"世纪之光"轮碰撞油污事件

2010年5月2日5时许，"海盛"轮与利海有限公司所有"世纪之光"轮在山东省威海成山头偏北约25海里处发生碰撞，"世纪之光"轮当场沉没，事故燃油泄漏对周边海域造成重大污染。事发后，威海市海洋与渔业局向青岛海事法院提起民事诉讼，请求依法判令利海有限公司（"世纪之光"轮的船舶所有人）赔偿燃油溢出对海洋渔业资源以及生态环境所产生的和可能产生的一切性质的损害、损失和费用合计人民币3838.09万元以及相应利息。[4]

---

〔1〕　青岛海事法院（2008）青海法海事初字第15号。

〔2〕　根据《深化党和国家机构改革方案》第26条规定，组建农业农村部，不再保留农业部。

〔3〕　《韩国"金玫瑰"轮溢油海洋生态损害和天然渔业资源损失评估报告书》，依据该报告书，此次溢油事故对海洋生态和渔业资源造成的损失费用合计1620.4844万元。其中对海洋生态造成的损害898.1644万元，对天然渔业资源造成的损害722.32万元。

〔4〕　青岛海事法院（2012）青海法海事初字第169号，山东省高级人民法院（2014）鲁民四终字第193号。

本案中，威海市海洋与渔业局的诉权是争议焦点之一。一审法院认可了威海市海洋与渔业局的诉权，其基本逻辑为：

其一，依据《海洋环境保护法》第90条第2款，[1]本案具有诉权的主体为依照该法规定行使海洋环境监督管理权的部门。

其二，关于本案中威海市海洋与渔业局是否为依照《海洋环境保护法》规定的行使海洋环境监督管理权的部门，需要进行分析。该法第96条[2]规定：涉及海洋环境监督管理的有关部门的具体职权划分，本法未作规定的，由国务院规定。中华人民共和国国家海洋局和农业部都属于国务院的组成部门，国家海洋局的主要职责第6项规定该局承担保护海洋环境的责任，监督海洋生态环境保护；农业部渔业局的主要职责第6、7项规定该局的主要职责为负责渔业水域生态环境保护、渔业资源保护，并对与渔业有关的重大污染事故进行调查处理。渔业局是国家海洋局和农业部的共同下级国家机关，其职责同样肩负海洋和渔业水域生态环境保护工作，国家海洋局和农业部以及渔业局都是国家机关，都代表国家行使法定职权，都可以代表国家行使海洋生态环境污染的索赔权，国家海洋局和农业部都同意或者委托渔业局代表国家提起赔偿，既方便诉讼又避免了重复索赔，合理又合法，故本案中渔业局具有诉权。

对此，利海有限公司不服一审判决，在上诉中再次对威海市海洋与渔业局的索赔主体资格提出质疑，其主要理由如下：《海洋环境保护法》是确定海洋环境损害索赔权的唯一法律依据，而依据该法规定，国家海洋局和农业部并不具有当然的索赔权。因本次事故发生在渔港水域外的两条商船之间，不涉及海洋工程建设项目和海洋倾倒废弃物，不涉及渔港水域和渔业船舶，假设本案确实造成了污染损害，有权提出赔偿或诉讼的不是海洋或渔业行政主管部门，而应是海事行政主管部门。

山东省高级人民法院在二审中认可了威海市海洋与渔业局的诉权。其主要理由为：依照《海洋环境保护法》第5条第6款的规定，渔业局作为沿海县级以上政府设立的渔业主管部门负有三项职责，其中保护渔业水域生态环境工作为其职责之一，本案所涉漏油事故造成渔业局所辖海域范围内的环境

---

[1] 现为第89条第2款。

[2] 现为第95条。

损害，因此其有权就该区域渔业水域生态环境遭受的损害向致害人提起诉讼。渔业局在二审审理中明确表示其依法具有索赔权，并非接受国家海洋局和农业部的授权或委托提起赔偿，原审法院对此的认定不当，应当予以纠正。

该案两审法院均认可了威海市海洋与渔业局的索赔资格，不过理由不尽相同，一审法院认为威海市海洋与渔业局的索赔权来自国家海洋局及农业部的授权，二审法院则认为威海市海洋与渔业局的索赔权为法律直接规定。之所以不同，涉及对海洋环境监督管理部门的具体界定，一审法院依据《海洋环境保护法》第 96 条，二审法院则依据《海洋环境保护法》第 5 条第 6 款。实质上，一审法院认为对威海市海洋与渔业局这一部门在海洋环境监督管理中的具体职权，《海洋环境保护法》并没有具体明确的规定，而应依据国务院的其他相关规定具体判断。二审法院则认为威海市海洋与渔业局属于《海洋环境保护法》第 5 条规定的海洋环境监督管理部门，并因此具有海洋生态环境损害的索赔权。

（二）对国家索赔权司法实践的评析

1. 对我国海洋生态环境油污损害国家索赔的司法实践进行分析，可以做如下总结：

第一，国家索赔权在司法实践中通常得到认可。

综观上述案件，海洋生态环境油污损害索赔案件中，有关政府部门的索赔权均为案件争议焦点，但最终都得到了法院的认可。上述案件的审理集中在广州海事法院（"海成"轮油污案、"闽燃供2"轮油污案、"通天顺"轮油污案）、天津海事法院（"塔斯曼海"油污案）及青岛海事法院（"金玫瑰"轮油污案、"世纪之光"轮油污案）。上述法院在案件的审理中，对有关政府部门的索赔权认定，大致上都遵循了这样一个逻辑：

其一，根据《海洋环境保护法》第 89 条第 2 款的规定，行使海洋环境监督管理权的部门有权代表国家对污染海洋生态环境的责任者提起赔偿。

其二，依据《渔业法》第 6 条的规定，上述案件中的原告——广东省渔政海监检查总队湛江支队、广东省海洋与水产厅、广东省海洋与渔业局（原广东省海洋与水产厅）、天津市海洋局、天津市渔政渔港监督管理处、山东省海洋与渔业厅、威海市海洋与渔业局——均为相关海域海洋生态环境的监督管理部门。

根据上述两点，相关法院均认同上述案件中的原告为代表国家提起海洋生态环境损害赔偿的适格主体。

第二，具体索赔主体各不相同，行政级别存在差异。

在海洋油污损害生态环境损害索赔的司法实践中，尽管国家具有索赔权毫无争议，代表国家进行索赔的相关政府部门的索赔主体资格也通常得到司法实践的认可。但通过对上述案件进行梳理可知，司法实践中，针对同一案由，代表国家提起海洋生态环境损害赔偿的具体索赔主体不尽相同，相关主体行政级别差异较大，甚至存在两个管理部门同时索赔的情况。

如，广东省渔政海监检查总队湛江支队（"海成"轮油污案）与广东省海洋与渔业局/水产厅（"通天顺"轮油污案、"闽燃供2"轮油污案）、天津市渔政渔港监督管理处（"塔斯曼海"轮油污案）、山东省海洋与渔业厅（"金玫瑰"轮油污案）、威海市海洋与渔业局（"世纪之光"轮油污案）在代表国家提起生态环境损害赔偿时的诉讼请求集中在渔业资源或天然渔业资源损失，案由基本相同，但其在行政级别、行政职能及管辖范围上却存在较大差异。

除此之外，在"塔斯曼海"轮油污案中，出现了两个行政机关同时索赔的现象。这两个机关为天津市海洋局与天津市渔政渔港监督管理处，其中，前者主要针对海洋环境容量损失进行索赔，后者主要针对渔业资源损失进行索赔。在"塔斯曼海"轮油污案件中，针对溢油所造成的污染损害存在多个原告，被告曾质疑这些原告的诉讼请求存在重复。

2. 基于上述两点总结，对海洋油污生态环境损害国家索赔权的司法实践，评析如下：

第一，尽管海洋油污生态环境损害国家索赔权的实体法依据或法理依据尚无定论，但司法实践中都直接依据《海洋环境保护法》第89条第2款对相关管理机关[1]的索赔权予以了认可。

《海洋环境保护法》第89条第2款为司法实践中的国家索赔权提供了直接的法律依据，对海洋油污所致生态环境损害的国家索赔具有重要意义。海洋生态环境遭受油污损害时，有关海洋环境监督管理部门代表国家提起海洋生态环境损害索赔，司法实践中对有关管理部门的诉讼主体资格依据上述条款予以直接认可，可以撇开现有民法体系中财产损害与人身损害的分类局限，

---

〔1〕 主要为渔业渔政管理机关。

对海洋生态环境损害及时、有效地得到法律救济，具有积极意义。

第二，海洋油污损害生态环境国家索赔权的司法实践仍存在一些问题。

在肯定司法实践对有关管理机关诉讼主体资格进行认可的积极意义的同时，我们也关注到其中存在的一些问题。

《海洋环境保护法》第89条第2款虽然授权海洋环境监督管理权的部门代表国家对海洋生态环境损害责任者索赔，但并未对各海洋环境监督管理部门的索赔权配置进行明确规定。海洋自然资源存在各部门交叉管理的现象，加之，海洋行政主管机关之间存在着部门利益，各部门、各级别行政机关之间权限区分不够明确。这就可能导致各环境保护监督管理部门之间在行使诉权中的积极与消极冲突，如：当涉案船舶为外籍船舶，可能会获得较高赔偿时，相关部门就会积极提起或参与到诉讼中，从而引发诉权的积极冲突；如果涉案船舶价值较小，难以获得有效赔偿时，相关部门出于诉讼成本等考虑，可能就不愿意提起海洋生态环境赔偿诉讼，则引发诉权的消极冲突。

《海洋环境保护法》第89条第2款在完成授权的同时，未明确各海洋环境监督管理部门的索赔权配置，致使实践中索赔部门及其行政级别不尽相同，在几乎所有的有关海洋生态环境损害索赔案件中，有关政府部门的诉讼主体资格均为争议焦点，作为油污责任人的被告都不同程度地对有关政府部门的诉讼主体资格进行了质疑。究其原因，主要在于《海洋环境保护法》在认可了国家索赔权的同时，缺乏对具体政府部门的索赔权配置。

如前所述，司法实践中，法院在面临当事各方对有关政府部门索赔主体资格的争议时，基本的处理逻辑是依照《海洋环境保护法》第89条及第5条规定，并结合《渔业法》及有关政府部门的职能规定等，考察有关政府部门是否属于《海洋环境保护法》所规定的海洋环境监督管理部门。

《海洋环境保护法》第5条规定了行使海洋环境监督管理的五个主要部门：

（1）国家海洋局及其下属各级海洋局，是海洋环境监督管理的主要部门；

（2）海事局，主要负责监督管理所管辖港区内外的船舶污染海洋环境行为。其中，港区内的军事船舶及港区外渔业及军事船舶排除在外；[1]

---

〔1〕《海洋环境保护法》第5条第3款。

（3）渔业行政主管部门负责监督管理渔港水域内非军事船舶和渔港水域外的渔业船舶的海洋环境污染行为；[1]

（4）军队环境保护部门负责军事船舶污染海洋环境的监督管理工作；[2]

（5）沿海县级以上地方人民政府也行使海洋环境监督管理权的部分职责。[3]

对第5条的内容进行仔细研读可知，相关部门在海洋环境监督管理权的形式上存在着交叉，如在港口内的渔业船舶之间、渔业船舶与非渔业船舶之间发生碰撞所致的漏油污染，海洋局、海事局、渔业局及地方政府均具有监督权；在港口内发生的非渔业船舶之间碰撞所致漏油污染，海洋局、海事局、地方政府均具有监督权。再如，在渔港内发生、非渔业船舶之间、渔业船舶与非渔业船舶之间的碰撞所致的漏油污染，海洋局、海事局、渔业局及地方政府均具有监督权；在渔港内发生的渔业船舶之间碰撞所致漏油污染，海洋局、渔业局及地方政府均具有监督权。因此，绝大多数情况下的油污事故中，对海洋环境行使监督管理权的部门有多个，而这些部门内部又存在自己的不同层级。

具体油污事故发生后，依法可以行使海洋环境监督管理权的部门有很多，而依据《海洋环境保护法》第89条第2款的规定，这些机关都有权进行海洋生态环境损害索赔。这种从广义上对有关海洋环境监督管理部门的授权，容易造成索赔权行使中的冲突。为了更有效地行使油污致海洋生态环境损害的国家索赔权，有必要对各海洋环境监督管理部门的索赔权限进行合理配置。[4]

第二节　人民检察院与社会组织的索赔权

依据《海洋环境保护法》第89条的规定，对海洋生态环境损害有权索赔的主体为该法第5条所规定的行使海洋环境监督管理权的部门。司法实践中

---

　[1]　《海洋环境保护法》第5条第4款。根据《深化党和国家机构改革方案》，现渔业渔政管理局属于农业农村部。

　[2]　《海洋环境保护法》第5条第5款。

　[3]　《海洋环境保护法》第5条第6款。

　[4]　对于如何具体配置，本书后续将继续讨论。

也多依据该条款来确定相关诉讼主体是否具有海洋生态环境损害索赔权。如前文所述，在讨论其他部门及社会组织是否具有海洋生态环境损害索赔权时，需要分析该条所规定的海洋环境监督管理部门索赔权是一种赋权性规定还是限制性规定，如果是赋权性规定，则其他部门或社会组织也可能成为海洋生态环境损害的索赔主体，如果是限制性规定，则其他部门或社会组织就不能成为海洋生态环境损害的适格索赔主体。

对于《海洋环境保护法》第 89 条是赋权性规定还是限制性规定，理论界仍存在一定争议。本节主要讨论人民检察院及社会组织对海洋生态环境损害的索赔权，而明确第 89 条是赋权性规定还是限制性规定，是开展这一讨论的前提。因此，在深入探讨人民检察院及社会组织的索赔权之前，有必要先对第 89 条的性质进行澄清。

一、《海洋环境保护法》第 89 条的规定

在海商法理论界，一般认为，《海洋环境保护法》第 89 条对海洋环境监督管理部门索赔权的规定，既是一种赋权性规定，也是一种限制性规定。[1]即，海洋生态环境损害的索赔主体只能是海洋环境监督管理部门，社会公益组织等其他主体不是海洋生态环境损害索赔的适格主体。

上述观点也得到司法实践的支持。2015 年 6 月，大连市环保志愿者协会针对中石油"7·16"原油泄漏事故所造成海洋生态环境污染向大连海事法院提起环境公益诉讼；2015 年 7 月，中国生物多样性保护与绿色发展基金会就康菲溢油污染海洋生态环境向青岛海事法院起诉康菲石油中国有限公司、中海石油（中国）有限公司，主张海洋生态环境损害赔偿；2017 年 8 月，重庆两江志愿者服务发展中心和广东省环境保护基金会就广东省三家镍企非法倾倒、堆填废渣致死红树林、破坏海洋生态环境向广东省茂名市中级人民法院提起海洋生态环境公益诉讼。在上述案件中，法院均以《海洋环境保护法》第 89 条的规定为依据，否定了上述环境公益组织的海洋生态环境损害索赔资格，认为只有《海洋环境保护法》明确规定的海洋环境监督管理部门才是适格的海洋环境公益诉讼原告，社会组织不具有海洋生态环境公益诉讼的原告

---

〔1〕 王淑梅、余晓汉："《关于审理海洋自然资源与生态环境损害赔偿纠纷案件若干问题的规定》的理解与适用"，载《人民司法》（应用）2018 年第 7 期。

资格。

也有观点认为，《海洋环境保护法》第 89 条的规定仅为一种赋权性规定而非限制性规定，未排除社会组织等公益诉讼索赔主体的索赔资格。[1] 主要理由总结如下：

首先，《海洋环境保护法》与《环境保护法》规定的调整对象并不完全相同。《海洋环境保护法》第 89 条规定的调整对象是破坏海洋生态、海洋水产资源、海洋保护区，"给国家造成重大损失"的行为。而《环境保护法》第 58 条、《民事诉讼法》第 58 条规定的调整对象是污染环境、破坏生态，"损害社会公共利益"的行为。后者污染环境、破坏生态的范围要广于前者，既包含破坏海洋生态的行为也包括破坏陆地生态的行为。此外，前者强调对国家利益的保护，由国家机关代表国家起诉；后者强调对社会公共利益的保护，法律规定的机关和社会组织可以就社会公共利益损害提起诉讼。

其次，相关规定的法律地位不同。《民事诉讼法》是全国人大制定的关于诉讼制度的"基本法"，其第 58 条是关于环境公益诉讼及诉讼主体的相对系统完善的基本规定。而《海洋环境保护法》是全国人大常委会制定的关于海洋环境保护的行政性的法律，不是关于民事诉讼及民事公益诉讼的专门性法律，其第 89 条是关于海洋环境诉讼及诉讼主体的零星附带性的非基本规定。原则上讲，全国人大制定的系统完善的"基本法"规定要优于人大常委会制定的零星附带性的"非基本法"规定。

此外，《海洋环境保护法》第 89 条的内容在 1999 年修订版中就已经出现，而《环境保护法》第 58 条和《民事诉讼法》第 58 条分别是 2014 年和 2017 年两部法律修改时新增加的规定，反映了环境保护领域的最新发展和生态环境保护的最新要求。

最后，单从《海洋环境保护法》第 89 条的表述来看，无法得出其为限制性条款的结论，其表述并未排除检察院和社会组织在海洋环境公益诉讼中的原告资格。

---

〔1〕 参见梅宏："海洋生态环境损害赔偿的新问题及其解释论"，载《法学论坛》2017 年第 3 期；单红军、王恒斯、王婷婷："论我国海洋环境公益诉讼的若干法律问题——以'大连环保志愿者协会诉大连中石油公司等案'为视角"，载《环境保护》2016 年第 Z1 期；刘伊娜："试论环保组织参与海洋环境公益诉讼的路径与完善"，载《浙江海洋大学学报（人文科学版）》2019 年第 6 期等。

本书赞同后一种观点，认为《海洋环境保护法》第 89 条有关索赔权的规定，仅为赋权性规定，而非限制性规定，该规定并未排除人民检察院与社会组织的海洋生态环境损害索赔主体资格。

2012 年修正的《民事诉讼法》第 55 条规定环境公益诉讼的主体为：法律规定的机关和有关组织。2017 年修正的《民事诉讼法》第 55 条在延续了这一规定的同时增加了第 2 款，规定检察院可以支持相关机关及社会组织的公益诉讼，也可以在上述机关及组织没起诉时，提起公益诉讼。

理论界中，对人民检察院的海洋生态环境损害索赔主体资格质疑声音较少，认为根据人民检察院作为法律监督机关的职能特点，并依据自然资源所有权理论，人民检察院作为国家的代表之一，也具有海洋生态环境损害的索赔权，可以依据《民事诉讼法》第 58 条的规定，对海洋生态环境损害提出赔偿。对社会组织的索赔主体资格，则予以否定。

事实上，如果承认人民检察院具有海洋环境公益诉讼主体资格，那么就无法否认符合法律规定的社会组织也具有同样的诉讼主体资格。人民检察院针对海洋生态环境损害的索赔主体资格的主要依据是《民事诉讼法》第 58 条。仅仅依据《海洋环境保护法》第 89 条及第 5 条的规定，无法得出人民检察院具有海洋生态环境损害索赔的主体资格。而法律规定的社会组织的环境公益诉讼索赔主体资格的主要法律依据也是《民事诉讼法》第 58 条。人民检察院与符合法律规定条件的社会组织的环境公益诉讼索赔主体资格的法律依据相同，就在《海洋环境保护法》中的地位而言，人民检察院与符合法律规定条件的社会组织的地位没有本质区别。如果《海洋环境保护法》第 89 条的规定没有排除人民检察院的海洋生态环境损害索赔权，我们也可以认为，该条规定并未排除符合条件的社会组织的海洋生态环境损害索赔权。

二、人民检察院的索赔权

（一）历史沿革及法律依据

关于人民检察院是否具备环境公益诉讼的原告资格问题，环境法理论界已有十多年的讨论，其中，大部分学者支持由人民检察院提起环境公益诉讼，[1]也有部分学者对此提出疑问。[2]总结而言，认为人民检察院应作为提起环境公益诉讼原告的支持理由主要有：

第一，人民检察院作为我国的法律监督机关，维护国家利益和社会公共利益是其基本职责，环境污染行为损害社会公共利益，当社会公共利益受到损害时，必须有一个拥有足够有效的法律手段和权威的主体代表国家提起诉讼或参与诉讼，人民检察院作为法律监督机关，拥有与生俱来的公共性特征，使得其成为最适合代表国家利益和社会公共利益的诉讼主体。

第二，人民检察院拥有法定证据调查权，具有良好的诉讼经验，在一定程度上可以解决生态环境损害取证难的问题。人民检察院运用其法定证据调查权，可以督促相关单位特别是其他行政部门提供其掌握的数据与资料。

第三，人民检察院有国家财政支持，其拥有更强的能力承担诉讼成本。

第四，在国外，由人民检察院参与或提起环境公益诉讼已经得到了广泛的立法与司法实践支持。目前，无论是在大陆法系国家还是英美法系国家，由人民检察院提起或参与环境公益诉讼已经成为一种较为普遍的做法。

第五，人民检察院属于国家机关，由其提起环境公益诉讼，胜诉后的生态环境损害赔偿金进入国库，由国家统一支配使用，有利于真正用于生态环境的修复。

对人民检察院环境公益诉讼原告主体资格的质疑，主要体现在以下方面：

第一，人民检察院作为法律监督机关，其主要职责应体现在监督国家机关及工作人员守法、执法行为上。法律监督的本意是监督别人，在环境公益诉讼中，如果人民检察院以原告的身份介入，会出现人民检察院既是民事诉讼的原告，又是法律监督者的情况，此时，人民检察院存在自身角色定位的冲突。

第二，人民检察院与人民法院同属体制内，与政府同属利益共同体。民事诉讼中当事人的法律地位应是平等的，人民检察院可以利用国家资源开展

---

〔1〕 参见蔡彦敏："中国环境民事公益诉讼的检察担当"，载《中外法学》2011 年第 1 期；李艳芳、吴凯杰："论检察机关在环境公益诉讼中的角色与定位——兼评最高人民法院《检察机关提起公益诉讼改革试点方案》"，载《中国人民大学学报》2016 年第 2 期。

〔2〕 参见章礼明："检察机关不宜作为环境公益诉讼的原告"，载《法学》2011 年第 6 期；吕忠梅："环境公益诉讼辨析"，载《法商研究》2008 年第 6 期；杨秀清："我国检察机关提起公益诉讼的正当性质疑"，载《南京师大学报（社会科学版）》2006 年第 6 期。

调查取证，具有高于一般原告的诉讼地位和特权，人民检察院的多重身份可能会导致人民法院在审判中丧失中立地位。此外，人民检察院与地方政府处于同一政府框架内，人民检察院的活动依赖于地方政府财政，人民检察院人员任命来自同级人大，人民检察院在环境公益诉讼中能否公正代表社会公共利益，避免地方政府的行政干预，仍然存疑。

第三，人民检察院是否有能力承担环境公益诉讼活动。生态环境领域对法律、技术等的要求较高。一方面，人民检察院是否有足够的人力来处理环境公益诉讼案件；另一方面，在环境公益诉讼中，往往存在高额的诉讼费用及生态环境损害鉴定费用，人民检察院是否有足够的财力来应对这些费用的支出。

尽管理论界对人民检察院参与或提起环境公益诉讼的主体资格还存在一定争议，但在实践中，由人民检察院参与或提起环境公益诉讼一直在向前推进，且以较快的速度在发展。

2014 年 10 月，中共第十八届四中全会发布《中共中央关于全面推进依法治国若干重大问题的决定》，决定提出"探索建立检察机关提起公益诉讼制度"。2015 年 7 月 1 日，第十二届全国人大常委会第十五次会议通过了《全国人民代表大会常务委员会关于授权最高人民检察院在部分地区开展公益诉讼试点工作的决定》，依据该决定，最高人民检察院将在多个领域、多个地区开展为期两年的公益诉讼试点工作。7 月 2 日，最高人民检察院发布《检察机关提起公益诉讼改革试点方案》。

2017 年 6 月 27 日，第十二届全国人民代表大会常务委员会第二十八次会议通过《全国人民代表大会常务委员会关于修改〈中华人民共和国民事诉讼法〉和〈中华人民共和国行政诉讼法〉的决定》。其中，新修正的《民事诉讼法》在第 55 条增加第 2 款，授权人民检察院履行职责中发现破坏生态环境和资源保护等损害社会公共利益的行为，如果没有法定机关和组织，或法定机关或组织不起诉时，人民检察院可以起诉；对法定机关或组织提起诉讼的，人民检察院可以支持起诉。[1]新修正的《中华人民共和国行政诉讼法》（以下简称《行政诉讼法》）在第 25 条增加第 4 款，授予人民检察院向环境监督管理机关违法行使职权或不作为的检察建议权，及建议不被执行后向人民法院进

---

〔1〕《民事诉讼法》（2017 修正版）第 55 条第 2 款。

行诉讼的权利。[1]

2018 年 3 月 1 日，《最高人民法院、最高人民检察院关于检察公益诉讼案件适用法律若干问题的解释》正式发布，该司法解释详细规定了人民检察院开展民事公益诉讼及行政公益诉讼的权利与义务，具体内容涉及人民法院对人民检察院提起公益诉讼案件的管辖权确定、人民检察院提起民事公益诉讼的公告期制度、民事公益诉讼案件禁止反诉制度、人民检察院提起行政公益诉讼的诉前督促程序等，为人民检察院提起公益诉讼案件和人民法院审理相关案件做出重要指导。

2018 年 7 月 6 日，习近平总书记主持召开中央深改委第三次会议，决定设立最高人民检察院公益诉讼检察厅。

2019 年 1 月，最高人民检察院公布新增内设机构——第八检察厅，专门负责办理包括生态环境和资源保护类在内的公益诉讼检察案件。

2019 年 2 月 14 日，国务院新闻办公室举行中国生态环境检察工作新闻发布会。据最高人民检察院副检察长张雪樵介绍，2018 年 1 月至 12 月，人民检察院共立案办理近六万件自然资源和生态环境类案件，五万多件诉前程序案件，经诉前程序行政机关整改率达到 97%，提起相关民事公益诉讼和刑事附带民事公益诉讼 1732 件。[2]

（二）油污所致海洋生态环境损害赔偿领域的人民检察院索赔权

1. 授予人民检察院索赔权所面临的问题

当人民检察院作为原告在一般生态环境公益诉讼领域得到快速发展和推进时，我们也在思考一个问题，在油污致海洋生态环境损害赔偿领域，人民检察院是否具有其如同在其他生态环境领域一样，针对海洋生态环境损害的索赔权？

人民检察院的环境公益诉讼分为民事与行政两类。如前文所述，当前，人民检察院环境公益诉讼类案件主要依靠诉前程序，真正提起民事公益诉讼或行政公益诉讼的案件并不多。

环境民事公益诉讼与环境行政公益诉讼都存在诉前程序，其中，环境民

---

[1]《行政诉讼法》（2017 年修正版）第 25 条第 4 款。

[2] 参见最高人民检察院官方网站 https://www.spp.gov.cn/spp/tt/201902/t20190214_ 408034. shtml，最后访问日期：2022 年 2 月 20 日。

事公益诉讼的诉前程序主要表现为公告期制度，环境行政公益诉讼中的诉前程序则主要表现为检察建议制度，即人民检察院在履行职责中发现生态环境和资源保护领域负有监督管理职责的行政机关违法行使职权或不作为，致使国家利益或者社会公共利益受到侵害的，应当向行政机关提出检察建议，督促其依法履行职责。行政机关不依法履行职责的，人民检察院依法向人民法院提起诉讼。[1]依据国务院新闻办公厅关于中国生态环境检察工作新闻发布会的数据，[2]环境公益诉讼案件90%以上是通过诉前程序得到解决的，经诉前程序行政机关整改率达到97%，由此可知，当前人民检察院的环境公益诉讼案件主要依靠诉前程序，而这种诉前程序主要是环境行政公益诉讼的诉前程序，即由人民检察院向负有环境监督管理职责的机构提出检察建议，通过这种压力，促使行政机关有效解决存在的环境污染与生态破坏行为。

油污所致海洋生态环境损害案件中，公益诉讼主要集中在民事公益诉讼领域。实践中，油污生态环境损害案件都有较为明确的民事责任人。理论上，涉及政府机构针对油污致海洋生态环境损害不作为的情况主要集中在强制清污领域，而实践中，政府对此不作为的相关情况较少，更多争议集中在强制清污法律关系及强制清污费用的实现上。

按照人民检察院现在主要依托行政公益诉讼诉前程序这一现状，如果由人民检察院针对油污所致的海洋生态环境损害提起民事公益诉讼，会面临以下问题：

首先，依据《海洋环境保护法》第89条的规定，在油污致海洋生态环境损害的情况下，存在《民事诉讼法》第58条所称的"法律规定的机关"，即：《海洋环境保护法》第5条所规定的海洋生态环境监督管理机构。只有在这些海洋环境监督管理部门针对油污所致的海洋生态环境不起诉的情况下，人民检察院才可以向人民法院提起诉讼。

但是，细究之下就可以发现这其中存在一定问题。按照《海洋环境保护法》第89条的规定，海洋环境监督管理部门代表国家对责任者提出损害赔偿要求的前提是：油污破坏海洋生态给国家造成重大损失。但何为重大损失，

---

〔1〕《最高人民法院、最高人民检察院关于检察公益诉讼案件适用法律若干问题的解释》第21条。

〔2〕参见最高人民检察院官方网站 https：//www.spp.gov.cn/spp/tt/201902/t20190214_ 408034.shtml，最后访问日期：2022年2月20日。

当前法律规定并未明确。而依照《民事诉讼法》第58条的规定，只要污染环境损害社会公共利益，没有法律规定的机关或者法律规定的机关不起诉，人民检察院就可以向人民法院提起诉讼。这就存在两个问题：

第一，《海洋环境保护法》强调的是对国家利益的保护，而《民事诉讼法》规定的环境公益诉讼行为强调的是对社会公共利益的保护。尽管从广义上讲，社会公共利益包含了国家利益的情况，在很多时候这两个概念也存在混同使用的情况，但两者之间仍有细微差别。《海洋环境保护法》所强调的对国家利益的保护建立在国家自然资源所有权人的基础上，而《民事诉讼法》下的环境公益诉讼强调对社会公共利益的保护，更多关注的是不在场主体的利益保护，在环境公益诉讼领域中表现为对环境代际利益的保护。

第二，《海洋环境保护法》与《民事诉讼法》所规定的标准衔接问题。依照这两部法律规定，我们可以得出这样的结论：如果油污致海洋生态环境损害没有达到给国家造成重大损失的程度，此时不存在法律规定的机关，人民检察院可以直接向人民法院提起诉讼；在油污致海洋生态环境损害给国家造成重大损失时，因存在法律规定的机关，人民检察院只有在法律规定的机关不起诉时，才可以向人民法院提起诉讼。

因此，在现有法律尚未对《海洋环境保护法》第89条所谓的重大损失作出明确规定的情况下，如果在油污致海洋生态环境损害赔偿领域引入人民检察院作为海洋环境民事公益诉讼的索赔人，在具体操作上会存在一定的适用难题。海洋油污生态环境损害跟一般环境污染损害的不同在于，只要存在油污，一般多少都会造成海洋生态环境的损害，也就会损害社会公共利益。而实践中，提起海洋油污生态环境损害诉讼的案件极少。如果授权人民检察院就此提起海洋生态环境损害公益诉讼，存在一个标准适用与范围选择的问题。

其次，当前我国生态环境损害赔偿案件的处理对鉴定技术的依赖性较强，这在油污致海洋生态环境领域也不例外。诉讼费用、鉴定费用的支出在油污致海洋生态环境损害案件中往往数额不菲，人民检察院虽然有国家财政支持，但是否有足够能力承担该费用（特别是在败诉的情况下）也是值得思考的问题。

最后，油污致海洋生态环境损害的特殊性不仅仅在于其范围对象为海洋生态环境，更在于海商海事领域存在一些特殊的制度安排。一般研究环境公益诉讼的学者都尽量避免海洋环境公益诉讼，其原因之一就在于海商海事法律制度的特殊性。如，在一般环境公益诉讼中，公益诉讼与私益诉讼是不在一个范围之内的，私益诉讼中的私益是优先受偿的。而在油污致海洋生态环境损害赔偿领域，公益诉讼与私益诉讼是放在同一个责任限制基金里受偿的，在这种情况下，一般环境公益诉讼所追求的目的是无法实现的。再如，一般环境公益诉讼领域的原告主体是呈扩大趋势，而海洋生态环境领域的公益诉讼主体资格不断受到限制。[1]

因此，油污所致海洋生态环境损害赔偿领域的公益诉讼制度与一般环境公益诉讼制度相比，会受到海商海事法律特殊制度的影响而同样具有一定特殊性。如果人民检察院对油污所致海洋生态环境损害进行公益诉讼索赔，需要熟悉海商海事制度与一般环境法律制度的人才队伍作为支撑，这对人民检察院来讲也是一个挑战。

2. 相关司法实践

当前，人民检察院在海洋生态环境领域已经开展了一些卓有成效的公益诉讼实践。这些司法实践既包含人民检察院支持法定机关或组织诉讼的案件，也有人民检察院以自己的名义提起公益诉讼的案件。

（1）人民检察院支持诉讼案件

如前我们所述的，"中山市海洋与渔业局诉彭伟权等污染海洋环境责任纠纷案"[2]，就属于人民检察院支持起诉的案件。2016 年 7 月~8 月间，本案被告彭伟权、冯喜林等在冯喜林承包的水产养殖水域，以加高加固堤围为由，从东莞运输具有环境污染危害的废弃胶纸倾倒至堤围处，严重危害周边海域。该案被告人所涉刑事犯罪由广东省中山市第一市区人民检察院向中山市第一人民法院提起公诉，所涉海洋生态环境损害民事赔偿由中山市海洋与渔业局向广州海事法院提起诉讼，广东省中山市人民检察院支持起诉。广州海事法院最终判决彭伟权、冯喜林等承担海洋生态修复费用及因环境污染产生的各项经济损失共计 725 余万元。

（2）人民检察院直接起诉的民事公益诉讼案件

除支持起诉外，人民检察院也在探索直接提起环境公益诉讼。如灌南县

---

〔1〕 如前文所述，多数学者主张《海洋环境保护法》第 89 条的规定是一种赋权性也是一种限制性规定，只有依照本法享有海洋环境监督管理权的部门才有权向责任人主张损害赔偿。

〔2〕 广州海事法院（2017）粤 72 民初 541 号。

人民检察院对何延青等提起的海洋生态环境损害赔偿案，被视为两高出台人民检察院公益诉讼司法解释后的全国海洋生态环境公益诉讼第一案。

2015~2017年禁渔期内，被告人何延青等人使用非法网具在多省海域内捕捞水产品，经过渔业、海洋、矿藏等领域专家论证核算，总数量达到910余万公斤，折算捕捞尾数为20.3亿尾。灌南县人民检察院向灌南县人民法院提起刑事附带民事公益诉讼，向本案四十六名被告及三个单位索赔海洋生态环境修复费用约1.3亿元人民币。

在本案公诉阶段，灌南县人民检察院为顺利办理该案做了很多工作，包括：针对海洋生态环境损害的认定、特别是受损数额的具体认定原则及方式，受损生态环境的修复方法等问题，组织专业人士进行研讨，并着力建设由专业人士组成的咨询委员会，设立专业数据库。

目前，本案已经过公开审理，尚未判决。

（3）人民检察院直接起诉的行政公益诉讼案件

除提起海洋生态环境领域的环境民事公益诉讼，人民检察院也在积极探索通过诉前程序或者以环境行政公益诉讼的方式开展海洋生态环境领域的检察公益诉讼实践。如，在山东首例海洋环境领域行政公益诉讼案中，[1]山东省招远市人民检察院在巡查中发现，招远市海洋与渔业局在伟龙渔业有限公司擅自违规建造小码头污染海洋生态环境一案中存在不完全履职行为。经山东省、烟台市检察院批准，2018年6月25日，招远市检察院在对招远市伟龙渔业有限公司的违法违建行为作出行政处罚的同时，以招远市海洋与渔业局为被告提起行政公益诉讼，诉请判决招远市海洋与渔业局依法履行监管职责，招远市人民法院公开审理该案，并支持了招远市人民检察院的诉讼请求。

3. 建议

当前，我国人民检察院虽然已经在海洋生态环境领域开展环境公益诉讼的司法实践活动，但尚未在油污致海洋生态环境损害赔偿领域提起公益诉讼赔偿。尽管当我们依据《海洋环境保护法》或《民事诉讼法》或《环境保护法》等来讨论海洋生态环境损害的索赔主体时，油污致海洋生态环境损害与非油污致海洋生态环境损害就损害后果而言没有本质区别，在索赔主体上差

---

〔1〕 参见 http://www.sdjcy.gov.cn/html/2018/albd_0928/16909.html，最后访问日期：2022年2月20日。

异不大，但是油污致海洋生态环境损害通常涉及船舶，相关损害赔偿就必然与海商海事法律制度产生联系，容易受到海商海事法律特殊制度的影响。船舶营运状态的多样性、[1]油污事故中可能涉及多艘船舶、保险人的介入等因素的存在，使油污致海洋生态环境损害赔偿案件相较陆源污染致海洋生态环境损害赔偿案件要复杂得多。

人民检察院具有海洋生态环境领域的公益诉讼索赔资格，已经有了明确的法律支持与司法实践。在油污致海洋生态环境损害赔偿领域，我们没有特殊的理由来否定人民检察院的索赔资格。同时，我们也非常明确，当前我国的检察环境公益诉讼制度处于刚刚建立阶段，在快速发展的同时，相关制度细节也在不断摸索与完善中。就油污致海洋生态环境损害赔偿案件中引入人民检察院公益诉讼制度，我们需要解决以下问题：

第一，明确《海洋环境保护法》第89条所规定的重大损失的一般判断标准。如前所述，《海洋环境保护法》中海洋生态环境赔偿提起的前提条件是相关污染给国家造成了重大损失，而《民事诉讼法》中人民检察院提起环境公益诉讼的条件是损害了社会公共利益。从长远来看，两者之间标准的不统一，会给人民检察院提起海洋环境公益诉讼特别是海洋环境民事公益诉讼带来实践困扰。建议通过出台司法解释的方式，明确《海洋环境保护法》第89条所规定的"重大损失"的判断标准，以为人民检察院开展油污致海洋生态环境损害赔偿领域的公益诉讼方式类型确定案件选择的标准与范围。

第二，油污所致海洋生态环境损害与一般海洋生态环境损害相比，多涉及海商海事法律制度，因此对人民检察院工作人员提出了更高的要求，不仅需要掌握环境领域的专业法律知识和相关技术知识，还要了解和掌握海商法领域的特殊法律制度。就此，需要加强人民检察院自身人才储备，并提高整合利用各种社会人才的能力。

第三，现行《民事诉讼法》第58条第2款规定了人民检察院在生态环境与资源保护领域的环境公益诉讼索赔主体资格。该条款是《民事诉讼法》在2017年修正时新增加的条款。《环境保护法》有关环境公益诉讼的规定主要体现在第58条，该条规定了有权提起环境公益诉讼的社会组织的条件，但未对人民检察院的环境公益诉讼索赔主体资格进行规定。现行《环境保护法》

---

〔1〕　如无船承运、租船承运、光船租赁等。

是在 2014 年进行修订的，本书建议在后续《环境保护法》修订时，增加关于人民检察院环境公益诉讼索赔主体资格的规定，以保持法律规定之间的协调与统一。

三、社会组织的索赔权

（一）历史沿革及法律规定

与人民检察院的环境公益诉讼索赔权相比，社会组织的环境公益诉讼索赔主体资格更早为法律所承认。2012 年修正版《民事诉讼法》第 55 条首次对社会组织的环境公益诉讼索赔主体资格进行了明确规定。该条规定可以说是我国法治史上的一个重大突破，由此揭开了我国公益诉讼的新篇章。第 55 条规定的出台，也是对司法实践进行呼应的结果。事实上，在该条规定出台之前，一些环境保护社团已经积极开展环境公益诉讼活动，如，自 2009 年 5 月以来，中华环保联合会已经开始在多地进行环境公益诉讼活动。其中，该协会诉江苏江阴港集装箱有限公司环境污染侵权纠纷案，是我国首例由环境保护社会组织提起的环境民事公益诉讼。[1]

尽管《民事诉讼法》（2012 年修正版）对环境公益诉讼的规定做出了重大突破，但也仅仅解决了环境民事公益诉讼的瓶颈问题，对何为"法律规定的机关和有关组织"，并未进行进一步的明确规定。这引起了司法实践中的适用难题，甚至在《民事诉讼法》2012 年修正后的一段时间内，社会组织的环境公益诉讼索赔主体资格一度被法院否定。

如在中华环保联合会与中国石油天然气股份有限公司等环境污染责任纠纷案中，原告依据《民事诉讼法》（2012 年修正版）第 55 条的规定，认为自己属于提起环境公益诉讼的适格主体，而一审[2]北京市第二中级人民法院及二审[3]北京市高级人民法院均否定了中华环保联合会的环境公益诉讼主体资格。在此前，中华环保联合会已在国内提起十余起环境公益诉讼案件，其中八起已完成，部分案例还被《最高人民法院公报》收录。两审法院认为，中华环保联合会已完成的八起环境公益诉讼案件均为 2012 年《民事诉讼法》修

---

[1] 无锡市中级人民法院于 2009 年 7 月 6 日受理该案，并于 9 月 16 日进行了审理，案件最终在法院的主持下以调解结案。

[2] 北京市第二中级人民法院（2014）二中民初字第 00222 号。

[3] 北京市高级人民法院（2014）高民终字第 692 号。

正案实施前受理的案件，而根据 2012 年修正版《民事诉讼法》第 55 条的规定，有关组织应为法律规定的有关组织，现在还没有法律规定原告可以就有损社会公益的污染环境行为提起诉讼。因此，中华环保联合会暂不具备本案的原告主体资格。[1]

2014 年《环境保护法》第 58 条明确规定了可以提起环境公益诉讼的社会组织所应具备的条件。规定了两个具体条件：第一，必须在设区的市级以上人民政府民政部门登记；第二，专门从事环境保护公益活动连续五年以上且无违法记录。2015 年最高人民法院发布《最高人民法院关于审理环境民事公益诉讼案件适用法律若干问题的解释》，详细规定了具有环境民事公益诉讼索赔资格的社会组织的条件、环境民事公益诉讼的管辖权、案件的审理程序等事项。

可以说，2014 年《环境保护法》第 58 条的规定及《最高人民法院关于审理环境民事公益诉讼案件适用法律若干问题的解释》，进一步明确了 2012 年修正版《民事诉讼法》第 55 条"法律规定的有关组织"的具体含义和判断标准，为社会组织开展环境公益诉讼提供了明确的法律支持。

然而，司法实践中，社会组织提起环境民事公益诉讼的原告主体资格并未因 2014 年《环境保护法》第 58 条及最高人民法院司法解释的出台而变得畅通无阻。在中国生物多样性保护与绿色发展基金会（以下简称绿发会）诉宁夏中卫市大龙化工科技有限公司环境污染公益诉讼一案中，宁夏回族自治区中卫市中级人民法院[2]及宁夏回族自治区高级人民法院[3]均否定了原告绿发会的环境民事公益诉讼索赔主体资格，认为绿发会的章程中没有明确其从事的是环境保护公益活动，环境保护不在其登记证书所述业务的范围之中，不能将其视为"专门从事环境保护公益活动"的社会组织。

绿发会不服一审法院及二审法院的民事裁定，向最高人民法院申请再审。最高人民法院提审该案，在再审民事裁定书中，合议庭指出"由于环境公益具有包容性和共享性，又没有具体的直接法律利益相关者，为了发挥其应有

---

[1]　法院对何为法定的机关和组织进行了说明，如《中华人民共和国消费者权益保护法》(以下简称《消费者权益保护法》) 中所规定的省级以上消费者协会，《海洋环境保护法》所规定的海洋环境监督部门。

[2]　宁夏回族自治区中卫市中级人民法院（2015）卫民公立字第 5 号。

[3]　宁夏回族自治区高级人民法院（2015）宁民公立终字第 5 号。

的功能，对社会组织依法提起的环境公益诉讼应进行鼓励。"至于本案的绿发会是否属于"法律规定的有关组织"，应将关注点放在以下几个方面：保护环境公共利益是否为相关组织的宗旨，是否属于其经营范围的内容，以及该相关组织有没有实际开展环境保护的公益活动，这些公益活动是否体现了其宗旨。最高人民法院最终支持了本案绿发会的环境民事公益诉讼主体资格，本案也成为最高人民法院2017年发布的十大环境公益诉讼典型案件之一，并已经作为最高人民法院指导性案例[1]进行发布。

该案是2014年《环境保护法》第58条及最高人民法院环境公益诉讼司法解释出台后，最高人民法院以具体案例的判决，明确了环境民事公益诉讼主体的具体判断标准，也即，在判决保护环境公益是否属于有关组织的业务范围和宗旨时，不应仅拘泥于有关文字表述，而应着重从内涵出发来判断相关组织的宗旨是否与环境或生态要素具有关联性。最高人民法院对该案的判决，事实上传达了这样一种信号：对具有环境民事公益诉讼主体资格的社会组织的认定，应作宽松解释而非限制性解释。

2017年《民事诉讼法》进行修正时，将原来第55条的规定一字不改作为新的第55条的第1款，同时增加了对人民检察院环境公益诉讼进行规定的第2款。

据统计，2015年1月1日至2016年12月31日，社会组织环境公益诉讼案件的受理数量出现比较大的增长，相关案件涉及生态环境领域的方方面面。其中，全国法院共受理相关案件一百余件，审结50%左右。2017年3月7日，最高人民法院发布十件环境公益诉讼典型案例，其中由各类社会组织提起的案件有7件，人民检察院提起的案件3件。[2]社会组织在环境公益诉讼领域发挥了重要作用，对加强我国生态环境保护的宣示效果和示范意义起到了积极的引导作用。

（二）社会组织在海洋油污生态环境损害领域的索赔权

1. 法律依据

在海洋油污生态环境损害领域，社会组织是否具有环境公益诉讼的索赔

---

[1] 最高人民法院第15批指导性案例第75号。

[2] "最高人民法院发布十件环境公益诉讼典型案例"发布会现场数据，载 https://www.chinacourt.org/article/detail/2017/03/id/2573898.shtml，最后访问日期：2022年2月20日。

主体资格，并无特殊法律规定。前文提及的《民事诉讼法》《海洋环境保护法》等法律及有关环境公益诉讼案件审理的司法解释，均为从一般环境公益诉讼角度对社会组织主体资格进行的规定。

2017年12月29日，《最高人民法院关于审理海洋自然资源与生态环境损害赔偿纠纷案件若干问题的规定》发布，针对人民法院审理依据《海洋环境保护法》第89条所提起的海洋自然资源与生态环境损害诉讼索赔案件的审理作出司法解释。该司法解释主要规范的是依法行使海洋环境监督权的部门所提起的海洋自然资源与生态环境损害索赔之诉，尽管如此，这一司法解释本身的规定并没有排除社会组织在海洋油污损害生态环境领域的环境公益诉讼索赔主体资格。

总结而言，依据当前法律规定及最高人民法院的司法解释，从法律依据的角度，我们可以得出这样的结论：现行法律对社会组织在海洋油污致生态环境损害领域的环境公益诉讼索赔主体资格没有特殊规定，其与社会组织在非海洋生态环境损害赔偿领域的环境公益诉讼索赔主体资格并无本质不同。

2. 相关司法实践

社会组织在海洋生态环境损害赔偿领域的公益诉讼索赔资格一直没有为司法实践所接受。

2010年7月16日晚间，大连新港附近中石油一条输油管道起火爆炸，火势虽最终被扑灭，但造成大连附近海域至少50公里海面被污染。2014年6月5日，在经过多方准备并搜集相关证据材料的基础上，大连市环保志愿者协会就"7·16"事故所造成的海洋环境污染，以中石油为被告向大连海事法院提起诉讼，索赔海洋生态环境污染损害6.45亿元。两周后，大连海事法院作出不受理起诉的民事裁定书，认为"《民事诉讼法》与《环境保护法》的规定属于一般法规定，而《海洋环境保护法》属于特别法，因此，依照《海洋环境保护法》第90条第2款[1]的规定，大连市环保志愿者协会不具有作为提起海洋环境公益诉讼主体的资格。"大连市环保志愿者协会不服法院裁决，积极准备，补充证据材料，决定向辽宁省高级人民法院提起上诉。在整个事件处于胶着状态时，2015年6月24日，大连海事法院、环保局以及中石油等在大连市政府的组织下，讨论生态环境损害的赔偿问题，最终达成一致意见，

---

〔1〕　最新修正版本为第89条第2款。

由中石油出资 2 亿元修复大连海洋环境及设立环境保护专项基金，并接受公众监督。大连市环保志愿者协会同意此调解结果，并决定不再上诉。

虽然大连市环保志愿者协会的海洋环境公益诉讼主体资格最终没有得到大连海事法院的认可，但大连市环保志愿者协会针对中石油"7·16"事故所提起的海洋生态环境民事公益诉讼活动，给责任方及相关政府监管部门带来压力，积极推动了事故责任方承担海洋生态环境的修复责任，基本达到了其原先的起诉目标，对海洋生态环境的保护及推动海洋生态环境保护的公众参与和监督起到了积极作用。

2015 年 7 月 7 日，中国生物多样性保护与绿色发展基金会（以下简称绿发会）就康菲溢油污染海洋生态环境向青岛海事法院提起环境公益诉讼，请求被告康菲石油中国有限公司、中海石油（中国）有限公司对蓬莱 19-3 油田溢油事故所损害的渤海生态环境进行修复。7 月 24 日，绿发会接到青岛海事法院的立案通知书。但青岛海事法院最终以海洋环境公益诉讼的适格主体只能是海洋环境监督管理部门为由，否定了绿发会的海洋环境公益诉讼主体资格。

2017 年 8 月，在重庆两江志愿者服务发展中心、广东省环境保护基金会向广东省茂名市中级人民法院起诉广东三家镍企非法倾倒、堆填废渣致死红树林案中，广东省茂名市中级人民法院驳回了原告起诉，认为《环境保护法》作为环境保护的综合性法律，其规定属于一般性规定，而《海洋环境保护法》属于特别法，依照其规定，海洋生态环境公益诉讼只能由海洋环境监督管理部门提起，本案两原告不具有海洋生态环境公益诉讼主体资格。[1]

2018 年 3 月，自然之友环境研究所就荣成伟伯渔业有限公司等在禁渔期非法捕捞海产品破坏海洋生态环境的行为，向青岛海事法院提起环境民事公益诉讼，要求荣成伟伯渔业有限公司等承担修复海洋生态环境的民事责任，维护环境公共利益。青岛海事法院最终裁定自然之友环境研究所不具有本案海洋环境公益诉讼的主体资格。青岛海事法院认为，本案系针对破坏海洋渔业水域生态环境提起的环境公益诉讼，法律已经授权渔业行政主管部门诉讼主体资格，同时排除了社会组织的诉讼主体资格。《环境保护法》第 58 条的规定为一般性规定，根据特别法优于一般法的原则，应适用《海洋环境保护

---

〔1〕 法院同时裁定本案案件公告费 30 000 元由原告重庆两江志愿服务发展中心自行承担。

法》第89条的规定。自然之友环境研究所不服一审裁定，上诉至山东省高级人民法院，山东省高院支持一审法院裁定，驳回上诉，维持原裁定。

3. 小结

本书认为，社会组织具有海洋生态环境损害赔偿领域的环境公益诉讼索赔权，也具有油污致海洋生态环境损害赔偿领域的环境公益诉讼索赔权，主要理由如下：

第一，现有法律规定并未排除社会组织在海洋生态环境领域的公益诉讼索赔资格，通过对现有法律规定的梳理，无法得出社会组织不具有海洋生态环境领域的公益诉讼索赔资格的结论。

如本节第二部分"人民检察院的索赔权"所述，司法实践中支持人民检察院在海洋生态环境领域的公益诉讼索赔权，其主要法律依据是现行《民事诉讼法》第58条。而对于社会组织在海洋生态环境领域的公益诉讼索赔权，法院通常以《海洋环境保护法》第89条的规定为限制性赋权为由予以否定。事实上，《民事诉讼法》第58条同时规定了社会组织及人民检察院的公益诉讼索赔权，以《海洋环境保护法》第89条的规定认可人民检察院在海洋生态环境损害赔偿领域的公益诉讼索赔权而否定社会组织的公益诉讼索赔权并无道理可言。

第二，现有法律对海洋环境监督管理部门具有海洋生态环境损害索赔权的授权性规定，不必然意味着对其他索赔主体索赔资格的否定。

以消费领域的民事公益诉讼为例，《消费者权益保护法》第47条[1]规定，消费者协会可以针对侵害众多消费者合法权益的行为提起公益诉讼。但在消费民事公益诉讼领域，并未因《消费者权益保护法》第47条对消费者协会公益诉讼索赔资格的授权而否定社会组织的消费民事公益诉讼索赔权。《最高人民法院关于审理消费民事公益诉讼案件适用法律若干问题的解释》的第1条规定了该司法解释的适用范围，主要适用于消费者协会提起的消费民事公益诉讼，同时"法律规定或者全国人大及其常委会授权的机关和社会组织提起的消费民事公益诉讼"也适用本解释。

第三，在海洋生态环境损害索赔中，海洋环境监督管理部门与社会组织

---

[1]《消费者权益保护法》第47条：对侵害众多消费者合法权益的行为，中国消费者协会以及在省、自治区、直辖市设立的消费者协会，可以向人民法院提起诉讼。

的索赔基础不完全一致，两者并不是绝对相斥关系，是可以共存的。

海洋环境监督管理部门的索赔权基础在于国家自然资源所有权，尽管其法理基础在学术上仍存有一定争议，但主流观点一致认为其索赔权源自国家自然资源所有权，海洋环境监督管理部门所提起的针对海洋生态环境损害的索赔，是作为国家的代表提起的。从本质上而言，这种索赔还是基于所有权的一种财产损害索赔。而社会组织的索赔主要出于对社会公共利益的保护。因此，海洋环境监督管理部门基于所有权对海洋生态环境损害所提起的诉讼，并不必然排斥社会组织提起的环境民事公益诉讼。海洋环境监督管理部门作为行政机关具有执法权，在海洋生态环境遭到破坏时，应优先行使执法权来保护国家利益，而非优先选择司法救济并排除其他主体的诉讼主体资格。

第四，海洋环境监督管理部门对海洋生态环境损害的索赔权是有条件的，社会组织的海洋环境公益诉讼索赔可以对行政机关的索赔起到良好的补充作用，充分发挥海洋生态环境保护领域的社会监督职能，对海洋生态环境的保护具有重要意义。

如前文所述，《海洋环境保护法》第89条所规定的行使海洋环境监督管理权的部门提起海洋生态环境损害赔偿的前提是污染事故给国家造成了重大损失，更多强调的是国家的利益。而何为重大损失，现行法律并未明确界定标准。社会组织的索赔权则不存在这种限制，社会组织的索赔范围偏重对社会公共利益的保护，且对这种社会公共利益的损害程度没有具体要求。依照《环境保护法》第58条的规定，只要污染环境损害了社会公共利益，符合条件的社会组织就具有提起诉讼的权利。因此，如果污染事故未给国家造成重大损失，但却造成了社会公共利益的损害，此时，如果否定社会组织的海洋环境公益诉讼索赔主体资格则不利于对海洋生态环境的保护。

第五，海洋环境监督管理部门与社会组织针对海洋生态环境损害的索赔权限不同。

相对而言，海洋环境监督管理部门的索赔权限更大，既包含通过诉讼的方式，也包含通过磋商、谈判等方式，甚至以行政方式向责任人提出损害赔偿要求。而社会组织的索赔权只局限于环境公益诉讼，即只能通过诉讼的方式向责任人提起损害赔偿要求。社会组织的索赔权比海洋环境监督管理部门的索赔权要小得多，认可社会组织对海洋生态环境损害的公益诉讼索赔权，不会对海洋环境监督管理部门的海洋生态环境损害索赔权造成大的冲击。

总结而言，海洋领域的生态环境保护与其他领域的生态环境保护并无本质区别，在海洋生态环境保护领域否定社会组织的环境公益诉讼索赔主体资格不利于海洋生态环境的保护，因此建议在司法实践中认可社会组织的海洋环境民事公益诉讼索赔主体资格。

第三节　不同主体索赔权的功能界分和相互衔接

如前文所述，就油污所致的海洋生态环境损害赔偿，海洋环境监督管理部门、人民检察院及社会组织均具有索赔权。虽然本章我们尚未就海洋生态环境损害的具体内容展开探讨，但实践中，上述主体针对油污致海洋生态环境损害所提出的主要诉求大致可以概括归结为修复受到油污损害的海洋生态环境，也即，海洋环境监督管理部门、人民检察院及社会组织在海洋生态环境损害赔偿上的主张多具有重合性。在这一背景下，就有必要对上述主体的海洋生态环境损害索赔顺位进行分析研究。

一、不同主体索赔权的功能界分

（一）海洋环境监督管理部门索赔权的功能定位

海洋环境监督管理部门的索赔权主要来源于国家索赔权，是代表国家对海洋生态环境损害进行索赔，其法理基础主要为国家自然资源所有权[1]及对社会公共利益的维护。《中华人民共和国宪法》（以下简称《宪法》）第9条明确了水流这一自然资源属于国家所有，是海洋资源国家所有权的法律依据；同时，《宪法》第9条也明确规定了国家所有即为全民所有。人民将自己的部分权利让渡给国家，这是国家权力来源合法性与正当性的一般解释，基于此，国家也理所当然地成为社会公共利益的代表。

因此，在海洋生态环境损害赔偿领域，代表国家的海洋环境监督管理部门有三个角色定位：第一个角色是海洋自然资源的所有者，第二个角色是海洋生态环境的行政监督管理者，第三个角色是海洋生态环境这一社会公共利

---

〔1〕　当然，将自然资源所有权视为国家民事索赔权的法理基础也存在一定争议，首先，国家的自然资源所有权的性质是否为民事权利，仍存在一定争议。参见李昊："损害概念的变迁及类型建构——以民法典侵权责任编的编纂为视角"，载《法学》2019年第2期；刘静："论生态损害救济的模式选择"，载《中国法学》2019年第5期。

益的代表者。

不过，关于海洋环境监督管理部门基于国家所有权提起的海洋生态环境损害赔偿诉讼是公益诉讼还是私益诉讼，在学界存在一定争议。主流观点认为，与国家在海洋生态环境损害赔偿领域的第三个角色相结合，海洋环境监督管理部门基于国家所有权提起的海洋生态环境损害赔偿诉讼是一种公益诉讼，此时国家的两种角色具有一定重合性。当然，也有个别观点认为海洋环境监督管理部门基于国家所有权提起的诉讼在本质上属于私益诉讼。[1]无论这种诉讼在定性上属于公益诉讼还是私益诉讼，就诉讼顺位而言，作为自然资源所有权人，海洋环境监督管理部门此时具有索赔权，且这种索赔权在顺位上排在第一位基本没有争议。

主要的争论点在于，在海洋生态环境损害赔偿领域，国家同时具有第二个角色定位即行政管理者。海洋环境监督管理部门作为行政部门，其主要职责是监督污染者，并通过行使行政执法权来维护海洋生态环境。有学者认为，就海洋生态环境损害的国家损失，诉诸司法不是其唯一的也不是优先选择的方式。[2]相对而言，行政机关的首要职责是勤勉执法，通过勤勉执法来保护国家利益与社会公众利益。行政机关提起生态环境损害赔偿，实际上将环境执法从非诉讼领域延伸到了诉讼领域，借助司法诉讼来实现行政强制执行。这种做法会造成一种后果，即由法庭来扮演本属于行政机关的角色。部分学者认为，这实际上是法庭对行政机关权力的僭越，会破坏司法与行政之间的分工。[3]

但现实的情况是，在我国现行的环境行政责任体系下，行政责任更多意味着行政处罚，而非一种补偿性行政责任，而我们一般将生态环境损害赔偿认定为一种民事责任，这也是导致实践中行政机关借助司法诉讼来对生态环境损害索赔的关键因素。这一点在油污致海洋生态环境损害赔偿领域尤为明

---

〔1〕 如，北京大学的汪劲教授就认为，《海洋环境保护法》里的具有海洋监督管理权的部门所提起的损害赔偿诉讼，是基于海洋生态破坏给国家造成重大损失提起的，属于国家所有权与财产权益侵害之诉，与海洋环境公益无关，所以不是环境公益诉讼。资料来源于中国绿发会举办的"环境公益诉讼原告主体关系研讨会"。

〔2〕 参见曹明德："国家法律并没有排斥社会组织提起环境公益诉讼"，资料来源于中国绿发会举办的"环境公益诉讼原告主体关系研讨会"。

〔3〕 参见王明远："论我国环境公益诉讼的发展方向：基于行政权与司法权关系理论的分析"，载《中国法学》2016年第1期。

显，油污所致的海洋生态环境损害与其他陆源污染所致的海洋生态环境损害存在一定不同。大多数油污的产生是基于船舶碰撞这种民事行为，[1]其所导致的海洋生态环境损害并非直接起因于行政机关执法不力，碰撞事发后的赔偿多为民事赔偿责任，此时一般也认为油污所致的海洋生态环境损害赔偿为一种民事赔偿责任，而非单独将其拿出来作为行政责任。

结合我国现行民事法律规定及行政法律规定，对于海洋环境监督管理部门的索赔权，在功能定位上，本书认为，国家是自然资源的所有人，海洋环境监督管理部门是国家在海洋生态环境保护领域的具体执行人，基于此，在海洋生态环境损害索赔诉讼中，海洋环境监督管理部门应具有第一顺位。[2]

（二）社会组织在海洋生态环境损害索赔中的功能定位

如前文所述，尽管社会组织在海洋生态环境损害赔偿领域的索赔权在司法实践中一直不被认可，但本书认为，应该承认社会组织在海洋生态环境损害赔偿领域的索赔权，不应仅仅以《海洋环境保护法》第 89 条的规定对社会组织的海洋生态环境损害索赔权予以简单的否定。

有关环境生态损害赔偿案件的相关法律规定及司法解释一般都有一种倾向，即将海洋领域的相关事项排除在外，如最新发布的《最高人民法院关于审理生态环境损害赔偿案件的若干规定（试行）》[3]第 2 条就明确规定：“下列情形不适用本规定：……（二）因海洋生态环境损害要求赔偿的（适用海洋环境保护法等法律及相关规定）。”但即便如此，我们并不能因此而否定社会组织在海洋生态环境损害赔偿领域的索赔权。

《最高人民法院关于审理环境民事公益诉讼案件适用法律若干问题的解释》并没有将海洋生态环境领域的公益诉讼排除在外，同时，《最高人民法院关于审理海洋自然资源与生态环境损害赔偿纠纷案件若干问题的规定》明确其适用于“人民法院审理为请求赔偿海洋环境保护法第八十九条第二款规定的海洋自然资源与生态环境损害而提起的诉讼”。上述最高人民法院的两个司

---

[1]　大多数情况下为船舶碰撞导致，但并不排除其他形式的存在，如钻井平台油污损害海洋生态环境、石油管道破裂导致海洋生态环境损害等。

[2]　未来，我们也期待行政领域在行政责任制度的发展上能够进一步扩展，通过补偿性责任制度来解决国家对致海洋生态环境损害责任人的行政追责，以平衡在海洋生态环境领域行政执法与司法诉讼的关系，防止司法权力在行政权领域的过度扩张。

[3]　2020 年 12 月 29 日发布，2021 年 1 月 1 日实施。

法解释并不存在冲突，根据其规定，针对海洋自然资源与生态环境损害的国家索赔权与社会组织的索赔权也不存在冲突，两者之间并非不能共存。

此外，这也涉及新的一般法与旧的特别法之间关系的问题。最新的《民事诉讼法》及《环境保护法》都认可了社会组织的生态环境损害索赔权，反映了生态环境保护领域的最新发展与需要。尽管《海洋环境保护法》第89条的规定并未直接排除社会组织的海洋生态环境损害索赔权，但司法实践一直认为第89条的规定是对海洋环境监督管理部门索赔权的限制性规定，社会组织在海洋生态环境损害赔偿上不具有索赔权。这是典型的新的一般法与旧的特别法的冲突，面临这种冲突，应如何适用法律？《中华人民共和国立法法》第94条第1款对这一问题作出了明确规定，依据该条款的规定，新法的一般规定与旧法的特别规定不一致时，只有当"不能确定如何适用时"，才会提交立法机关裁决。换言之，能确定如何适用时，则可以直接适用。这样一来，在司法诉讼实践中，是否能够确定如何适用，司法机关可以说起到了决定性的作用。

如前所述，目前的司法实践并不认可社会组织的海洋生态环境损害索赔权，但本书认为，在海洋生态环境领域我们实在没有必要对社会组织提起赔偿进行拒绝和否定。在一般生态环境损害赔偿领域已经广泛认可社会组织索赔权的背景下，没有特殊理由对海洋生态环境领域的社会组织索赔权进行否定。[1]国民为社会公共利益的享有者，当公共利益受损时，与该公共利益相关的国民都可能成为受害者，国家没有理由禁止这些国民就其受到损害的社会公益提起诉讼。在相关诉讼中，除了应关注强调诉讼的"公共利益"目的外，不应对其设置比私益诉讼更严格的条件。[2]

那么，社会组织在海洋生态环境损害赔偿领域的功能定位是什么？本书认为可以从两个方面对这一问题展开讨论。

第一，对海洋环境监督管理部门的海洋生态环境损害索赔起补充作用。

《海洋环境保护法》第89条第2款所规定的海洋环境监督管理部门针对海洋生态环境损害的索赔权是有前提的，即给国家造成重大损失的。尽管目前对何为国家重大损失没有明确规定，但我们不可否定，这确实为海洋环境

---

〔1〕 关于这一点，前文已经进行了较为详细的论述。

〔2〕 段厚省："环境民事公益诉讼基本理论思考"，载《中外法学》2016年第4期。

监督管理部门的索赔权设置了一个条件限制。那么对于那些未给国家造成重大损失，只是造成一般损失的，由谁来向责任人索赔呢？如果仅仅从《海洋环境保护法》第89条第2款的条文来看，海洋环境监督管理部门不具有索赔权。但从我们前文所述的国家索赔权的基础来看，本书认为海洋环境监督管理部门基于自然资源所有权，此时也应具有海洋生态环境损害的索赔权。

在《海洋环境保护法》第89条现有条文规定的背景下，社会组织的海洋生态环境公益诉讼索赔权可以对海洋环境监督管理部门的索赔权起到一定补充作用。

第二，社会组织海洋生态环境索赔权源于对社会公共利益的维护，其正当行使起到对行政执法进行监督的作用。

海洋环境监督管理部门作为行政机关的首要职责是勤勉执法、保护国家利益和社会公众利益。社会组织在海洋生态环境损害公益诉讼领域的主要作用则是依法维护国家利益和社会公众利益，在对行政执法起到补充作用的同时对行政执法行为进行社会监督。社会组织环境公益诉讼是公众参与环境保护的具体体现，社会组织以无利害关系第三方介入环境公益诉讼，是对行政执法的一种体制外的监督。而且，社会组织开展环境公益诉讼活动资金自负、风险自担，不依赖于国家财政资金，对减轻国家财政负担也具有积极作用。

总而言之，社会组织作为环境公益诉讼的参与力量是值得肯定的。社会组织对海洋生态环境公益诉讼的参与，对于推动海洋生态环境多元共治、提升公众参与都具有积极作用。

（三）人民检察院在海洋生态环境损害索赔中的功能定位

对于人民检察院生态环境损害索赔权的功能定位，早前理论界存在一定的争议与探讨。随着《民事诉讼法》《行政诉讼法》的修正及最高人民法院、最高人民检察院司法解释的出台，人民检察院在生态环境损害赔偿领域的公益诉讼索赔资格在法律上得以明确。实践中，人民检察院开展的生态环境损害赔偿公益诉讼已经在积极向前推进。在海洋生态环境损害赔偿领域，人民检察院也在积极开展相关公益诉讼活动，并已提起多起海洋生态环境损害的索赔之诉。

对于人民检察院在海洋生态环境损害赔偿领域的功能如何定位，法律已明确。依据最新修正的《民事诉讼法》第58条的规定、最新修正的《行政诉讼法》第25条的规定以及《最高人民法院、最高人民检察院关于检察公益诉讼案件适用法律若干问题的解释》可知，在生态环境损害公益诉讼中，人民检察院的角色定位为补充诉讼，在海洋生态环境损害公益诉讼中也不例外。

依照上述相关法律的规定，人民检察院提起的环境公益诉讼可以分为民事与行政诉讼两种。

其中，环境民事公益诉讼的提起前提为：没有法定机关和组织，或者有法定机关和组织，但是没有提起环境公益诉讼，在这种情况下，人民检察院"可以"提起环境公益诉讼。在法律用语上使用了"可以"而非"应当"或"应该"的表述，说明这是一种授权性规范而非义务性规范。如果符合规定的机关和组织提起诉讼，人民检察院可以支持起诉。这里在表述中也使用了"可以"一词，说明也是一种授权性规范。"支持起诉"是民事诉讼法上的一项新规定，体现了国家对环境资源保护事业的高度重视及对社会组织开展公益诉讼活动的大力支持。

人民检察院提起环境行政公益诉讼的前提则是"人民检察院在履行职责过程中发现生态环境和资源保护领域负有监督管理职责的行政机关违法行使职权或者不作为"，此时要求人民检察院"应当"通过检察建议督促违法的行政机关履行职责，如若其不依法履职，检察院可就此提起行政公益诉讼。与人民检察院的环境民事公益诉讼不同，在人民检察院环境行政公益诉讼中使用的表述是"应当"，说明这是一种义务性规范。除此之外，人民检察院环境行政公益诉讼要求其在履行职责的过程中提起，因此，对履行职责以外所发现的破坏生态环境的事项，人民检察院不宜插手。

在海洋生态环境损害赔偿领域，人民检察院就海洋生态环境损害提起公益诉讼亦应遵守上述规则。只有在两种情况下人民检察院才可以提起海洋生态环境损害的环境民事公益诉讼：第一，没有符合规定的机关和组织；第二，符合规定的机关和组织不提起诉讼。也即，在海洋生态环境损害赔偿领域，人民检察院的索赔诉讼在功能定位上属于补充角色。

二、不同主体索赔权的相互衔接

在海洋生态环境损害赔偿领域同时存在三个具有索赔资格的主体"海洋环境监督管理部门、社会组织、人民检察院"时，如何协调这三个主体之间的关系，其在海洋生态环境损害赔偿诉讼中的顺位如何处理，即成为一个现实问题。

本书认为，在海洋生态环境损害赔偿领域，应以海洋环境监督管理部门的索赔权为先，以社会组织的索赔权为辅助，以人民检察院的索赔权为补充。

只有在海洋环境主管部门提起海洋生态环境损害赔偿诉讼后，仍有受到损害的环境公益未得到主张时，社会组织才可以就海洋环境主管部门未主张的公益提起海洋生态环境公益诉讼。只有在前两者均未就相关海洋生态环境损害提起索赔之诉时，人民检察院才可以依照《行政诉讼法》或者《民事诉讼法》的规定视具体情况决定是提起海洋生态环境公益诉讼，还是督促相关行政机关履行法定职责，抑或提起海洋生态环境损害行政公益诉讼。

本书对上述相关主体在海洋生态环境损害索赔中的顺位排序主张，理由如下：

第一，从私益角度而言，海洋生态环境损害的是国家的自然资源所有权，是对国家财产权的一种侵犯；从公益角度而言，海洋生态环境公益诉讼的首要目的是保护社会公共利益，而国家应是承担社会公共利益保护的第一责任人。因此，在海洋生态环境公益纷争具有民事可诉性时，国家的诉权应具有优先性。

第二，海洋环境监督管理部门在证据的搜集方面占有天然的优势。

在海洋生态环境公益诉讼中，社会组织与海洋环境监督管理部门的认知和调查取证能力存在较大差异。海洋环境监督管理部门作为具有行政执法权的国家机构，其对海洋生态环境损害的调查取证能力要远远高于社会组织。社会组织的取证能力、范围及索赔权的有效行使，经常受到具有行政执法权的行政机关的制约。

这一点，我们从大连市环保志愿者协会在"大连7·16中石油污染海洋案环境公益诉讼"案中可以窥见一斑。为了对"7·16"中石油海洋环境污染事件中的海洋生态环境损害提起环境公益诉讼，大连市环保志愿协会做了大量准备工作，聘请专业了专业律师团队，[1]召开培训会、开展社会调查等做诉前准备。[2]在证据搜集方面，大连市环保志愿协会向大连市环保局、大连

---

〔1〕 2015 年 4 月 10 日，大连环保志愿协会正式聘请辽宁世勋律师事务所代理"7·16"中石油海洋环境污染案公益诉讼。

〔2〕 2015 年 4 月 11 日，大连环保志愿协会举行新志愿者培训会，会长以《环境公益诉讼及其我协会的工作》为题，倡导志愿者积极做环境公益诉讼前期准备和汇报将"7·16中石油海洋环境污染案"作为遴选案例的有关工作情况。4 月 17 日至 5 月初，协会分别在大连中山区、西岗区、沙河口区、甘井子区、开发区进行公益诉讼案问卷调查活动。调查活动共发放调查问卷 10 000 份，有 96%的受访者支持将"7·16"中石油污染案作为大连市环保公益诉讼第一案。4 月 24 日，协会会长赴北京与"自然之友"探讨该案的调研、取证工作及后续的工作。

市海洋局递交了关于公开"7·16"海洋污染数据的申请。其中，大连市环保局《关于提供"7·16"中石油事故案等相关环境污染证明资料的复函》仅提供了大气污染数据，大连市海洋局的复函材料则仅提供了 2014 年的相关数据。大连市环保志愿协会向大连海事法院提起"大连 7·16 中石油污染海洋案环境公益诉讼"，其最终解决是法院裁定不予受理。该案的最终解决是在大连市政府的协调下，作为社会组织的大连市环保志愿者协会、大连海事法院、大连市环保局、中石油等各部门和企业共同协商，由中石油出资 2 亿元，用于修复大连市海洋环境及环境专项保护。由这一案件的处理过程，我们可以看到，社会组织在证据搜集、后续法院的立案处理等各项程序中，都受制于行政机关。

第三，海洋环境监督管理部门主动行使索赔权，对油污损害中的私益受损者获得法律救济起到积极的促进作用。

在海洋油污损害中，海洋生态环境的损害必然伴随着大量私法利益损害的存在，这些私法利益受害人在获取有效法律救济时所面临的首要的、也是最为棘手的问题便是取证问题。海洋油污损害的取证、调查及损害评估在很大程度上依赖于国家行政机关，特别是具有海洋环境监督管理权的海洋、渔业部门，私益受害人通过私人力量取证难度太大。如果海洋环境监督管理部门能够对海洋生态环境损害主动行使索赔权，并合理提供相应调查结果及损害证据，将对私益受害人获得有效法律救济起到推动作用。

三、完善建议

（一）相关索赔主体的具体认定

本书认为，在油污致海洋生态环境损害的民事追责中，具有索赔资格的主体包括：国家、社会组织及人民检察院。其中，国家的索赔权具有优先性，社会组织只有在国家不行使索赔或索赔之后尚存部分海洋生态环境损害未得到索赔的情况下，才具有海洋生态环境损害的索赔权。只有在国家及社会组织均未行使索赔权的情况下，人民检察院才可以提起海洋生态环境损害赔偿领域的公益诉讼索赔。

1. 社会组织与人民检察院的认定较为明确

对何为适格的具有生态环境损害公益诉讼索赔权的社会组织，《环境保护法》第 58 条规定了两个条件：经过登记注册及活动年限。《最高人民法院关于审理环境民事公益诉讼案件适用法律若干问题的解释》更进一步详细规定了具有环境民事公益诉讼索赔资格的社会组织的条件、环境民事公益诉讼的管辖权、案件的审理程序等事项。如，在"中国生物多样性保护与绿色发展基金会诉宁夏中卫市大龙化工科技有限公司环境污染公益诉讼案"〔1〕中，最高人民法院的判决即体现了这一点。因此，对如何界定具有生态环境损害公益诉讼索赔资格的社会组织，在法律规定上与司法实践中已经较为明确，争议不大。将社会组织的索赔资格引入海洋生态环境公益诉讼领域，在社会组织的界定上亦应如此。

人民检察院作为海洋生态环境公益诉讼索赔主体，也是比较明确的，在法律规定、司法实践及法学理论上都不存在争议。

2. 代表国家行使索赔权的具体主体认定存在一定模糊

而作为代表国家提起海洋生态环境损害索赔的具体主体则稍显混乱。从国家自然资源所有者的角度，代表国家进行索赔的主体应为各级人民政府，而就《海洋环境保护法》第89条的规定而言，代表国家进行海洋生态环境损害索赔的主体则是海洋环境监督管理部门。

目前有关生态环境损害的相关法律规定及司法解释，都有意或无意地将海洋领域的生态环境损害法律问题置于适用范围之外。如2020年12月29日发布的《最高人民法院关于审理生态环境损害赔偿案件的若干规定（试行）》第2条即明确将海洋生态环境损害赔偿问题排除适用。司法实践中代表国家提起海洋生态环境损害索赔的机关也都是海洋环境监督管理部门，目前尚未出现人民政府提起海洋生态环境损害索赔的先例。在此背景下，对于代表国家提起海洋生态环境损害的具体行政机关，本书认为由海洋环境监督管理部门〔2〕担任较为合适与妥当。

但即便如此，因为我国海洋自然资源及海洋环境监管存在多部门交叉管理的情况，当前法律并未对各海洋环境监督管理部门的索赔权配置进行明确规定。

依照《海洋环境保护法》的规定，行使海洋环境监督管理权的部门包括：（1）负责海洋环境监督管理的国家海洋局及其下属各级海洋局；（2）负责港区内商业运输船舶污染监督管理的海事局；（3）负责渔业水域内环境监督管

---

〔1〕　最高人民法院第15批指导性案例第75号。

〔2〕　这并不是否定各级人民政府的海洋生态环境损害索赔权。依照《海洋环境保护法》的规定，沿海县级以上人民政府也属于海洋环境监督管理部门，行使海洋环境监督管理的部分职责。

理的渔业行政部门；（4）负责军事船舶污染海洋环境的监督管理工作的军队环境保护部门；（5）沿海县级以上地方人民政府也行使海洋环境监督管理权的部分职责。

司法实践中，人民法院在审理海洋生态环境损害赔偿案件中，在判断案件中的原告是否具有索赔主体时的基本逻辑为：依照《海洋环境保护法》《渔业法》等相关法律法规及规章，分析原告是否属于海洋环境监督管理部门，如果属于则具有海洋生态环境损害的索赔主体资格。然而现实是，现行具有海洋环境监督管理权的各部门之间在职责上存在一定交叉之处，行政级别也各不相同。当前司法实践中有关海洋生态环境损害赔偿的索赔案件，多由海洋局与渔业渔政管理部门提起，且相关部门之间行政级别差距比较大。

事实上，《海洋环境保护法》第89条对海洋生态环境损害索赔主体资格的广义授权规定，容易造成索赔权行使上的冲突、具体认定上的模糊及司法实践中的争议。

（二）索赔主体认定的具体建议

对于海洋生态环境损害赔偿索赔主体的资格认定，本书提出如下建议：

1. 对海洋环境监督管理部门的索赔权限进行合理配置

如前所述，依照《海洋环境保护法》的规定，目前对海洋环境具有监督管理权的部门主要有五个。其中，依据2018年3月中共中央印发的《深化党和国家机构改革方案》第24条的规定，国家海洋局的职责划归入自然资源部，对外保留国家海洋局的牌子；依照该方案第25条的规定，国家海洋局的海洋环境保护职责划入生态环境部。依据方案规定，渔业渔政管理局属于新组建的农业农村部。

结合《深化党和国家机构改革方案》对于国务院机构改革的最新规定及各海洋环境监督管理部门的具体职责，本书认为，就海洋生态环境损害的国家索赔，各海洋环境监督管理部门的权限可以采取如下配置方式：

第一，从横向角度，生态环境部作为海洋环境监督管理的主要部门，总体上负责海洋生态环境损害的国家索赔。当出现油污致海洋生态环境损害需要行使国家索赔权时，由生态环境部索赔。如果相关案件涉及渔业资源损失时，由农业农村部的渔业渔政管理局配合生态环境部进行海洋生态环境损害的国家索赔；如果相关案件涉及军事船舶污染海洋生态环境，则由军队环境保护部门配合生态环境部进行海洋生态环境损害的国家索赔；如果相关案件涉及的是海事部门所管辖港区内的非渔业非军事船舶所致海洋生态环境污染损害，则由海事局配合生态环境部进行海洋生态环境损害的国家索赔。

第二，从纵向角度，针对区域内的油污致海洋生态环境损害国家索赔，由区域内行政级别最高的省级生态环境厅或者省级生态环境厅指定的下级生态环境行政管理部门提起。对跨区域的油污致海洋生态环境损害国家索赔，如果是跨省级的则由生态环境部提起，如果是省内跨地区的，则由省级生态环境厅或其指定的下级生态环境行政管理部门提起。

2. 对《海洋环境保护法》第 89 条进行修改

除了对各海洋环境监督管理部门在海洋生态环境损害国家索赔的权限进行上述设置之外，本书建议对《海洋环境保护法》第 89 条第 2 款进行一定修改。

当前，《海洋环境保护法》第 89 条第 2 款授权海洋环境监督管理部门代表国家主张海洋生态环境损害赔偿是有前提条件的，即破坏海洋生态给国家造成重大损失。一方面，对于何为"重大损失"，当前法律规定并不明确；另一方面，这种法律规定的不明确，会导致当前有关海洋生态环境损害的公益诉讼在索赔主体上的链条不完整，如人民检察院提起环境民事公益诉讼的前提是不存在具有索赔资格的机关和组织，或者有关机关和组织没有提起公益诉讼。而如果海洋环境监督管理部门提起赔偿的前提条件是没有明确标准的"重大损失"，尽管不会从本质上影响人民检察院的诉权，[1]但作为一种补充诉讼，人民检察院仍需对自己提起海洋环境民事公益诉讼的前提和理由进行一个基本的说明。此时，《海洋环境保护法》第 89 条第 2 款规定的这一并不明确的前提，就会使得人民检察院在判断具体海洋生态环境损害是否存在符合条件的机关时，存在一定障碍。

本书建议，对《海洋环境保护法》的规定进行修改，取消有关部门代表国家进行海洋生态环境损害索赔的前提条件，即"重大损失"。这也符合国家

---

〔1〕 如果是重大损失，海洋环境监督管理部门不提起赔偿，人民检察院可以"有符合条件的机关不起诉"为由提起海洋生态环境公益诉讼；如果是非重大损失，海洋环境监督管理部门不提起赔偿，人民检察院可以"没有符合条件的机关"为由提起海洋生态环境公益诉讼。

索赔权的最终来源之一是基于国家自然资源所有权的法理逻辑。[1]

具体而言，建议将第 89 条第 2 款改为如下表述：

"对破坏海洋生态、海洋水产资源、海洋保护区的，由依照本法规定行使海洋环境监督管理权的部门代表国家对责任者提出损害赔偿要求。"

---

[1] 通常所说的另一来源是社会公共利益。

第三章

海洋油污损害生态环境民事责任的范围及其确定

海洋油污损害生态环境民事追责的一个重要内容是明确海洋生态环境损害的具体内容，进而确定海洋生态环境损害的赔偿范围，以最终实现民事追责。本章在对现行国内外法律规定进行梳理的基础上，探讨油污致海洋生态环境损害的具体内容及相应民事责任的赔偿内容、范围及其认定。

第一节　海洋油污所致生态环境损害

海洋油污损害生态环境民事追责顺利实现的前提是明确这种责任的具体内容，而这一内容的确定首先应明确海洋生态环境损害的具体内涵。

现行法律规定及司法实践对"海洋生态环境损害"使用的表达方式不尽一致，相关概念表述包括"海洋环境污染损害""海洋生态损害""海洋环境损害"等。海洋生态环境损害的概念源于一般生态环境损害，对何为"生态环境损害"，法律及学界都未有明确统一或公认的界定。

传统民法学上的损害包含人身损害与财产损害两种损害，与环境有关的损害通常是指以环境为介质而造成的人身损害或财产损害。如，污水违规排放致使饮用水源受到污染，进而导致饮用水源的人致病而产生人身损害，饮用水源的饲养动物及种植植物致病而产生财产损害。这种损害均属于传统的民法所调整的环境污染损害。"生态环境损害"的概念区别于上述传统环境损害，其并非具体民事主体因环境污染而遭受的人身损害或财产损害，而是指生态环境自身所遭受的损害。作为公共物品，生态环境损害的受害人并非具体的民事主体，而是国家、全体社会公众，其损害的是国家利益和社会公共利益。

一、生态环境损害的内涵

尽管使用的表述不尽一致，多年前，环境法学界已经不断有学者主张将"生态环境"作为一种单独的法益，生态环境损害作为一种独立的环境民事责任。如蔡守秋教授多年前即主张，如果对自然环境造成了重大损害，此时即使没有造成人身损害或财产损害，也应当承担对环境本身造成损害的赔偿责任。[1]曹明德教授认为，我们可以把"环境损害区分为生活和生态两种损害。其中，前者属于传统环境侵权损害，救济途径通过传统民事侵权损害赔偿即可完成。"[2]生态环境的损害是对生态服务功能及生态环境质量的损害，是对"生态利益"这一公众利益的损害，已经超过了传统侵权损害的范围。实质上也在主张将生态环境作为一种独立的法律利益进行保护。

那么，这种环境法学界一直主张作为独立法律利益保护的生态环境的具体内涵是什么，特别是其所对应的生态环境损害又包含哪些内容？这是从法律角度保护生态环境需要解决的前提问题，也是相关司法实践能够顺利开展的前提。

（一）生态环境

《宪法》第26条规定："国家保护和改善生活环境和生态环境"。2018年国务院机构改革中，将原环境保护部的相关职能进行重新整合，组建了新的生态环境部，"生态"一词，体现了对环境本身的一种关注。

生态环境一词，已经在国家发布的各种文件中广泛使用。2016年11月24日，国务院发布《国务院关于印发"十三五"生态环境保护规划的通知》（以下简称《通知》），《通知》在名称中明确使用"生态环境"一词，虽然《通知》未对生态环境的具体含义做出界定，但通读全文内容，我们可以得知生态环境所包含的内容十分广泛，涵盖了大气、水、土壤、声、光、动植物等与生态和环境保护、修复相关的各个领域。《通知》在谈及生态环境法治建设时，强调了相关法律的制定与修订，生态环境损害责任追责办法的制定出台及生态保护补偿机制的不断健全。

---

〔1〕 参见蔡守秋：《环境法学教程》，科学出版社2003年版，第160-163页。

〔2〕 曹明德："环境资源民事责任"，载蔡守秋主编：《环境资源法学》，人民法院出版社2003年版，第364-368页。

2018年7月10日，全国人大常委会发布《全国人民代表大会常务委员会关于全面加强生态环境保护 依法推动打好污染防治攻坚战的决议》（以下简称《决议》），《决议》要求建立健全最严格最严密的生态环境保护法律制度，"要统筹山水林田湖草保护治理，加快推进生态环境保护立法，完善生态环境保护法律法规制度体系，强化法律制度衔接配套。加快制定土壤污染防治法，为土壤污染防治工作提供法制保障。加快固体废物污染环境防治法等法律的修改工作，进一步完善大气、水等污染防治法律制度，建立健全覆盖水、气、声、渣、光等各种环境污染要素的法律规范，构建科学严密、系统完善的污染防治法律制度体系，严密防控重点区域、流域生态环境风险，用最严格的法律制度护蓝增绿，坚决打赢蓝天保卫战、着力打好碧水保卫战、扎实推进净土保卫战。"

一些地方性法规对生态环境的内涵进行了具体规定，如2018年5月1日实施的《太原市生态环境保护条例》第2条将该条例所称的生态环境进行了明确界定："影响本市生存与发展的水、土地、植被等资源数量与质量的总称。"2018年4月2日实施的《安徽省农业生态环境保护条例》将该条例所称的农业生态环境界定为"农业生物赖以生存和繁衍的各种天然的和人工改造的环境要素的总体，包括土壤、水体、大气和生物等。"

生态环境可以拆分为两个词，其中生态体现了不同生物个体之间以及生物与周围环境之间相互关联、相互作用的关系，强调"相互性"，更多体现为系统性、整体性和关联性。而环境可以理解为围绕某一中心事物所存在的外部载体或世界，也即人类赖以生存和发展的各种天然的或经过人工改造的自然因素的综合体，强调外部性。《环境保护法》第2条将"环境"界定为"影响人类生存和发展的各种天然的和经过人工改造的自然因素的总体，包括大气、水、海洋、土地、矿藏、森林、草原、湿地、野生生物、自然遗迹、人文遗迹、自然保护区、风景名胜区、城市和乡村等"。

对生态环境具体内涵的界定，理论及实践中一直存在争议，并没有公认的统一标准。本书认为，生态环境是一个广义的表述，内容丰富，难以对其进行统一的界定，但总体而言，生态环境应当既体现生态的内容，也体现环境的内容，既包含影响人类生存和发展的各种物质环境，也包含他们之间的相互关系，体现对生态系统功能价值的重视。

（二）生态环境损害

生态环境损害责任追责是我国生态环境法治建设的一个重要内容。法学意义上的"损害"通常是指法益所受的不利益，其主要涵义为：因他人的行为或事件的发生，依照法律规定所出现的当事人之间的赔偿义务。生态环境损害即因生态环境这一法益遭受不利益时，在相关当事人之间产生赔偿、补偿等义务关系的损害。

《环境保护法》作为一部偏行政的具有公法性质的综合规定，其第6条要求企事业单位及其他生产经营者对造成的生态损害或环境损害依法承担责任，但并未对生态、环境损害的具体内容作出进一步解释。依照第64条的规定，对生态环境损害责任的具体承担应依照《侵权责任法》的有关规定进行。《侵权责任法》第八章单列一章"环境污染责任"，同样未对何为环境污染损害或生态环境损害作出界定。

2016年6月29日，环境保护部〔1〕印发《生态环境损害鉴定评估技术指南总纲》和《生态环境损害鉴定评估技术指南损害调查》两个通知，将生态环境损害界定为：因污染环境、破坏生态造成的环境要素和生物要素的不利改变，及上述要素构成的生态系统功能的退化。

2017年12月，《生态环境损害赔偿制度改革方案》发布，该方案在其第三部分"适用范围"中，对生态环境损害进行规定时，直接引用了上述环保部的表述，〔2〕这对统一生态环境损害的内涵具有一定积极意义，对避免出现多种表述引发混乱具有一定积极作用。

1. 生态环境损害的性质

2015年6月，《最高人民法院关于审理环境侵权责任纠纷案件适用法律若干问题的解释》发布实施，主要用于指导各级人民法院审理生态环境损害民事案件。〔3〕虽然未对生态环境损害的具体内涵作出解释，但综观全文，我们可以看出，该司法解释实质上将生态环境损害作为与财产损害、人身损害等传统民事损害并列的一种损害类型。依据该司法解释，我们可以认为，生态环境损害中的"损害"一词，与传统民事财产损害和人身损害中的"损害"在司法意义上并无本质区别，其泛指与生态环境有关的一切损害，只要污染

---

〔1〕 国务院机构改革后为"生态环境部"，该规定为现行有效的环境保护综合性规定，属于国务院部门工作文件。

〔2〕 本方案所称生态环境损害，是指因污染环境、破坏生态造成大气、地表水、地下水、土壤、森林等环境要素和植物、动物、微生物等生物要素的不利改变，以及上述要素构成的生态系统功能退化。

〔3〕 该司法解释第18条。

者排放了污染物，造成了被侵权人的损害，且两者之间具有关联性，被侵权人即可依法向责任人主张生态环境损害赔偿。

2020 年 12 月，《最高人民法院关于审理生态环境损害赔偿案件的若干规定（试行）》修正并发布，适用于政府部门或受国务院委托部门作为原告提起的生态环境损害赔偿诉讼。该司法解释在名称中同样使用了"生态环境损害"这一用语，尽管未对生态环境损害的内涵作出规定或解释，但通读全文，我们同样可以得出生态环境损害是一种与以环境为介质所造成的人身损害和财产损害并列的损害类型，主要指对生态环境自身所造成的损害，在性质上仍属于民事损害。

也有学者主张生态环境损害赔偿责任不应是民事责任，应建立一种新的单独的环境责任，这种环境责任不应归入传统民事责任的范围。[1]生态环境损害兼具公法与私法性质，这种主张对生态环境损害救济的有效实现具有一定的积极意义。但是在我国现行立法体制下，建立一种单独的环境责任存在一定困难。相对而言，将生态环境损害与人身损害、财产损害和精神损害并列，将生态环境损害责任归入民事责任的范畴具有现实可操作性。虽然生态环境损害责任的主要表现形式或主要诉求应为受损生态环境的修复，但纵观相关实践，当前对于生态环境损害的修复也多采取金钱赔偿的形式。未来可以考虑建立一种单独的环境责任，具有区别于一般民事责任的责任承担方式、程序规则，并对生态环境损害赔偿资金的管理和使用作出单独的规定。

2. 生态环境损害与传统环境损害的区分

学界存在"生态环境损害"的多种近似用语，如"环境损害""自然资源损害""生态损害""纯环境损害"等，这些用语大致可归为三类，第一类所要表述的内容仅指有关行为或事件对生态环境自身造成的损害，这种损害是对生态环境自身功能价值的减损；第二类所要表述的内容主要是指有关行为或事件因破坏生态环境而导致相关的人身或财产损害，这种损害是以生态环境为介质所导致的人身损害或财产损害，属于传统民法调整范围的民事损害类型；第三类是对前两类的综合，既含生态环境的损害，也含以生态环境为介质所造成的人身损害或财产损害。

传统上我们所称的环境损害，其具体内涵有一个发展的过程，最早所谓

---

〔1〕 参见梅宏："海洋生态环境损害赔偿的新问题及其解释论"，载《法学论坛》2017 年第 3 期。

的环境损害仅仅指以环境为介质所致的人身损害与财产损害。随着生态环境的破坏及其对社会公共利益的不断侵蚀，环境损害的内涵有所扩展，逐渐包含了环境本身的损害，这也直接导致了上述多种近似用语的出现。

"生态环境损害"一词的内涵较为明确，仅指有关行为或事件对生态环境自身所造成的损害。现阶段，对"生态环境损害"专指生态环境自身的损害这一内涵，理论界及实践中基本不存在太大争议，各种最新的官方文件也在使用"生态环境损害"这一表述，如前文所提及的《生态环境损害鉴定评估技术指南总纲》《生态环境损害赔偿制度改革方案》等，在使用"生态环境损害"一词作为文件名称的同时，还对这一用语的具体内涵进行了明确。

3. 生态环境损害的特点

相较于传统民事损害中的人身损害与财产损害，生态环境损害具有以下特点：

第一，生态环境损害具有复杂性。在个别案件中，生态环境损害发生的原因具有一定确定性。在其他案件中，存在生态环境损害发生原因复杂，损害结果并非由单一污染物直接作用导致，而是各种因素相互结合致使最终损害的产生。此时，损害结果与损害原因难以有效、明确认定，会给后续相关救济的实现带来一定障碍。

第二，生态环境损害结果具有公共性。传统民事损害的受害人往往为具体的个体或特定群体，具有明确的范围。而生态环境损害侵害的社会公共利益或国家利益，其受害人具有不特定性。

第三，生态环境损害救济具有一定特殊性。相较于传统民事损害，生态环境损害在救济上存在一定局限性。一方面，生态环境一旦遭到损害后，其修复需要耗费巨大的人力与财力，且受自然因素的影响，具有一定的不确定性；另一方面，生态环境损害的程度、修复方式的确定及最终赔偿金额的确定，对鉴定技术的依赖性比较大，而当前我国相关鉴定技术及相应制度还需要进一步完善。

此外，对生态环境损害的诉讼救济性质，理论上仍存在一定争议，有观点认为生态环境损害诉讼为公益诉讼，也有观点认为应属于私益诉讼，[1]还

〔1〕 这种观点主要认为生态环境损害诉讼是由国家基于自然资源所有权提起的诉讼，因此，与一般民事诉讼中的私益诉讼没有本质区别。相似观点仍有"国益诉讼"，如吕忠梅教授在"2018年度中国环境资源法治高端论坛会议"所做的发言中认为，将生态环境损害称为国益诉讼更合适。

有观点认为这一诉讼应属于混合诉讼，[1]另有观点认为应属于特殊的环境民事诉讼，[2]不同观点，不一而足。这种理论认知上的争议，也间接说明了我国生态环境损害救济相关制度仍处在发展阶段，仍有许多相关问题需要澄清与明确。

二、海洋油污所致生态环境损害的内涵

海洋油污所致生态环境损害内涵的明确，对司法实践中确定海洋油污所致生态环境损害赔偿范围的大小具有重要意义。

油污所致的海洋生态环境损害在范围上应小于一般海洋生态环境损害，属于整个海洋生态环境损害的一部分。造成海洋生态环境损害的污染源及污染行为具有多样性，《海洋环境保护法》大致规定了以下几类：工程建设项目、陆源、船舶活动等。

实践中，因油污所引发的海洋生态环境损害主要集中在船舶及其有关活动中，包含船载货油所致的海洋生态环境损害及船舶燃油所致的海洋生态环境损害。重大海洋生态环境污染事故多因船舶碰撞事故发生后船载货物泄漏所致。美国"墨西哥湾原油泄漏事件"及我国"渤海湾康菲溢油事故"发生后，海洋工程建设项目所致的海洋生态环境损害也引起广泛重视。油污所致海洋生态环境损害与其他污染源和污染行为所引发的海洋生态环境损害的主要区别在于，因油污所致海洋生态环境损害多涉及船舶，在相关民事追责过程中，会受到《中华人民共和国海商法》（以下简称《海商法》）上有关船舶特殊法律制度的影响。除此以外，油污所致海洋生态环境损害与其他污染源或污染行为所致海洋生态环境损害在民事追责中的区别不大。

就海洋生态环境损害的内涵而言，油污所致海洋生态环境损害与其他污染源或污染行为所致海洋生态环境损害具有一致性。因此，我们对油污所致生态环境损害具体内涵的讨论，还是主要集中在对海洋生态环境损害的讨论上。

---

[1]　参见宋丽容："生态环境损害赔偿与社会组织公益诉讼之衔接"，载《中国环境管理干部学院学报》2018 年第 5 期。

[2]　参见陈海嵩："生态环境损害赔偿制度的反思与重构——宪法解释的视角"，载《东方法学》2018 年第 6 期。

（一）内涵

2015 年 12 月，中共中央办公厅、国务院办公厅发布实施《生态环境损害赔偿制度改革试点方案》，该《改革试点方案》在限定适用范围时明确使用了"海洋生态环境损害赔偿"一词，但并未对海洋生态环境损害作出解释，且将海洋生态环境损害赔偿排除在《改革试点方案》的适用范围之外。2020 年发布的《最高人民法院关于审理生态环境损害赔偿案件的若干规定（试行）》在规定适用范围时，也使用了"海洋生态环境损害"这一表述方式，同样的，该司法解释也将与海洋生态环境损害有关的赔偿排除在适用范围之外，要求适用《海洋环境保护法》等法律及相关规定。

仅从表述方式上而言，"海洋生态环境损害"与"生态环境损害"的主要区别在于适用领域上，"海洋生态环境损害"是在海洋这一特殊领域的"生态环境损害"。从一般意义上理解，尽管"海洋生态环境损害"因专指海洋领域的生态环境损害而与一般"生态环境损害"存在一定区别，但两者本质应是一致的。但是，从上述中共中央办公厅、国务院办公厅发布的《改革试点方案》和最高人民法院发布的司法解释可以看出，现行一般生态环境损害赔偿案件的处理和司法诉讼制度，均将海洋生态环境损害排除在适用范围之外。

因此，对"海洋生态环境损害"的内涵界定，我们还需要回归到《海洋环境保护法》等法律及相关规定中进行分析。

（二）《海洋环境保护法》的规定

《海洋环境保护法》多次使用"海洋生态"一词，与此同时也多次使用"海洋环境污染"一词。其中第 89 条第 1 款规定的是造成"海洋环境污染损害"的责任承担，第 2 款规定的是破坏"海洋生态"的责任承担。一般认为，第 89 条第 2 款是对海洋生态环境损害索赔权的规定，司法实践中，人民法院在认定海洋生态环境损害索赔的索赔权时，也通常以该条款为依据认可海洋环境监督管理部门的索赔资格。从《海洋环境保护法》第 89 条的规定可以看出，"海洋环境污染损害"与"海洋生态损害"应该具有不同的含义，因此分两款进行了不同的规定。

《海洋环境保护法》第 94 条对"海洋环境污染损害"的含义进行了明确规定。通过该条文的表述我们可知，《海洋环境保护法》中的"海洋环境污染损害"包含两个方面的内容：一是以海洋环境为介质所造成的人身损害与财产损害；二是相关活动对海洋环境自身所造成的损害。

依据《海洋环境保护法》第89条的规定，"海洋环境污染损害"与"海洋生态损害"应该具有不同的涵义，但《海洋环境保护法》并未对其第89条第2款所称"海洋生态损害"的涵义作出规定。虽然《海洋环境保护法》未明确"海洋生态损害"这一用语的具体内涵，但是，国家海洋局发布的《海洋溢油生态损害评估技术导则》、《海洋生态损害国家损失索赔办法》以及《海洋生态损害评估技术导则》都使用了"海洋生态损害"的表述。相较于《海洋环境保护法》对"海洋环境污染损害"的表述，《海洋生态损害评估技术导则》对"海洋生态损害事件"的规定为："人类活动直接、间接改变海域自然条件或者向海域排入污染物质、能量，对海洋生态系统及其生物、非生物因子造成有害影响的事件。"海洋生态损害事件主要包括溢油、危险品化学品泄漏、填海造地用海、透水构筑物用海等类型。相较于《海洋环境保护法》对"海洋环境污染损害"的表述，《海洋生态损害评估技术导则》对"海洋生态损害"的表述将"生态"因素纳入范围，而不仅仅是指"环境"。

但是《海洋生态损害评估技术导则》等属于部门规范性文件，法律效力低。《海洋环境保护法》将"海洋环境污染损害"与"海洋生态损害"进行区分的同时并未明确两者的区别，也未对"海洋生态损害"的内涵进行界定，为司法部门在实践中区分"海洋环境污染损害"和"海洋生态损害"带来困难。这种多个近似用语同时使用且涵义不明的情况，会造成法律适用的混乱。当前，国家正在启动《海洋环境保护法》的修订工作，建议借此时机规范相关用语的使用，"海洋环境污染损害"专指以海洋环境为介质所造成人身损害与财产损害，"海洋生态环境损害"专指对海洋环境及海洋生态自身所造成的损害。

（三）特点

海洋生态环境与一般生态环境在内涵上主要区别在于适用的具体领域不同，海洋生态环境损害除了具备一般生态环境损害的特点外，也具有其自身的特殊性：

第一，海洋生态环境损害的成因更为复杂。

海洋生态环境的污染源既包含陆源污染，也包含人类海洋活动所带来的海洋污染。就陆源污染源来讲，人类活动所产生的各种液体废弃物、固体废弃物、大气污染物等都可以带来海洋生态环境损害，这种污染来源与一般生态环境损害的污染源来源基本一致，无本质区别，只是所造成的客体损害存在一定差异。而海洋活动所造成的海洋污染，既包含船舶排污行为、海底开发行为等，也包含船舶油污与钻井平台油污等。梳理重大海洋生态环境污染事件，我们可知，油污对海洋生态环境造成的污染损害是影响最大的，也是民事追责领域中的重点。

第二，海洋生态环境系统更为复杂。

生态环境本身具有一定的自我修复能力，如果人类活动在程度和范围上能够控制在生态环境可承受的范围之内，生态环境靠自身的修复能力就可以维持一个良好的生态环境系统。而自从进入工业化时代，许多人类活动都建立在对生态环境的过度消耗中，已经严重超出了生态环境自身的承受能力。就海洋生态环境损害而言，海洋同样具有自我净化能力，如油污事件中，如果漏油数量很少，海洋可以通过自我的净化能力排除漏油这一不利影响，继续保持自身生态平衡及环境良好。虽然我们对陆地生态环境的探索也存在很多未知，但相对而言，海洋的生态环境系统更为复杂，我们对海洋生态环境、海洋生态系统的了解与掌握远不及陆地生态环境。

第三，从法律上评估海洋生态环境损害存在更大的困难。

海洋生态环境系统的复杂性，使得从法律上对海洋生态环境损害评估存在定性与定量困难。从定性的角度来看，主要涉及的困难在于何为海洋生态环境损害，其具体范围是什么；从定量角度来看，主要涉及的困难在于如何确定具体海洋生态环境损害的程度及赔偿数额。虽然实践中各地方曾出台了一些相关的规定，如山东省海洋与渔业厅 2010 年出台的《山东省海洋生态损害赔偿费和损失补偿费管理暂行办法》[1]，浙江省海洋与渔业局 2013 年出台的《浙江省海洋生态损害赔偿和损失补偿管理暂行办法（草案）》，山东省财政厅、山东省海洋与渔业厅 2016 年出台的《山东省海洋生态补偿管理办法》等，但司法实践中海洋生态环境损害的具体评估工作主要依赖于相关鉴定机构的鉴定，因为海洋生态环境的复杂性，当前的鉴定手段及确定的相关赔偿数额存在争议较大。

---

［1］ 被称为我国第一个海洋生态补偿和赔偿办法。

第二节　生态环境损害民事责任范围

近年来，我国非常重视生态环境保护，有关生态环境损害赔偿的相关立法处于快速发展时期，一般生态环境损害赔偿制度的发展，在一定程度上也促进了海洋领域生态环境损害赔偿法律制度的不断发展与健全。因此，在探讨海洋生态环境损害民事责任范围之前，有必要对一般生态环境领域的损害民事责任范围进行梳理和分析。

一、生态环境损害民事责任范围的法律规定

海洋生态环境损害是生态环境损害在海洋领域的特殊表现，有关生态环境损害民事责任范围的法律规定及司法实践对海洋生态环境损害民事责任范围的确定具有重要意义。在探讨海洋生态环境民事责任范围之前，本部分先对现行的一般生态环境损害民事责任范围法律制度进行分析。

（一）相关法律规定

依据《中华人民共和国民法通则》（以下简称《民法通则》）第124条规定，"违反国家保护环境防止污染的规定，污染环境造成他人损害的，应当依法承担民事责任。"该条规定属于第三节"侵权的民事责任"的内容。从《民法通则》的制定背景来看，该条规定的本意主要规范以环境为客体所造成的与人身和财产损害有关的民事责任类型，并不包含对生态环境本身所造成损害的民事责任承担。

《侵权责任法》第八章是对"环境污染责任"的专门规定，该章共四条，主要规定了污染环境侵权责任的举证责任、多个侵权人的责任分担方式及侵权人与有过错的第三人的责任承担等。《侵权责任法》的规定对生态环境损害民事责任的具体承担具有指导作用，但该法并未规定生态环境损害民事责任的具体范围。

《环境保护法》作为一部偏公法性质的法律规范，虽然规定了生态环境损害赔偿依照《侵权责任法》的规定来处理，但同样未对生态环境损害民事责任范围的具体确定作出规定。

《民法典》制定后，在第七编侵权责任编中单设一章（第七章）对"环境污染和生态破坏责任"进行规定。其中，第1234条规定了生态环境修复责

任，依据该条规定，生态环境损害后，如果能够修复，首先由侵权人承担修复责任，如果侵权人未在规定期限内修复，法定机关或组织可自行或委托他人进行修复，所需费用由侵权人承担。第 1235 条则对生态环境损害赔偿的损失和费用进行了列举规定，包括：（1）生态环境受到损害至修复完成期间服务功能丧失导致的损失；（2）生态环境功能永久性损害造成的损失；（3）生态环境损害调查、鉴定评估等费用；（4）清除污染、修复生态环境费用；（5）防止损害的发生和扩大所支出的合理费用。

《民法典》的规定是首次从法律这一层级对生态环境损害的责任内容进行规定，具体内容主要借鉴了最高人民法院之前所颁布的各项司法解释的规定，特别是《最高人民法院关于审理生态环境损害赔偿案件的若干规定（试行）》的规定。

（二）相关司法解释

1.《最高人民法院关于审理环境民事公益诉讼案件适用法律若干问题的解释》

该司法解释由最高人民法院于 2020 年 12 月修正，主要适用于法定机关和组织所提起的环境公益诉讼。该司法解释第 18 条至第 24 条是对生态环境民事责任承担方式及民事责任范围的规定。

依据该司法解释的规定，生态环境损害的民事责任范围包括以下内容：

（1）为停止侵害、排除妨碍、消除危险采取合理预防、处置措施而发生的费用。[1]该项内容属于一般民事责任的承担方式，与非生态环境损害的民事责任承担方式在形式上保持了一致。

（2）修复生态环境或生态环境修复费用，包括制定、实施修复方案的费用和监测、监管等费用。[2]该项内容体现了民事责任在生态环境领域的特殊性，将生态环境修复这种行为或修复的费用作为承担生态环境损害民事责任的一种方式。

（3）生态环境受到损害至修复完成期间服务功能丧失导致的损失。[3]

（4）调查、鉴定费用，合理的律师费以及为诉讼支出的其他合理费用。[4]这

---

[1]　第 18 条、第 19 条。

[2]　第 20 条。

[3]　第 21 条。

[4]　第 22 条。

一项内容在生态环境损害民事责任领域与一般民事责任承担领域不存在差别，主要是诉讼过程涉及的程序上的费用。在一般民事责任承担的分配中，对于检验、鉴定费用，律师费及其他诉讼费用等，通常根据双方诉讼结果进行分配。在生态环境损害赔偿民事诉讼领域，并无特殊规定，一般也应遵循这一规则。

2.《最高人民法院关于审理环境侵权责任纠纷案件适用法律若干问题的解释》

在前述民事公益诉讼案件审理的司法解释发布后，最高人民法院于同月发布该解释，前者是从民事诉讼法的角度对生态环境民事诉讼案件进行的司法解释，后者则是从侵权责任法的角度对生态环境民事诉讼案件进行的司法解释。

该司法解释第 13 条至第 15 条涉及对生态环境损害民事责任范围的规定。

其中第 13 条再次确认了生态环境损害民事责任的内容及民事责任的承担方式。

第 14 条则对"恢复原状"在生态环境领域的具体表现形式和具体适用作出了规定。依据该条规定，人民法院可以裁判侵权人以承担环境修复责任的方式对遭到其破坏的生态环境承担"修复责任"，与此同时，明确侵权人不履行该义务时的修复费用。对侵权人在法定时间内不履行修复义务的，法院可以委托他人代履行，由污染者承担代履行费用。该条规定对环境修复义务的规定，是"恢复原状"这一传统民事责任在生态环境领域中的创新和具体化运用，也是一种非常适合生态环境领域的民事责任承担方式，体现了生态环境损害民事责任相较于一般民事责任的特殊性，司法实践中也已对其进行了有益探索和良好运用。

第 15 条将"防止损害发生和扩大、清除污染、修复生态环境而采取必要措施所支出的合理费用"纳入到生态环境损害民事责任的范围，具有积极意义。

3.《最高人民法院关于审理生态环境损害赔偿案件的若干规定（试行）》

2020 年 12 月，《最高人民法院关于审理生态环境损害赔偿案件的若干规定（试行）》修正并发布，相较于前述两个司法解释，该司法解释排除了对以环境为介质所造成的人身损害与财产损害赔偿的适用，将适用范围限定在对生态环境本身造成损害的案件。

依据该司法解释第 1 条的规定，其主要适用于相关政府部门在与生态环境损害侵权人之间就生态环境损害赔偿未达成一致的情况下适用，也即，该司法解释适用于生态环境损害赔偿磋商不成之后，相关政府部门提起的生态环境损害赔偿诉讼案件。

该司法解释第 11 条至第 14 条是对生态环境损害赔偿民事责任的规定。相较于前述两个司法解释，该司法解释对生态环境损害赔偿民事责任的规定更细致，也更能反映当前司法实践中审理案件的现实需要。该司法解释所规定的生态环境损害赔偿民事责任范围主要包含以下内容：

（1）修复生态环境、赔偿损失、停止侵害、排除妨碍、消除危险、赔礼道歉等民事责任。[1]

（2）生态环境修复费用。[2]该司法解释第 12 条对生态环境修复费用这一责任内容及责任承担方式进行了较为详细的规定。

首先，生态环境修复费用的适用具有一定前提条件，即生态环境损害责任人不履行生态环境修复义务。也就是说，如果能够被修复，那么会先让责任人承担修复责任，同时将这种生态环境修复进行费用上的量化，在责任人不履行修复义务时，则以支付费用的方式来承担责任。

其次，对生态环境修复费用的具体内容作出规定。生态环境修复费用按时间段可分为三个方面的内容：

第一，实施前费用，主要指制定修复方案的费用；第二，修复期间发生的费用，包含实施修复方案的费用及修复期间的监测、监管费用，其中实施修复方案的费用是生态环境修复费用的核心；第三，修复后的费用，主要包含修复完成后的验收费用、修复效果后评估费用等。

（3）生态环境修复期间的服务功能损失。[3]这一功能损失主要是指在生态环境受到损害至生态环境完全被修复期间，生态环境的服务功能不能正常发挥所带来的损失。依据该司法解释的规定，在原告提出这种功能损失主张时，人民法院根据具体案情予以判决。对于生态环境修复费用，人民法院应当予以确定，而对于生态环境修复期间的服务功能损失，人民法院则可以视具体情况予以判决。

---

〔1〕 第 11 条。
〔2〕 第 12 条。
〔3〕 第 12 条。

（4）生态环境功能永久性损害造成的损失。[1]这一损失主要是指生态环境功能因存在无法修复或无法完全修复的永久性损害而造成的损失。依据该司法解释的规定，如果权利人提出这种损失赔偿主张时，人民法院可以根据具体案情予以裁判。

（5）应急方案及应急处置费用。[2]这一费用主要包括三个内容：第一，实施应急方案发生的费用；第二，为了防止生态环境损害的发生采取合理预防措施发生的应急处置费用；第三，为了防止生态环境损害扩大采取处置措施而发生的应急处置费用。

（6）程序性事项相关费用。[3]这一费用主要是指为实施生态环境损害磋商或诉讼而发生的各种费用。具体包括：第一，为生态环境损害赔偿磋商和诉讼支出的调查、检验、鉴定、评估等费用；第二，合理的律师费以及其他为诉讼支出的合理费用。

值得注意的是，尽管该司法解释主要规范的是人民法院对生态环境损害赔偿诉讼案件的审理，但其仍将"为生态环境损害赔偿磋商"支出的相关费用，如调查、检验、鉴定、评估等费用，归入生态环境损害赔偿的责任范围，也就是对非诉讼期间的费用支出同样予以支持。如前所述，该司法解释主要适用于人民政府及其指定的机构提起的生态环境损害赔偿诉讼，这一诉讼有一个前置程序的要求，即生态环境损害赔偿磋商程序。只有在磋商失败或者无法进行磋商的情况下，人民政府及其指定机构才可以向人民法院就相关生态环境损害赔偿提起诉讼。也即，所有进入诉讼程序的此类案件，都必然经历了一个前置的磋商程序。[4]为生态环境损害赔偿磋商与为生态环境损害赔偿诉讼支出的调查、检验、鉴定、评估等费用具有功能上的一致性与程序上的衔接性，都是相关部门为维护生态环境，向生态环境损害责任者主张生态环境损害赔偿所必要的支出，而且因生态环境损害赔偿磋商是生态环境损害诉讼的前置程序，将磋商期间支出的调查、检验、鉴定和评估等费用，在诉讼中同样纳入生态环境损害赔偿责任的范围，具有合理性。

---

[1]　第13条。

[2]　第14条。

[3]　第14条。

[4]　除非无法进行磋商，但无法进行磋商的情况下，也不存在为生态环境损害赔偿磋商支出的调查、检验、鉴定、评估等费用。

4. 小结

《最高人民法院关于审理环境侵权责任纠纷案件适用法律若干问题的解释》主要从侵权责任法的角度对环境侵权案件的审理进行规范，环境侵权损害既包括生态环境自身的损害，也包含传统的以环境为介质所造成的人身损害与财产损害。由此可见，环境侵权案件的范围要远大于生态环境损害赔偿案件的范围。也正因为这一因素，《最高人民法院关于审理环境侵权责任纠纷案件适用法律若干问题的解释》对生态环境损害赔偿民事责任的规定相对较少，也比较简单。《最高人民法院关于审理生态环境损害赔偿案件的若干规定（试行）》对生态环境损害赔偿民事责任范围的规定与《最高人民法院关于审理环境民事公益诉讼案件适用法律若干问题的解释》对生态环境损害赔偿民事责任的规定基本保持了一致。相对而言，《最高人民法院关于审理生态环境损害赔偿案件的若干规定（试行）》后发布实施，是关于审理生态环境损害赔偿案件的最新司法解释，其对生态环境损害赔偿民事责任范围的规定更为严密和细致。

例如，同样是生态环境修复费用，依据《最高人民法院关于审理生态环境损害赔偿案件的若干规定（试行）》，在受损生态环境能够进行修复时，对判决被告应当承担修复责任还是承担其他责任，法院没有选择权，必须判决"修复"作为责任承担方式。同时，确定被告不履行义务时应承担的费用。而《最高人民法院关于审理环境民事公益诉讼案件适用法律若干问题的解释》有关生态环境修复费用的规定，则赋予了人民法院更大的自由裁量权，对判决被告是以修复责任的方式还是以其他方式承担生态环境损害赔偿责任，人民法院具有选择权；同时，在判决被告承担生态环境损害修复责任时，是直接判决被告承担修复责任还是直接判决被告承担生态环境修复费用，人民法院也具有一定的选择权和决定权。

此外，对于生态环境修复费用的具体内涵，《最高人民法院关于审理生态环境损害赔偿案件的若干规定（试行）》的规定相较于《最高人民法院关于审理环境民事公益诉讼案件适用法律若干问题的解释》的规定也更为详细。后者对生态环境修复费用的具体内容规定为：制定、实施修复方案的费用和监测、监管等费用。前者对生态环境修复费用包含的具体内容则分修复前、修复期间、修复后三个阶段分别进行规定，将生态环境修复费用按时间段分为四个方面：修复方案制定费用，实施修复方案费用和监测、监管费用，以及修复完成后的验收费用和效果评估费用等。

二、生态环境损害民事责任的司法实践

随着国家对生态环境保护的重视以及法律对生态环境公益诉讼的支持与认可，有关生态环境损害赔偿的诉讼案件数量呈逐年上升趋势。在这些案件中，均涉及生态环境损害赔偿民事责任范围的认定。本部分将选取部分案件，来探讨其中对生态环境损害赔偿民事责任内容及责任承担方式的认定。

（一）生态环境修复及生态环境修复费用

自然之友环境研究所等与谢知锦等环境侵权责任纠纷案。[1]

自 2008 年 7 月 29 日始，被告谢知锦等人在没有经过相关主管部门审批的情况下，自作主张扩大其原有许可证的采矿范围，采取粗暴方式进行开采作业，直至 2010 年年初停止开采，对开采地原有植被造成严重毁坏。

2015 年 1 月 1 日，依据北京中林资产评估有限公司出具的本案生态环境损害评估报告所确认的数额，北京市朝阳区自然之友环境研究所、福建省绿家园环境友好中心向法院提起诉讼，主张：第一，被告三个月内清除现存开采设备、设施及相关物料，恢复受破坏植被；第二，若被告不能如期完成第一点，则赔偿生态环境修复费用 110.19 万元，由第三人代履行；第三，由被告赔偿本案中生态环境受到损害至恢复原状期间的服务功能损失 134 万元；第四，由被告承担本案诉讼费、原告律师费用及工作人员差旅费用。

本案中，原告提起的生态环境损害赔偿责任方式与责任内容主要包含：生态环境修复、生态环境修复费用、生态环境修复期间的服务功能损失、诉讼程序相关费用。本案中，被告对原告所主张的生态环境损害赔偿责任承担方式及承担数额均存在争议。特别是对于生态环境服务功能损失费用，被告提出异议，其主要理由为：该案原告于 2015 年 1 月 1 日提起诉讼，而《最高人民法院关于审理环境民事公益诉讼案件适用法律若干问题解释》是在 2015 年 1 月 7 日实施的，原告的该项主张没有法律依据。

本案一审判决四被告承担的生态环境损害赔偿民事责任为：

第一，在指定期限内恢复被破坏的生态环境；

---

[1] 一审：福建省南平市中级人民法院（2015）南民初字第 38 号；二审：福建省高级人民法院（2015）闽民终字第 2060 号。

第二，如不能如期完成生态环境修复，则应承担生态环境修复费用110.19万元（与原告主张的数额一致）；

第三，承担生态环境服务功能损失127万元，这一数额与原告主张的134万元存在一定差异，主要原因在于人民法院认为"对于本案中价值5万元的林木损毁损失和价值2万元的林木正常成熟推迟损失，应归林木所有者，本案原告无权主张；其余属于生态公共服务功能的损失价值，本院予以支持"。

第四，诉讼程序相关费用。

本案被告不服一审判决，提起上诉，二审判决驳回上诉，维持原判。

该案属于《最高人民法院关于审理环境民事公益诉讼案件适用法律若干问题的解释》实施前后的一起较为典型的生态环境损害赔偿案件，原告所提的诉讼请求反映了生态环境损害赔偿民事责任的范围，人民法院最终支持原告主张，特别是认可了原告所主张的生态环境服务功能损失，这是民事责任在生态环境损害赔偿领域的一种特殊表现形式。当然，通过该案，我们也可以看出，生态环境损害民事责任赔偿数额的最终确定主要依赖于相关机构的鉴定报告。

（二）预防、应急处置措施费用

1. 山东省烟台市人民检察院与鲍德萍、王常山环境污染责任纠纷案[1]

2012年至2013年期间，鲍德萍与王常山（二人为夫妻）在其承包的集体所有土地上自挖两个泥坑，将属于有毒物质的黄金废渣倾倒于承包地两处自挖的泥坑内，并采用全泥氰化炭浆工艺，通过用氰化浸出、活性炭吸附提金以及成品金冶炼（俗称"化火"）等工序对黄金废渣进行二次提炼。上述活动排放出的有毒物质造成周边土壤和浅层地下水污染。2016年年底，二人因犯污染环境罪被判处有期徒刑四年。

2016年5月17日，山东省环境保护科学研究设计院受龙口市环境保护局委托，对鲍德萍非法选金污染环境案进行环境损害鉴定评估。本次评估可量化的环境损害为应急处置费用，即南、北泥坑内选金尾渣的污染清理费用为3446万元。

2017年1月份，山东省烟台市人民检察院以公益诉讼人的身份对鲍德萍、王常山提起生态环境损害公益诉讼，请求依法判令被告鲍德萍、王常山对其

---

[1] 山东省烟台市中级人民法院（2017）鲁06民初39号。

非法选金过程中产生的危险废物限期处置，消除危险；若逾期不处置，判令鲍德萍、王常山承担相应的处置费用。审理中，公益诉讼人确认其诉讼请求相应的处置费用为 3446 万元。

法院最终判决鲍德萍、王常山以生态环境修复（对非法选金过程中产生的危险废物进行处置）的方式承担生态环境损害的民事赔偿责任，如果两被告不能自行处置，则委托第三方处置，且承担处置费用。尽管该判决使用了"处置费用"这一表述，但这里的处置费用与《最高人民法院关于审理环境民事公益诉讼案件适用法律若干问题的解释》《最高人民法院关于审理环境侵权责任纠纷案件适用法律若干问题的解释》两个司法解释中的处置费用存在不同。依据两个司法解释的规定，处置费用主要由原告[1]支出，目的为停止侵害、排除妨碍、消除危险，采取合理预防措施或处置措施防止生态环境损害的发生和扩大。该费用本质上是实施应急方案和应急措施的应急费用。而本案中的处置费用应该属于生态环境修复费用。该案在《最高人民法院关于审理环境民事公益诉讼案件适用法律若干问题的解释》实施后进行审理，法院在判决中对生态环境民事责任内容的表述上应该使用更加严谨的措辞。

2. 抚州市人民检察院与时军、黄任生污染环境民事公益诉讼案[2]

2017 年 5 月份，被告时军、黄任生收购一百余吨电子废旧元器件，在未取得相关许可并办理合法手续的情况下，雇佣他人采用焚烧的方法从中提取金属以出售，上述行为所产生的有害气体导致附近多名村民身体不适并入院治疗。5 月底，在群众举报下，当地环保部门制止了两被告的行为，并将未焚烧的废旧电子元件及焚烧后的残渣进行清理、包装，并扣押。已发生包装、搬运、称重、租车加油等费用合计 26 900 元。

事发后，江西省抚州市人民检察院作为环境公益诉讼人向抚州市中级人民法院提起生态环境损害公益诉讼并提起四项诉讼请求：第一，由两被告承担生态环境污染修复费用 68.62 万元；第二，被告承担为处置危险废物已经发生的费用 26 900 元；第三，被告依法共同及时处置非法焚烧危险废物造成的残渣及未焚烧的危险废物，消除危险；如被告不履行上述处置义务，判令被告共同支付处置费用 27.68 万元；第四，被告共同承担本案鉴定费评估费

---

〔1〕　也可能是没有作为原告的其他行政主管机关。
〔2〕　抚州市中级人民法院（2017）赣 10 民初 142 号。

16 000 元。

江西省抚州市中级人民法院对案件进行了审理并作出判决：

第一，根据本案的实际情况，最终认定生态环境修复费用为 16 万元，其中 8 万元为替代修复费用，由被告支付到指定环境公益诉讼基金账户，另外 8 万元由被告自行用于污染区域的植树造林和养护。

第二，对公益诉讼人为处置危险废物及其残渣而发生的费用 26 900 元及鉴定评估费 16 000 元予以了支持。

第三，被告在判决生效后一个月内无害化处置涉案废物及残渣，否则，应承担因此而发生的处置费用。因本案被告在案件审理中主动要求自行聘请有资质的第三方对涉案危险废物及其残渣进行无害化处理，因此案件最终判决时，未同时确定被告在限定期限内不履行处置义务时的处置费用。

该案的主要意义在于，对生态环境修复费用的数额确定不完全依赖于鉴定报告，而根据实际情况酌情裁判。但是，该案将涉案危险废物及其残渣的处置、处置费用与生态环境修复费用进行了区分，强调了生态环境修复费用是对生态环境本身的修复，而对造成生态环境损害的危险费用及其残渣的处置则属于一般民事责任承担方式中的停止侵害、排除妨碍、消除危险。相较于前述"山东省烟台市人民检察院与鲍德萍、王常山环境污染责任纠纷案"，该案判决比较好地区分了生态环境修复费用与应急处置费用的不同责任承担方式。

（三）生态环境服务功能损失

徐州市鸿顺造纸有限公司与江苏省徐州市人民检察院环境污染侵权赔偿纠纷案。[1]

2013 年 4 月至 2015 年 2 月期间，徐州市鸿顺造纸有限公司（以下简称鸿顺公司）在其高强瓦楞纸技改项目中存在私设暗管排放生产废水、污水处理设施不能正常运转、临时设置排放管排放未经处理的生产废水等情况，该造纸公司将未经处理的生产废水违法排放至苏北堤河。苏北堤河入顺堤河后进入京杭运河不牢河段，是流经区域灌溉排涝的主要河流之一。

徐州市人民检察院作为公益诉讼人向法院提起环境公益诉讼，请求判令

---

[1] 一审：江苏省徐州市中级人民法院（2015）徐环公民初字第 6 号；二审：江苏省高级人民法院（2016）苏民终 1357 号。

被告鸿顺公司恢复受损河流的环境，并赔偿生态环境受到损害至恢复原状期间的服务功能损失；如被告无法自行对受破坏的环境恢复原状，则承担替代赔偿费用。

一审法院审理认为，鸿顺公司应当承担恢复原状的侵权责任。鸿顺公司三次将废水违法排放至苏北堤河，造成环境污染，尽管鸿顺公司外排废水经稀释后浓度逐步降低，不能以此认为其行为未对环境造成损害或损害程度较小。倾倒处的水质在河水流转及污染物向下游扩散的作用下有所好转，但这不等同于受损生态环境的完全恢复。即使苏北堤河水质已达标准，仍存在生态环境修复必要，鸿顺公司应当承担替代修复责任。由于被告明确提出无力将环境受损环境恢复原状，法院最终判决被告承担生态环境修复替代费用及生态环境服务功能损失一百余万元。

鸿顺公司不服一审判决，认为不应当承担生态修复费用。鸿顺公司认为其虽违法排放废水，但所排放废水的成分以有机物、木质素、纤维素为主，重金属等有毒有害物质极少，由于水体的自我净化，苏北堤河水质未受影响，排放废水行为未造成生态破坏。二审江苏省高级人民法院对鸿顺公司的请求驳回上诉，维持原判。

将生态环境服务功能损失纳入生态环境损害赔偿民事责任的范围，对于督促生产者减少生态环境破坏行为，保护生态环境具有积极意义，最高人民法院的两个司法解释也对此项目予以了确认。但是，司法实践中如何确定一个让人信服的生态环境服务功能损失数额，并不是一件容易的事情。

本案与其他生态环境损害赔偿纠纷案件的不同之处在于，本案并没有具有资质的环境影响评价机构作出的评估报告，仅有一个专家辅助证人。鸿顺公司共存在三次非法排放废水行为，对此，鸿顺公司没有异议，对最终确定的费用排放总量和虚拟治理成本50元/吨，鸿顺公司与公益诉讼人也都认可。

本案开庭审理之前，有关行政机关已经对鸿顺公司的非法排污行为进行了行政处罚。案发后，有关污水排放点的水质在河水流动的作用下已明显好转，河水水质也已达标。在此背景下，本案争议焦点在于：（1）在排污地苏北堤河的水质达标的情况下，是否有必要进行生态环境修复，是否仍存在生态环境修复费用；（2）在排污地苏北堤河的水质达标的情况下，是否仍存在生态环境服务功能损失。

对此，鸿顺公司认为，事发的苏北堤河水质已经恢复正常，不存在生态环境修复的问题，在此背景下也无法制定生态环境修复方案，实施生态环境修复。公益诉讼人及两级人民法院则认为，鸿顺公司外排废水经稀释后浓度逐步降低，不能以此认为未对环境造成损害或损害程度较小，这种结果不意味着污染物的消失，污染物依然存在，只不过扩散至下游。尽管河流经过不断自净会使得污染物总量降低，但在自净期间，仍然存在服务功能损失，如因水质不良而对农业生产造成不利影响，对下游生态环境造成损害等。

法院最终按照"虚拟治理成本法"计算生态环境修复费用为 2600×50×2.035＝264 550（元），生态服务功能损失为生态环境修复费用的 4 倍，确定本案的生态环境修复费用及生态环境服务功能损失共 105.82 万元。

依据《最高人民法院关于审理环境民事公益诉讼案件适用法律若干问题的解释》第 21 条的规定，人民法院对服务功能损失是否需要赔偿具有较大的自由裁量权。在本案事发河流水质已经达标，且不确定污染物转移至何处的情况下，是否有必要支持生态环境服务功能损失值得探讨。如果在类似案件背景下，人民法院最终支持了这种诉求，那么后续如何管理责任人支付的这笔赔偿数额，也是一个值得探讨的问题。

《最高人民法院关于审理生态环境损害赔偿案件的若干规定（试行）》在《最高人民法院关于审理环境民事公益诉讼案件适用法律若干问题的解释》第 21 条规定的基础上，将生态环境损害民事赔偿责任的内容扩大包括了生态环境功能永久性损害损失。从时间上区分，生态环境服务功能损失是在生态环境修复过程中的服务功能损失，永久性生态环境服务功能损失则是在生态环境无法修复或者无法完全修复时的功能永久性损害。从理论上进行这样的区分是没有问题的，也是比较符合逻辑的。但实践中，如何确定生态环境无法修复或者不能完全修复是不明确的，如本案中，公益诉讼人及人民法院均认为在排污地水质已经达标的情况下，还可能存在污染物的转移，因此判决鸿顺公司承担生态环境修复费用和生态环境服务功能损失。该案是在《最高人民法院关于审理环境民事公益诉讼案件适用法律若干问题的解释》出台之前审理的，如果依照最新的司法解释，按照公益诉讼人及人民法院的逻辑，鸿顺公司承担生态环境功能永久性损害也不存在法律和理论上的障碍。

于是，我们需要思考的是，在实践中难以确定生态环境已经实现修复的标准时，如何在法律上运用生态环境服务功能损失和生态环境功能永久性损害？对此，两个司法解释都给予了人民法院较大的自由裁量权。本书认为，尽管人民法院在行使这一自由裁量权时应着重考虑相关鉴定报告的评估数额和有关专家辅助证人的意见，但也应尽量避免相关费用的重复及责任人的负担过重。生态环境损害民事赔偿责任的本意在于修复生态环境，在确定相关赔偿数额时，也应据此本意而行。

三、小结

就生态环境损害民事责任的范围，法律层面的规定主要体现为新颁布《民法典》第 1234 条和第 1235 条的规定。因为《民法典》新近通过，依据该两条进行审理的相关案例的出现仍有待时日。

《最高人民法院关于审理环境民事公益诉讼案件适用法律若干问题的解释》和《最高人民法院关于审理生态环境损害赔偿案件的若干规定（试行）》两个司法解释对生态环境损害民事责任的承担方式及责任内容进行了明确的规定，其具体内容可以概括如下：

1. 恢复原状、赔偿损失、停止侵害、排除妨碍、消除危险、赔礼道歉等普通民事责任；

2. 生态环境修复及修复费用；

3. 生态环境修复期间的服务功能损失；

4. 生态环境无法修复或无法完全修复时的功能永久性损害损失。

上述两个司法解释的规定，对司法实践中相关案件的判决直接起到指导作用，明确了生态环境损害民事责任的具体内容及责任承担方式。但在具体责任数额的确定上，有待进一步明确的规范。

第三节　海洋油污损害生态环境民事责任范围的法律规定

2010 年美国发生"墨西哥湾原油泄漏事件"，对相关海域造成重大污染，理论界对钻井平台所致的油污损害展开了热烈讨论。随后，我国在 2011 年发生"渤海湾油田溢油事件"，进一步引发学者对我国油污损害赔偿法律制度的讨论。学界及司法实践中基本认同海洋生态环境损害属于海洋油污损害的赔偿范围，但对于这一赔偿范围的具体内容及具体赔偿数额的确定，存在较大争议。

2011 年 6 月至 9 月，中海油和康菲中国位于渤海海域的蓬莱 19-3 油田发生重大溢油事故，严重污染渤海海洋生态环境和生物资源，给相关海域的渔民及渔业生产造成重大损失，影响范围涉及多省多地。事故发生后，就油污所致的海洋生态环境损害赔偿，理论界展开热烈讨论，学者普遍意识到我国的相关法律制度，特别是有关钻井平台所致的油污损害赔偿法律制度并不健全，油污事件发生后，缺乏有效追究相关责任者民事责任的法律依据及程序规范，致使油污受害者的权利难以得到有效保护，海洋生态环境修复缺乏充分的资金保障，溢油事故责任者有恃无恐。渤海油田溢油事件对渤海湾海洋生态环境造成了难以估量的损失，但事后的法律追责却困难重重。

多数适用于一般生态环境损害赔偿民事责任的法律及规范都将海洋生态环境损害民事赔偿责任排除在适用范围之外。因此，探讨一般生态环境损害民事责任的范围虽然对确定海洋生态环境损害民事责任的范围具有良好的借鉴意义，也有益于推动海洋生态环境损害民事责任法律制度的不断完善，但因海商海事法律制度的特殊性，要深入研究海洋生态环境损害民事责任范围，还需要着重从海洋生态环境法律制度入手。渤海湾溢油事件发生时，我国对海洋生态环境损害民事追责的相关法律机制尚不健全，在事故推动立法发展的背景下，我国的海洋生态环境损害赔偿立法受到重视。本节将从国内外相关法律规定、司法实践及理论分析三个角度来探讨海洋生态环境损害民事责任的范围。

一、海洋油污损害生态环境民事责任范围的国内法律规定

（一）法律规定

在油污损害赔偿领域涉及的主要法律有《海洋环境保护法》、《海商法》、《中华人民共和国海事诉讼特别程序法》（以下简称《海事诉讼特别程序法》）等。其中《海洋环境保护法》作为海洋生态环境保护领域中的核心法律，其第89条规定了海洋环境监督管理部门对造成国家重大损失的海洋生态环境损害索赔权，该条规定被认为是有关海洋生态环境损害民事责任的法律依据。依据该条规定，海洋生态环境损害包括：破坏海洋生态、海洋水产资源、海洋保护区给国家造成的重大损失。尽管《海洋环境保护法》是最早提出"海洋生态环境损害"这一针对生态环境本身损害概念的法律，但《海洋环境保护法》仅在第89条对海洋生态环境损害民事责任作了原则性规定与学理化描述，并未对海洋生态环境损害民事责任的内涵和具体内容作出进一步

规定，在实践中的可操作性不强。

《海商法》作为主要调整海上运输关系与船舶关系的私法规范，在涉及船舶所致的油污损害方面，其一些特殊的法律制度如海事赔偿责任限制制度、船舶优先权制度等，对油污致海洋生态环境民事追责具有一定影响，这也是海洋油污损害生态环境民事追责制度与其他领域生态环境损害民事追责制度的最大不同之处。现行《海商法》中没有油污损害赔偿的专章规定，对于海洋环境损害赔偿的相关规定仅在第九章"海难救助"中有所涉及，第182条规定了救助环境的特别补偿权。当前《海商法》的修订工作已经启动，是否设立单独的油污损害赔偿章节也是这次修订工作的重要议题之一，如果修订后的《海商法》增加了油污损害赔偿的内容，则会对海洋油污致生态环境损害民事追责制度的发展产生重要影响，也可能对海洋油污致生态环境损害民事追责的具体实践具有直接的指导意义。

《海事诉讼特别程序法》作为主要调整海商海事纠纷的特别程序性规范，虽然并不直接规定海洋油污损害生态环境民事责任这种实体上的法律义务，但作为程序法，其在海洋油污损害生态环境民事追责中具有重要意义，特别是在船舶油污所致的海洋生态环境损害诉讼案件中，因为涉及船舶，案件多由海事法院依照《海事诉讼特别程序法》规定的程序进行审理，其规定的船舶、船载货物扣押与拍卖、海事保全、共同海损、海事赔偿责任限制基金的设立程序等，都直接影响到海洋油污损害生态环境赔偿案件中当事人的实体权利。

通过对与海洋油污损害生态环境民事追责有关的法律进行梳理，我们可知，属于法律这一层级的相关法律规范，尽管会对海洋油污损害生态环境民事追责的实践具有重要影响，但这些法律规范没有直接涉及海洋生态环境损害赔偿的规定，更没有对海洋油污损害生态环境民事责任的范围进行明确。

值得欣慰的是，《民法典》第七编第七章"环境污染和生态破坏责任"对生态环境损害赔偿责任的内容进行了规定，而且并未排除这一规定在海洋生态环境领域的适用。[1]

---

〔1〕　在《民法典》通过实施之前，《最高人民法院关于审理生态环境损害赔偿案件的若干规定（试行）》是专门针对生态环境损害赔偿的司法解释，其对生态环境损害赔偿民事责任范围的规定，与《民法典》第1234条及第1235条的内容较为一致，但是该司法解释在其第2条明确排除了对海洋生态环境损害赔偿的适用。

（二）行政法规及部门规章

1. 《中华人民共和国海洋石油勘探开发环境保护管理条例》及《中华人民共和国海洋石油勘探开发环境保护管理条例实施办法》

《中华人民共和国海洋石油勘探开发环境保护管理条例》（以下简称《海洋石油勘探开发环境保护管理条例》）是国务院在 1983 年发布实施的一部行政法规，主要目的在于防止因海洋石油勘探开发对海洋环境所造成的污染损害。虽然该条例是针对海洋石油勘探开发中的海洋环境保护而制定，但因为制定时间较早，许多规定已难以应对当今海洋石油勘探开发中所面临的海洋生态环境保护问题，比如对造成海洋环境污染的企业事业单位、作业者的最高罚款仅为十万元人民币，数额明显偏少。该规定偏重于规范海洋石油勘探开发中的环境事项报备、审批及相关环境事项的具体标准要求，对海洋油污损害发生后的海洋生态环境损害赔偿事项没有明确规定，仅在第 22 条中规定受污染损害的单位和个人，在要求赔偿时可依据《环境保护法》及《海洋环境保护法》的规定，申请主管部门调解处理或直接向人民法院提起诉讼；第 23 条规定了清污费的申请，需要索取清污费用的，向主管部门提交索取清除费用报告书，申请主管部门处理。

国家海洋局于 1990 年发布实施《中华人民共和国海洋石油勘探开发环境保护管理条例实施办法》（以下简称《海洋石油勘探开发环境保护管理条例实施办法》），该办法主要目的为实施《海洋石油勘探开发环境保护管理条例》。2016 年国土资源部对《海洋石油勘探开发环境保护管理条例实施办法》进行了修正，该办法在法律效力层级上属于部门规章。新修正的《海洋石油勘探开发环境保护管理条例实施办法》第 27 条延续了原版第 28 条的内容，对石油勘探开发所导致的环境赔偿责任进行了详细规定。依照该办法的规定，赔偿责任包括三个方面：

第一，海水水质、生物资源等损害，致使清污支付的费用；

第二，经济收入损失、预防措施费用、生产工具修复更新费用；

第三，处理污染损害事件支出的各种调查费用。

该办法所规定的海洋环境赔偿责任的范围是较为先进的，但是对于其中各项目下所应包含的具体内容，在实践与理论中也存在不少争议，比如对于生物资源损害，后续又发展出了渔业资源损害与中长期或天然渔业资源损害的区分，清污费用与清污措施的范围，直接经济损失、间接经济损失与纯经济损失的区分等。这些争议中，有些属于海洋生态环境损害的赔偿范围，有些则属于以海洋环境为介质所产生的财产损害与人身损害，但这两者的区分在理论和实践中也并不清晰和明确，往往产生诸多争议。本书后续将结合司法实践对这些问题展开详细的理论分析。

2.《海洋石油平台弃置管理暂行办法》

该办法是国家海洋局于 2002 年发布实施的部门规范性文件，主要用于规范海洋石油平台弃置管理以防止对海洋生态环境造成损害。该办法规定了海洋石油平台弃置方式及流程规范，相关规定未涉及海洋石油平台弃置所可能造成的海洋生态环境损害赔偿民事责任。

3.《防治海洋工程建设项目污染损害海洋环境管理条例》

该条例是 2006 年由国务院发布实施的为防治和减少海洋工程建设项目对海洋生态环境污染损害的行政法规，2018 年该条例进行了第二次修订。

该条例以列举的方式明确了海洋工程建设项目的具体内容，并明确了防止工程建设项目污染的各种监管、评价制度及管制措施。同时还建立了海洋工程排污报告制度，完善了海洋工程污染损害海洋生态环境突发事件的应急管理制度。

该条例多从行政管理的角度对海洋工程建设项目污染海洋生态环境进行规制，并未涉及相关的民事损害赔偿责任问题。

4.《中华人民共和国海洋倾废管理条例》

《中华人民共和国海洋倾废管理条例》是国务院于 1985 年发布实施的有关海洋环境保护的综合性行政法规，2017 年进行了第二次修订。

该条例主要规范利用船舶、航空器等工具向海洋处置废弃物和其他物质的情况。详细规定了向海洋倾倒废弃物的程序及各项要求。其中第 17 条、第 19 条对污染物的清污费用进行了规定，污染责任人应负责支付清污费用，受托清污单位在清污作业结束后应尽快制作清污费用报告书，并提交给主管单位。

5.《防治船舶污染海洋环境管理条例》

海洋生态环境损害的污染源主要有：船舶作业活动、海洋工程建设活动以及陆源污染物。也是基于此种原因，国务院在制定了前述有关海洋工程建设污染和石油开发污染有关的条例之后，又制定了本条例。本条例与前述条例的主要区别在于适用对象和适用范围，本条例主要应对的是船舶及其有关作业活动所造成的海洋环境污染。

本条例最早由国务院于 2009 年发布，2018 年该条例进行了第六次修订。其中涉及海洋生态环境损害赔偿民事责任的条款主要体现在第 41 条及第 48 条。第 41 条主要规定的是海事管理机构为减轻污染而采取的清污等相关措施费用，第 48 条则主要是从一般意义上规定了造成海洋环境污染损害的责任人应当承担相应赔偿责任。其中，第 41 条将清污等相关措施费用的求偿主体仅限定为海事管理机构，给实践中清污费用的求偿争议埋下隐患。实践中，清污措施有时是由海事管理机构自行实施，而多数时间则是在海事管理机关的组织管理下，由专业清污主体或第三方清污主体进行清污作业，这导致实际清污主体与污染事故责任人之间的法律关系存在不明确的情况，清污费用本身也存在是行政费用还是民事费用的性质争议，并最终导致清污费用的索赔难题。

6.《防止拆船污染环境管理条例》

《防止拆船污染环境管理条例》是国务院于 1988 年发布实施的为防治拆船污染海洋生态环境的行政法规，2017 年进行了第二次修订，主要规定了拆船厂的设置要求、拆船流程中的管制要求及违反行政管理的处罚等。其中第 23 条规定直接遭受拆船污染损害的单位和个人，有权要求责任方赔偿损失，责任方有责任赔偿直接遭受拆船污染危害的单位和个人损失。

7.《船舶油污损害赔偿基金征收使用管理办法》及《船舶油污损害赔偿基金征收使用管理办法实施细则》

作为一种油污损害风险的分摊机制，船舶油污损害赔偿基金的主要目的是在发生重大船舶油污事故时，保障油污受害人的损失得到适当的补偿。

20 世纪 90 年代起，我国借鉴国际通行规则，结合国情，不断完善立法，积极探索建立具有本国特色的船舶油污损害赔偿基金制度。2012 年 5 月 11 日，财政部、交通运输部联合发布了《船舶油污损害赔偿基金征收使用管理办法》（以下简称《管理办法》），随着该办法于同年 7 月 1 日起实施，具有中国特色的船舶油污损害赔偿基金（以下简称"油污基金"）正式建立。2015 年 6 月 18 日，中国船舶油污损害赔偿基金使用管理的最高权力机构——中国船舶油污损害赔偿基金管理委员会在北京正式成立，标志中国船舶油污损害赔偿基金的赔偿、补偿工作进入可运行阶段。并相继出台了《船舶油污损害赔偿基金索赔知识常见问题解答（2016 年版）》《船舶油污损害赔偿基金理赔导则（试行版）》《船舶油污损害赔偿基金索赔指南（试行版）》等指导性规范。

一旦船舶发生油污事故，对油污受害人而言，首先由肇事船东及其油污保险人在责任限制范围内对他们进行赔偿；超过船东责任限制的损害，可依据《管理办法》，申请油污基金进行赔偿或者补偿。

《管理办法》第 17 条对同一事故的赔偿范围和赔偿或补偿顺序进行了规定，明确了其赔偿范围及顺序为：应急处置费用、清污费用、直接经济损失、恢复措施费用、监视监测费用及其他。该规定虽然不是对海洋油污损害生态环境损害赔偿范围的规定，但其实际上将船舶油污所导致的海洋生态环境损害纳入了基金赔偿范围，[1] 从另一个侧面反映了海洋油污损害生态环境损害赔偿所包含的内容。

8.《海洋生态损害国家损失索赔办法》

《海洋生态损害国家损失索赔办法》（以下简称《索赔办法》）是由国家海洋局于 2014 年出台现行有效的部门规范性文件，其主要用于指导和规范海洋行政主管部门承担海洋生态环境损害的国家索赔工作，是针对海洋生态环境损害向责任者行使索赔权的具体规定。在这之前，国家海洋局还出台了《海洋生态损害评估技术指南（试行）》，为《索赔办法》的出台及实施奠定了基础。《索赔办法》详细规定了海洋生态环境损害国家损失的范围，这一范围实质上也是对海洋生态环境损害赔偿范围的规定。

依照《索赔办法》第 3 条的规定，海洋生态环境损害国家损失的范围包括：

第一，污染处置措施费用及次生污染损害消除费用。这一点主要是指破坏海洋生态环境损害的事故发生后，为减少事故对生态环境的损害而采取应急处置措施所产生的费用。

第二，海洋生物资源和海洋环境容量等恢复到原有状态期间的损失费用、修复费用、修复受损海洋生态费用以及海洋生态环境不能修复时的替代费用。该项的两项内容在原规定中属于进行了区分规定，海洋生态环境恢复期间的损失费用类似于一般生态环境损害赔偿范围中的生态环境修复期间的功能损失，而修复费用则同一般生态环境损害赔偿范围中的修复费用具有相似含义。

---

〔1〕　这一点在《船舶油污损害赔偿基金征收使用管理办法实施细则》中也得到了明确，其第 12 条规定的基金赔偿或补偿项目包含了海洋油污损害。

值得注意的是，该规定实际上对海洋生态环境的内容作出了间接规定，即包括了海洋生物资源和海洋环境容量等，特别是"海洋环境容量损失"一词在有关海洋生态环境损害赔偿索赔的司法实践中被使用。

第三，为具体认定海洋生态损害而支出的各种监测、咨询及评估等费用。

9. 小结

与海洋生态环境保护有关的行政法规及部门规章多以海洋生态环境污染物来源进行分类，规制相关污染物的排放、处置及污染事故发生后的应急处理措施。因其作为行政法规及部门规章的性质，相关条款多涉及行政管理及行政处罚措施，对其中可能会产生的海洋生态环境损害赔偿民事责任，《海洋石油勘探开发环境保护管理条例实施办法》及《管理办法》虽然涉及了相关规定，但这些规定并不是对海洋油污损害生态环境损害赔偿范围的具体规定。国家海洋局出台的《索赔办法》对海洋生态环境损害国家损失的范围进行了列举规定，该规定具有积极意义。除此之外，其他行政法规及部门规章几乎没有作出规定。

（三）地方性法律文件

随着国家对生态环境保护及海洋生态环境保护的重视，一些地方也出台了一些海洋生态环境保护的地方性法规和行政规章。

例如，江苏省根据《海洋环境保护法》等有关法律规定并结合本省实际，于2007年发布实施《江苏省海洋环境保护条例》，共六章四十五条，详细规定了省内海洋环境的监督管理、生态保护、污染防治及法律责任。该条例偏重行政管理，未对海洋生态环境损害民事赔偿责任进行规定。

2010年，山东省出台《山东省海洋生态损害赔偿费和损失补偿费管理暂行办法》（以下简称《暂行办法》）及配套的《山东省海洋生态损害赔偿和损失补偿评估方法》，被称为我国首个海洋生态补偿和赔偿办法。按照《暂行办法》的规定，海域使用、海水利用及其他海洋开发利用活动的审批过程中，相关环境影响评价报告书必须包含海洋生态损失补偿的内容，相关机关审批中应对其中的环境影响评价报告书上包含的海洋生态损失补偿金额进行核定，并由申请人在法定期限内缴纳。而对于溢油污染等海洋污染事故所导致的海洋生态损失，则由省海洋与渔业厅委托相关单位进行评估，并据此要求赔偿。

《暂行办法》并未对海洋生态环境损害的民事责任范围进行规定，但对海洋生态损害赔偿费和海洋生态损失补偿费的使用范围进行了规定，在一定程度上也反映了海洋生态环境损害发生后的民事赔偿责任内容。依照《暂行办法》的规定，海洋生态损害的赔偿费和损失补偿费应专款专用，专项用于海洋与渔业生态环境修复、保护、整治和管理，具体包括：（1）海洋与渔业生态环境的调查、评价和管理；（2）海洋与渔业生态环境的修复、保护和整治；（3）海洋污染事故应急处置；（4）海洋生态损害赔偿和损失补偿的调查取证、评估鉴定和民事诉讼等项支出；（5）海洋与渔业生态环境保护的科学研究；（6）其他支出。

（四）司法解释

最高人民法院发布的司法解释对司法实践中各级人民法院审理案件起到了重要的指导作用，对相关争议的解决起到不可或缺的作用。本部分将对与海洋生态环境损害民事赔偿有关的司法解释进行梳理。

1. 一般生态环境损害赔偿领域的司法解释在海洋生态环境损害赔偿领域的运用

前文已经述及，涉及一般生态环境损害赔偿的司法解释主要有三个：《最高人民法院关于审理环境民事公益诉讼案件适用法律若干问题的解释》、《最高人民法院关于审理环境侵权责任纠纷案件适用法律若干问题的解释》及《最高人民法院关于审理生态环境损害赔偿案件的若干规定（试行）》。

《最高人民法院关于审理环境民事公益诉讼案件适用法律若干问题的解释》适用于生态环境领域民事公益诉讼，该司法解释没有明确排除对海洋生态环境损害民事公益诉讼的适用，因此，对于海洋生态环境领域的民事公益诉讼案件，该司法解释有关生态环境损害赔偿范围的规定同样适用。依照该司法解释的规定，生态环境损害赔偿民事责任主要包含：（1）为停止侵害、排除妨碍、消除危险采取合理预防、处置措施而发生的费用；（2）修复生态环境或生态环境修复费用，包括制定、实施修复方案的费用和监测、监管等费用；（3）生态环境受到损害至恢复原状期间服务功能损失；（4）检验、鉴定评估费用，清除污染及防止损害发生和扩大所支出的合理费用，合理的律师费以及为诉讼支出的其他合理费用。

《最高人民法院关于审理环境侵权责任纠纷案件适用法律若干问题的解释》同样没有排除对海洋生态环境损害民事案件的适用，而且，依据该司法解释第1条关于适用范围的规定，对于"侵权人不承担责任或者减轻责任的情形"，适用《海洋环境保护法》等环境单行法规定，在《海洋环境保护法》

等单行法没有规定的情况下，适用《民法典》的规定。因此，对于该司法解释中有关生态环境损害赔偿范围的规定，同样适用于海洋生态环境损害赔偿领域。依照该司法解释，生态环境损害赔偿民事责任范围主要包括恢复原状等传统民法上的责任内容与责任承担方式；其中"恢复原状"这一责任承担方式在生态环境领域内具体实施时，人民法院可以裁判侵权人以承担环境修复责任的方式对遭到其破坏的生态环境"恢复原状"，同时确定侵权人在不履行环境修复义务时应当承担的环境修复费用。对于污染者未在法定期限内履行修复义务的，法院可以通过委托代履行的方式来执行，相关费用由污染者负担。除此之外，该司法解释将"防止损害发生和扩大、清除污染、修复生态环境而采取必要措施所支出的合理费用"纳入到生态环境损害民事责任的范围。

《最高人民法院关于审理生态环境损害赔偿案件的若干规定（试行）》是专门针对生态环境损害赔偿的司法解释，相较于前两个司法解释，该司法解释对生态环境损害赔偿民事责任的范围进行了更为详尽的规定，但是该司法解释在其第2条明确排除了对海洋生态环境损害赔偿的适用。尽管如此，该司法解释对生态环境损害赔偿范围的规定，对我们理解海洋生态环境损害赔偿范围的内容具有一定借鉴意义。依照该司法解释，生态环境损害赔偿民事责任范围包括：（1）赔偿损失等传统民事责任内容；（2）生态环境修复费用；（3）服务功能损失；（4）生态环境功能永久性损失；（5）应急方案及应急处置费用；（6）程序性事项相关费用。

2. 专门适用于海洋生态环境损害赔偿的司法解释

专门适用于海洋领域的与海洋生态环境损害赔偿民事责任有关的司法解释主要有两个：

（1）《最高人民法院关于审理船舶油污损害赔偿纠纷案件若干问题的规定》

《最高人民法院关于审理船舶油污损害赔偿纠纷案件若干问题的规定》发布时间相对较早，由最高人民法院于2011年发布实施，并于2020年进行了修正，主要适用于人民法院审理船舶油污损害赔偿纠纷案件。这里的油类主要是指持久性货油，并不包含非持久性货油和船舶燃油，对非持久性货油和船舶燃油造成的污染损害赔偿主要适用《海洋环境保护法》及《海商法》的规定。

就该司法解释的适用范围，最高人民法院民四庭负责人答记者问时表示，该司法解释排除适用非持久性货油，主要原因有两点：第一，法律基础不同。基于现行规定，《国际油污损害民事责任公约》《2001年国际燃油污染损害民事责任国际公约》不调整船载非持久性货油造成的污染损害；第二，对于非持久性货油等其他海上油类以及非油类海上污染损害赔偿纠纷，应由《侵权责任法》《海洋环境保护法》等调整。[1]

尽管该司法解释对仅适用于船舶油污损害，且仅适用于持久性船舶货油的污染损害赔偿，但其对损害赔偿范围的规定涉及了海洋生态环境损害赔偿。其第 9 条对船舶油污损害的赔偿范围进行了规定。

具体包括：

①为防止或者减轻船舶油污损害采取预防措施所发生的费用，以及预防措施造成的进一步灭失或者损害；

②船舶油污事故造成船舶之外的财产损害以及由此引起的收入损失；

③因油污造成环境损害所引起的收入损失；

④对受污染的环境已采取或将要采取合理恢复措施的费用。

其中与海洋生态环境有关的主要是第 3 项和第 4 项的规定。

第 3 项所称的收入损失与前述《海洋石油勘探开发环境保护管理条例实施办法》所述的经济收入损失具有相似性，是否可纳入海洋生态环境损害赔偿民事责任的范围还需要区分具体情况而定。本书认为，如果这种收入损失是由于油污致海洋生态环境遭受损害，进而使得受害人因海洋生态环境遭受损害而发生经济收入损失，则可在广义上纳入海洋生态环境损害赔偿的范围，具体操作上可以参照一般生态环境损害赔偿民事责任中的"生态环境修复期间的服务功能损失"。当然这里的受害人应该是国家或者社会公共利益的代表，如果是个人或单位因为海洋生态环境遭受损害进而导致的经济收入损失，本书认为在本质上仍属于以环境为介质所造成的个人或者单位的财产损失，不应一律纳入海洋生态环境损害赔偿民事责任的范畴。

第 4 项主要是指对受污染环境采取的合理的恢复措施费用，将该费用纳入海洋生态环境损害赔偿民事责任的范围，在理论上不存在太大争议，主要问题在于，司法实践中如何确定合理的标准。后续本书将结合相关司法实践及国际公约的规定对此展开讨论。

（2）《最高人民法院关于审理海洋自然资源与生态环境损害赔偿纠纷案件

---

[1] 参见张先明："正确审理船舶油污损害赔偿纠纷案件 不断加快海洋环境司法保护工作步伐——最高人民法院民四庭负责人答记者问"，载《人民法院报》2011 年 6 月 15 日。

若干问题的规定》

该司法解释是最高人民法院 2017 年 12 月份发布，于 2018 年 1 月份正式实施的比较新的司法解释，专门用于人民法院审理依照《海洋环境保护法》第 89 条第 2 款提起的海洋自然资源与生态环境损害赔偿诉讼。

①对责任范围的规定

该司法解释第 7 条对海洋生态环境损害赔偿民事责任范围进行了规定。依照该条规定，海洋生态环境损害赔偿民事责任范围包括：

第一，预防措施费用，是指为减轻或者防止海洋生态环境污染、恶化采取合理应急处置措施而发生的费用；

第二，受损害海洋自然资源与生态环境功能恢复费用，即采取或者将要采取措施恢复或者部分恢复受损害海洋自然资源与生态环境功能所需费用；

第三，受损害海洋自然资源与生态环境功能的恢复期间损失费用；

第四，调查评估费用。

尽管最高人民法院这一司法解释将海洋生态环境损害赔偿排除在适用范围之外，但通过对比《最高人民法院关于审理生态环境损害赔偿案件的若干规定（试行）》对一般生态环境损害赔偿民事责任范围的规定和《最高人民法院关于审理海洋自然资源与生态环境损害赔偿纠纷案件若干问题的规定》对海洋生态环境损害赔偿民事责任范围的规定，我们可知，两者在内容上不存在本质区别，只不过使用的表述不尽一致。前者使用的"修复费用"对应后者的"恢复费用"；前者使用的"生态环境受到损害至修复完成期间的服务功能损失"对应后者的"恢复期间损失"；前者的"应急方案及应急处置费用"对应后者的"预防措施费用"；所不同的是，前者将"生态环境功能永久性损害造成的损失"单独列举作为一种生态环境损害赔偿民事责任承担。生态环境功能永久性损害造成的损失主要是指在采取修复措施仍无法恢复或无法完全恢复被破坏的生态环境而产生的生态环境功能的永久性损害所造成的损失。

《最高人民法院关于审理生态环境损害赔偿案件的若干规定（试行）》是 2019 年 6 月份首次发布实施的，从时间上来讲，应该更能反映当前理论发展和司法实践中的需要。在海洋生态环境损害赔偿民事责任范围中是否有必要纳入海洋生态环境功能的永久性损害所造成的损失值得商榷，如果单从理论上来讲，海洋生态环境损害中也有海洋生态环境功能永久性损害的存在可能，因此在海洋生态环境损害赔偿民事责任范围中也应包含海洋生态环境损害的永久性功能损失。但相对而言，海洋的自我净化能力相对较强，实践中有多大必要将这种永久性功能损失纳入海洋生态环境损害赔偿民事责任范围还有待讨论。因该司法解释发布实施时间较短，尚未出现有关生态环境功能永久性损害损失的典型案例，我们可以持续关注一般生态环境损害赔偿领域的相关判例及其具体适用情形，对比海洋生态环境损害的具体实践需要，再探讨有无必要在海洋生态环境损害赔偿领域纳入生态环境功能永久性损害所造成的损失。

②对赔偿数额的规定

除对海洋生态环境损害赔偿民事责任的范围进行了列举规定，《最高人民法院关于审理海洋自然资源与生态环境损害赔偿纠纷案件若干问题的规定》还对相关费用的具体内容作出了进一步说明。其中，第8条对恢复费用、预防措施费用和调查评估费用作了进一步的限制性规定，要求这些费用必须是现实实际发生的和未来必然发生的合理费用。现实已经实际发生的费用因为已经发生，因此在具体数额的确定上不存在太大障碍，而对于未来必然发生的合理费用和恢复期间的损失在数额确定上则不容易。对此，该司法解释第8条规定，对于未来必然发生的合理费用和恢复期间损失数额的具体确定，主要依据有资格的鉴定评估机构所作出的鉴定意见予以确定，除非当事人有相反的证据予以反驳。这种主要依据有资格的鉴定机构出具的评估报告的鉴定意见来确定赔偿数额的方式，无论在一般生态环境损害赔偿领域还是在海洋生态环境损害赔偿的司法实践中都得到广泛应用。但仅从法条的表述来看，《最高人民法院关于审理海洋自然资源与生态环境损害赔偿纠纷案件若干问题的规定》在确定损害赔偿的具体数额时对评估机构鉴定意见的依赖程度要高于《最高人民法院关于审理生态环境损害赔偿案件的若干规定（试行）》。后者仅将相关鉴定机构评估报告的鉴定意见作为认定案件事实的依据之一。[1]

《最高人民法院关于审理海洋自然资源与生态环境损害赔偿纠纷案件若干问题的规定》第9条进一步规定了恢复费用及恢复期间费用的确定方法，如果难以依照第8条规定确定的，还可采取以下方式来确认赔偿数额，即：责任者因损害行为所获得的收益或者所减少支付的污染防治费用。如果仍无法

---

〔1〕　第10条。

认定的，可参照同区域同类生产经营者同期平均收入、同期平均污染防治费用，合理酌定。

结合第 8 条和第 9 条的规定，我们可知，《最高人民法院关于审理海洋自然资源与生态环境损害赔偿纠纷案件若干问题的规定》实际上明确了海洋生态环境损害赔偿数额中恢复费用和恢复期间的费用确定的基本方式，即按顺序方式来确定：

首先，依据有资格的评估机构评估报告中的鉴定意见来确定；

其次，如果无法依据第一种方式确定，则根据责任人因损害行为的获益或减少支付的污染防治费用来确定；

最后，仍无法认定的，参照同区域同类型其他生产经营者的情况来确定。

在生态环境损害赔偿领域对具体赔偿数额主要依据鉴定机构评估报告来确定的实践背景下，引入依据责任人因损害行为的获益多少来确定生态环境损害赔偿数额的方式具有创新性，也体现了不能让海洋生态环境损害责任人因损害行为而获益的基本原则。

③总体评价

《最高人民法院关于审理海洋自然资源与生态环境损害赔偿纠纷案件若干问题的规定》作为一部专门指导海洋生态环境损害赔偿纠纷案件的司法解释，详细明确地规定了海洋生态环境损害赔偿民事责任的范围及具体赔偿数额的基本确定方式，对于海洋油污损害生态环境民事追责的顺利实现、保护海洋生态环境具有重要意义。当然，海洋生态环境损害赔偿民事责任的各项具体内容，还会随着实践的发展不断充实和细化，比如是否存在海洋生态环境服务功能的永久性损害损失，如果存在，是否有必要将其纳入海洋生态环境损害赔偿民事责任的范围内，等等。

（五）国内相关法律规定总结

通过对国内有关生态环境损害赔偿及海洋生态环境损害赔偿的相关法律规定进行梳理，我们可以作出如下总结：

第一，对生态环境损害赔偿及海洋生态环境损害赔偿民事责任具体内容的规定主要集中在最高人民法院出台的相关司法解释，《环境保护法》《海洋环境保护法》等相关法律规定比较原则，没有直接对生态环境损害赔偿民事责任及海洋生态环境损害赔偿民事责任的具体内容作出规定。新颁布的《民法典》虽然对生态环境损害赔偿责任的内容单列条文进行了规定，但更侧重适用于一般生态环境领域，并没有特别考虑海洋生态环境领域的特殊性。相关行政法规规章及地方性法规多为行政管理规范，更多强调对生态环境及海洋生态环境损害的预防及事后的应急处置和行政处罚，除《海洋石油勘探开发环境保护管理条例实施办法》和《海洋生态损害国家损失索赔办法》对海洋生态环境的民事责任范围进行列举规定外，其他与海洋生态环境保护有关的行政法规规章及地方性法规对海洋生态环境损害赔偿民事责任具体内容作出的规定非常有限。

第二，最高人民法院的司法解释直接指导司法实践，《最高人民法院关于审理海洋自然资源与生态环境损害赔偿纠纷案件若干问题的规定》是最新的有关海洋生态环境损害赔偿的法律文件，其对海洋生态环境损害赔偿民事责任具体项目的规定对相关案件及纠纷的解决具有重要指导意义。但是，因为该文件在法律效力等级上属于司法解释，只有当有关海洋生态环境损害赔偿案件进入诉讼程序时才会适用这一文件的规定，因此，适用范围仍有一定的局限性。

第三，就海洋生态环境损害赔偿民事责任的具体内容，依照《最高人民法院关于审理海洋自然资源与生态环境损害赔偿纠纷案件若干问题的规定》具体包括预防措施费用、恢复费用、恢复期间的损失和调查评估费用等四项内容。对比最新发布实施的《最高人民法院关于审理生态环境损害赔偿案件的若干规定（试行）》对生态环境损害赔偿民事责任具体内容的规定可知，两者规定的民事赔偿责任的具体项目大致保持一致，所不同的是《最高人民法院关于审理生态环境损害赔偿案件的若干规定（试行）》还增加了一个生态环境功能永久性损害所造成的损失。此外，《最高人民法院关于审理生态环境损害赔偿案件的若干规定（试行）》对各项生态环境损害赔偿民事责任的适用顺序作了明确规定，受损生态环境能够修复的情况下，应当首先适用修复责任这一民事责任承担方式，人民法院在判决被告承担修复责任的同时应确定不履行修复义务时应承担的生态环境修复费用。

尽管《最高人民法院关于审理生态环境损害赔偿案件的若干规定（试行）》在适用范围上明确排除了海洋生态环境损害，但我们仍然可以借鉴其对生态环境损害赔偿民事责任承担方式的这种顺位规定，这一规定实质上体现了以修复为主的责任承担方式，鼓励被告人自己主动修复受损生态环境，如果被告不主动修复受损生态环境，则应承担相应的生态环境修复费用。在这一规定的引导下，大多数被告人或责任人愿意选择自行修复生态环境这一责任方式，这也有利于受损生态环境的及时修复，符合立法本意。

总体而言，我国对海洋生态环境损害的赔偿制度逐渐重视，有关海洋生态环境损害赔偿范围的相关规定在逐步发展并不断完善。相关法律对海洋生态环境保护的规定，起初多偏重于以行政管理的方式对海洋污染行为进行预防并以行政处罚的方式对违反海洋环境管理的行为进行处罚，对海洋油污所造成的生态环境损害本身的民事赔偿问题几乎没有规定。随着相关油污事故所带来的海洋生态环境破坏的加剧，加上国际上重大油污事故的启示及相关国际公约规范的不断出现，我国国内相关法律规定也逐渐对油污所致的海洋生态环境损害索赔问题进行规范。最新修订的《海洋环境保护法》明确应对海洋环境污染损害进行民事赔偿，并授予海洋环境监督管理部门代表国家向责任者提起损害索赔；在相关法律规范不断完善的背景下，最高人民法院对船舶油污损害赔偿纠纷案件及海洋自然资源与生态环境损害赔偿纠纷案件的审理出台了专门的司法解释，用于指导船舶油污损害赔偿及海洋生态环境损害赔偿的司法实践活动。海洋生态环境损害赔偿的民事责任范围在法律规定上也逐渐明确。

二、海洋油污损害生态环境民事责任范围的国际法律规定

国际上有关海洋油污损害赔偿的法律制度发展基本上遵循了"事故推动"的模式，其中对海洋油污损害生态环境民事赔偿的法律规定，也大致是一个逐渐得到重视及规范的过程。

1967年，利比里亚油轮"托雷峡谷"号在英国锡利群岛附近海域沉没。船上大量原油泄漏入海，给荷兰、法国、英国等国带来大面积的海岸污染。面对本国环境污染及事故所带来的巨额经济损失，英法两国向油轮所有人提起索赔。而按照当时的法律规定，油污受害人只能获得船舶的残值作为赔偿，即事故留下的唯一一条价值50美元的救生艇。该案最终通过协商得以解决，油污受害人获得了300万美元的赔偿，但这也只是受害人损失的20%。这一事件促使政府间海事组织制定了《1969年国际油污损害民事责任公约》（以下简称《1969年责任公约》）、《1969年国际干预公海油污事故公约》及《1971年设立国际油污损害赔偿基金的国际公约》（以下简称《1971年基金公约》）。

1978年，利比里亚油轮"阿莫科·加的斯"号在法国西部海域沉没，事

故造成严重污染。这一事件促使国际海事组织对前述油污民事责任公约及其基金公约进行修订，提高了责任限额和财务保证要求。

当前有关海洋油污损害的国际公约既包括公法性公约，也包括私法性公约。公法性公约多强调对海洋环境的保护，要求各缔约国采取符合公约要求的各种措施以防止油污损害海洋环境；私法性公约以《1969 年责任公约》及其配套的《1971 年基金公约》为代表，对油污损害发生后的损害赔偿问题进行规范。

（一）公法性国际公约的规定

公法性公约的规范对象主要为公约各缔约国，为了防止油污污染海洋环境，要求各缔约国采取各种措施及相互合作，防止油污事故的发生或减少油污事故发生后对海洋环境的污染。基于此类公约的性质与缔结目的和宗旨，其虽均未涉及油污事故所致私法利益的损害及海洋生态环境损害的赔偿问题，但体现了国际法律对海洋环境的逐渐重视。

1.《1954 年国际防止海洋油污公约》

该公约是最早的一部海洋环境保护国际公约，内容相对简单，只适用于船舶。后于 1962 年、1969 年、1971 年进行了三次修订。[1]该公约主要规定了 500 总吨以上的船舶排放油类或含油混合物的要求，后又扩大适用范围至 150 总吨及以上的油船和 500 总吨及以上的其他船舶。从预防角度来规范油类排放以防止海洋油污事故的发生，但该公约未涉及油污事故发生后的损害赔偿问题。

2.《1969 年国际干预公海油污事故公约》

依据该公约[2]的规定，发生海上油污事故时，缔约国可以在公海上采取必要措施以防止、减轻或消除油污对其海岸线或有关利益的严重或紧迫的危险。公约主要调整缔约国在采取必要措施防治、减轻或消除油污损害时的程序、方式，以及事故发生后的调解及仲裁程序等，对因油污所致的生态环境损害赔偿未作出具体规定。

3.《〈1973 年国际防止船舶造成污染公约〉[3]1978 年议定书》

该公约主要对缔约国管理船舶以防止船舶污染海洋环境制定规范，对船

---

〔1〕 1971 年修正案至今未生效。

〔2〕 我国于 1990 年 2 月 23 日交存加入书，本公约于 1990 年 5 月 24 日对我国生效。

〔3〕 The International Convention for the Prevention of Pollution from Ships, 1973。我国为该公约缔约国。

舶油污所致的污染损害赔偿未作规定。

4.《1982 年联合国海洋法公约》

《1982 年联合国海洋法公约》[1]被誉为国际海洋法领域的基本法，该公约对海洋事项作了较为全面的规定。其中，公约第十二部分"海洋环境的保护与安全"共分九节，详细规定了各国履行其保护和保全海洋环境的国际义务。但这些规定多从国家义务的角度出发，对于海洋生态环境污染事件中的私法赔偿问题则没有涉及。

5.《1990 年国际油污防备、反应和合作公约》[2]

该公约[3]要求缔约国建立国家油污事故应急响应系统及石油开发企业油污应急计划，建立油污事故的报告程序，并规定了油污应急处置工作的国际合作。该公约主要从国家义务的角度规范油污事故发生后的国际应急处置工作，对油污事故发生后的私法赔偿问题未作规定。

（二）私法性国际公约的相关规定

1.《1969 年责任公约》[4]及《1992 年国际油污损害民事责任公约议定书》（以下简称《1992 年议定书》）

该公约是国际油污损害民事赔偿领域的重要国际公约，1969 年 11 月 29 日由政府间海事协商组织在布鲁塞尔制定，1975 年 6 月 19 日生效，之后分别于 1976 年、1984 年及 1992 年进行了三次修订。其中 1992 年的修订影响最大，也是当前在国际油污损害民事赔偿领域发挥主要作用的版本。1992 年 11 月，国际海事组织（IMO）在伦敦召开的国际会议上通过了该公约的《1992 年议定书》，并于 1996 年 5 月 30 日生效。[5]2000 年 10 月，国际海事组织法律委员会通过了《1992 年议定书》的 2000 年修正案。

《1969 年责任公约》主要确定了以下基本内容：第一，船舶所有人为油污损害的唯一责任主体；第二，在油污损害民事赔偿责任的归责原则上实行严格责任原则；第三，确立了污染损害赔偿的强制责任保险制度；第四，规定了受害人可以直接起诉油污保险人或财务保证人的直接诉讼制度；第五，

---

〔1〕 我国于 1996 年批准加入该公约。

〔2〕 International Convention on Oil Pollution Preparedness, Response and Co-operation, 1990.

〔3〕 我国于 1998 年 3 月 30 日交存加入书，该公约于 1998 年 6 月 30 日对我国生效。

〔4〕 我国于 1980 年 1 月 30 日交存接受书，该公约于 1980 年 4 月 30 日对我国生效。

〔5〕 我国于 1999 年 1 月 5 日交存加入书，该公约议定书于 2000 年 1 月 5 日对我国生效。

确立船舶所有人油污损害赔偿的责任限额。

对于油污损害的具体内容，公约第 1 条第 6 款及第 7 款进行了明确规定："油污损害"是指由于船舶逸出或排放油类后，在运油船舶本身以外因污染而产生的灭失损害，并包括预防措施的费用以及由于采取预防措施而造成的进一步灭失或损害。"预防措施"是指事件发生后为防止或减轻污染损害由任何人所采取的任何合理措施。根据这一规定，我们可知《1969 年责任公约》所涉及的生态环境损害赔偿费用主要为预防措施费用，这一费用类似于我国国内法上规定的海洋油污损害生态环境民事责任范围中的应急措施费用。对于这种预防措施费用，公约没有将其与油污所引起的其他损害进行专门区分，而是适用公约有关油污损害的统一规定，即：统一适用公约的上述基本内容，包含民事责任的责任主体、归责原则、强制保险、直接诉讼制度及赔偿责任限额制度等。

1992 年议定书规定了船舶所有人须对船舶运输或燃料舱内的持久性烃类矿物油（persistent hydrocarbon）的污染损害承担民事赔偿责任。1992 年议定书对油污所致的环境损害赔偿作出了限制性规定，要求除盈利损失外，对环境损害的赔偿，应限于已实际采取或将要采取的合理复原措施的费用，且将因预防措施而造成的进一步损失或损害也纳入到油污损害赔偿的范围。相较于《1969 年责任公约》，1992 年议定书的规定更加细致，一方面对油污损害赔偿中的环境损害赔偿作出了专门规定，另一方面将因预防措施而造成的损失或损害也纳入了油污损害赔偿范围。

2. 《设立国际油污损害赔偿基金公约》（1971 年、1992 年）（以下分别简称《基金公约》、《1971 年基金公约》与《1992 年基金公约》）[1]

该公约于 1971 年在布鲁塞尔制定，主要目的是在《1969 年责任公约》无法提供保护的范围内对受害人承担补充赔偿义务，在船主无法赔偿油污受害人的全部损失时进行赔偿，以降低船主负担。加入《1969 年责任公约》是加入《1971 年基金公约》的前提，《1971 年基金公约》是对《1969 年责任公约》的补充。

---

〔1〕 我国于 1999 年 1 月 5 日提交《设立国际油污损害赔偿基金公约的 1992 年议定书》的加入书。我国是《国际油污损害民事责任公约》和《设立国际油污损害赔偿基金公约》的缔约国，但油污基金公约只适用于香港特别行政区。

1992 年国际海事组织在伦敦通过修订《1969 年责任公约》的 1992 年议定书，作为《1969 年责任公约》补充的《1971 年基金公约》也同时进行了修订，称为《1992 年基金公约》。1992 年议定书规定了对于船舶运输或燃料舱内的持久性烃类矿物油（persistent hydrocarbon）污染，责任人须承担民事赔偿责任，但公约约定责任人可就油污损害赔偿责任向缔约国法院申请船舶油污损害责任限制基金。意识到《1992 年议定书》项下的赔偿有时不足以满足赔偿请求，《1992 年基金公约》规定由货主摊款设立的基金作为第二重赔偿主体，为 1992 年议定书确认索赔之款项提供补充性赔付。其 2003 年议定书更是规定了缔约国须额外设立"国际补充基金"以再次扩大赔偿需要。

《基金公约》的主要包含两大内容：第一，主要规定了基金的赔偿范围及其对船主的补贴范围；第二，主要规定了基金的设立及资金来源。[1]基金主要对三种情况进行赔付：第一，根据《国际油污损害民事责任公约》对损害不承担责任的损害；第二，对于受害人的污染损害，船主及其保险人或财务保证人无法进行全额赔偿；第三，损害超过船舶所有人依据《国际油污损害民事责任公约》所应承担的最高责任限额。

因为《基金公约》是对《国际油污损害民事责任公约》的补充，因此，其所适用的油污损害赔偿范围跟《国际油污损害民事责任公约》的规定保持一致。

3. 《2001 年燃油污染损害民事责任国际公约》（以下简称《2001 年燃油公约》）[2]

《2001 年燃油公约》是继前述民事赔偿公约和基金公约之后，国际海事组织制定的又一个关于油污损害民事责任的国际公约，其主要目的为船舶燃油溢出或排放事故造成的污染损害提供迅速有效赔偿的补充措施。

与《国际油污损害民事责任公约》不同，该公约将责任人的范围进行了扩大，不但包括登记的船舶所有人，还包括船舶的经营人和管理人、光船租船人。就油污所追的损害赔偿范围而言，《2001 年燃油公约》作出了与《国际油污损害民事责任公约》较为类似的规定，包括因溢油引致的直接损失、环境的恢复措施费用、预防措施费用及其进一步损害费用。即：《2001 年燃油公约》涉及海洋生态环境损害赔偿民事责任范围的规定，主要体现在《2001

---

〔1〕 基金主要来源于石油公司的摊款。

〔2〕 我国于 2008 年 12 月 9 日加入《2001 年燃油公约》。

年燃油公约》下的油污损害包含了为恢复环境采取或将要采取的合理恢复措施费用，这一费用与我国国内法上海洋生态环境损害民事责任范围中的应急处理措施费用较为相似。

4. 其他

（1）《1974 年近海污染责任协定》[1]

《1974 年近海污染责任协定》是由包括康菲、英国石油公司在内的十七家石油公司签订的。该协定于 1975 年 5 月 1 日生效，并在 2010 年 1 月对条文进行了更新。该协定主要是由几大石油公司签订的用以统一海上石油作业油污责任标准的民间协定。依据该协定，近海石油污染责任的赔偿范围仅包括石油污染对个人或组织所造成的直接损失，不包含间接损失；除直接损失费用外，污染责任人还须支付因公共管理和采取应急措施所产生的费用。

（2）《1976 年勘探、开发海底矿产资源油污损害民事责任公约》

该公约是在英国力主下，由比利时、丹麦、德国、爱尔兰、荷兰、挪威、瑞典等 9 个北海沿岸国家制定，主要致力于解决北海区域内海洋油污民事责任的承担问题。比较遗憾的是，该公约至今未生效。

（三）国际公约相关规定总结

当前涉及海洋油污的国际公约中，公法性公约多规范缔约国在海洋油污领域的管理行为，对油污所致的海洋生态环境损害赔偿并未涉及。私法性公约中的《国际油污损害民事责任公约》、《基金公约》以及《2001 年燃油公约》等均为专门规范海洋油污损害赔偿的国际公约，但这些公约所解决的主要是油污所致的私法权益的损害，对油污所致的海洋生态环境本身的损害赔偿没有作出直接的、明确的规定。

涉及海洋生态环境的相关规定主要体现在"相关赔偿，必须是基于已经实际或将要采取的措施所产生的费用"。这一规定实质上部分确定了环境污染损害，将对环境本身的损害纳入公约损害赔偿范围之内，具有积极意义。但这一规定仍存在不足，一方面，其对海洋生态环境损害赔偿范围的规定过于狭窄，仅包含合理恢复措施费用，且对这种费用作了非常严格的限制：仅限于已经采取的，或者行将采取的费用，且这种费用必须合理；另一方面，这一规定仅适用于船舶油污所致的海洋生态环境污染损害，对船舶以外的油污

---

[1]　Offshore Pollution Liability Agreement.

事故所致海洋生态环境损害赔偿并不适用，钻井平台等船舶以外的油污事故所致海洋生态环境损害追责制度仍缺乏法律支撑。从重大油污事故对海洋生态环境的破坏及海洋生态环境保护的角度考量，这种规定的力度显然是不够的。

当前，我国国内对海洋生态环境保护日益重视，有关海洋生态环境损害赔偿的相关法律制度在以较快的速度发展，处于不断健全的过程当中。而国际上，尚未就海洋生态环境损害民事赔偿形成专门性的公约，对海洋生态环境损害的民事赔偿，尚未有明确的法律规范。

三、其他国家法律的相关规定

（一）美国《油污法》

美国 1990 年《油污法》在国际油污损害民事责任赔偿领域具有较大的影响，美国没有加入《国际油污损害民事责任公约》，而是参照公约制定了自己国内的《油污法》。

1.《油污法》的产生

1989 年，美国阿拉斯加发生的"瓦尔迪兹"号油轮搁浅漏油事故直接催生了 1990 年美国《油污法》。

1989 年，"瓦尔迪兹"号油船在美国海域发生触礁溢油事故，对事发海域带来大面积环境污染。该事故中，仅清污费用支出就高达 20 亿美元。1994 年，三万多名当地渔民等受害者向当地法院提起诉讼，要求油船所有人埃克森公司进行赔偿。一审法院最终判决埃克森公司承担 50 亿美元的惩罚性赔偿金，上诉法院将一审法院所判决的赔偿金额降低一半。在上诉至联邦法院后，该案的最终赔偿金额降低至 5 亿美元。

2.《油污法》的主要内容

（1）将近岸设施油污纳入规范范围

《1992 年议定书》及其基金公约所适用的船舶范围虽然有所扩大，但仍然没有包含海上钻井平台等近岸设施。美国 1990 年《油污法》将"近岸设施"纳入了规范范畴，在海洋石油开发溢油污染的规范上迈出了重要一步。依据《油污法》的规定，近岸设施是指位于美国可航水域或管辖水域内的，除船舶以外的任何设施。

这一规定实质上意味着《油污法》将海洋石油开发中的油污问题纳入了

规范范围。就国际法律层面而言，尚未就海洋石油开发过程中的油污损害民事责任达成统一国际条约，仅有一部尚未生效的 1976 年伦敦《勘探、开发海底矿产资源油污损害民事责任公约》及一部民间协定《近海污染责任协定》。

（2）美国 1990 年《油污法》所确立的赔偿机制

依据美国 1990 年《油污法》的规定，船舶所有人、船舶经营人或光船租赁人对船舶油污损害承担第一赔偿责任，设施所在区域的承租人或持照人对近岸设施损害承担第一赔偿责任。除此之外，油污受害人还可以向责任人的保险人主张损害赔偿。如果污染责任人无力赔偿或者实际损害数额超过了责任人的赔偿责任限额，则由油污责任信托基金进行补充赔偿。[1]

（3）油污损害赔偿范围

美国 1990 年《油污法》第 1002 条"赔偿责任要素"中对油污损害赔偿范围作了具体规定：

①清污费用。这种清污费用既包含政府部门依据联邦法律支出的油污清除费用，也包括任何个人依据国家应急法律或计划所支出的油污清除费用。

②损害。1990 年《油污法》规定了六类损害：自然资源损害、不动产或个人财产损害、索赔人的生活用途损害、总收入损害、利润和营利能力损害以及公共服务损害。

《油污法》在损害赔偿范围中，将自然资源损害明确纳入其中，并授权自然资源受托管理人具有索赔权。而对于"自然资源"的含义，《油污法》在一开始的第 1001 条第 20 项就作了明确说明，包括受美国或外国政府所有或者管控的土地、水、空气以及动植物等各种自然资源。

自然资源损害在广义上可纳入生态环境损害，《油污法》将自然资源损害明确规定在油污损害赔偿范围之中，是一种重大进步。对于自然资源损害或生态环境损害而言，难点在于损害及具体数额的确定，对此，《油污法》也进行了详细的规定。在其 1006 条"自然资源"中，《油污法》详细规定了赔偿责任、指定受托管理人、受托管理人的职责、损害赔偿估量、损害评估规则、获偿金额的使用等，具体而言：

（a）赔偿责任：对于自然资源损害，应向美国政府赔偿美国所有、管理、

---

〔1〕 参见高翔：《海洋石油开发环境污染法律救济机制研究：以美国墨西哥漏油事故和我国渤海湾漏油事故为视角》，武汉大学出版社 2013 年版，第 37-38 页。

控制或所属的自然资源；应向任何州赔偿该州或其政治分部所有、管理、控制或所属的自然资源；应向任何印第安部落赔偿该印第安部落所有、管理、控制或所属的自然资源；在适用本法规定的外国人索赔情况下，应向其外国政府进行赔偿。

（b）指定受托管理人。总统或各级政府部门应指定相应的受托管理人，授权代表以自然资源受托管理人身份对自然资源损害进行索赔并取得赔偿。

（c）受托管理人的职责。受托管理人的职责包含两个方面：一是对其受托管理的自然资源损害进行评估；二是依照法律规定的方式和程序，负责受托管理自然资源的修复及恢复工作。

（d）损害赔偿估量

自然资源损害索赔估量总体上包括三方面：受损自然资源的修复、恢复或重置费用；受损自然资源恢复前的减值减损；评估受损自然资源损害所支出的合理费用。

（e）损害评估规则

对于损害评估的具体规则，总统应在本法颁布之日起两年内，在商务部的主导下与各相关部门进行协商，制定自然资源损害评估细则。

（f）获偿金额的使用

应由受托管理人保存在周转性的信托账户中，仅用于补偿或支付受托管理人根据其受托管理的自然资源损害评估或实施修复、替代等计划〔1〕过程中发生的与受损的自然资源有关的费用，不得挪用。超出这些补偿和费用所需数额的任何款项均应存入基金。

（4）油污信托基金

美国《油污法》第1012~1015条对油污信托基金进行了详尽规定。基金主要用于支付清污费用，自然资源受托管理人履行职责时引起的、自然资源损害评估费用、受损自然资源的修复、恢复或重置费用以及与此项履职相关的各种费用支出等。为对"油污责任信托基金"进行有效管理并充分发挥其作用，美国政府在其海岸警卫队下设"国家油污基金中心"负责该基金的日常管理工作。〔2〕基金主要用于两个方面，一是支付清污费用，二是对受害人未

---

〔1〕 即该条第3款的规定：受托管理人的职责。

〔2〕 参见 http://www.uscg.mil/npfc/，最后访问日期：2022年2月20日。

能获得责任人充分赔偿的损害进行补充赔偿，其中，清污费用可先行支付。截至 2016 年年底，基金共赔付《油污法》下的事故损害请求 9.7 亿美元（25年）。[1]基金的本金来源多样，包括环境税收、利益收入、清污费收入、罚款收入、政府拨款及政府借款等，其中，石油环境税收为最主要来源。基金对每次油污事故的最大支付赔偿金额为 10 亿美元，其中对于自然资源损害的最大支付赔偿额为 5 亿美元。[2]

（5）油污损害赔偿责任限制

《油污法》第 1004 条对油污损害赔偿责任限制进行了规定，因其将近岸设施纳入调整范围，在油污损害赔偿责任限制这一节里，对近岸设施油污损害赔偿也作了责任限制，这是美国 1990 年《油污法》与我国《海商法》及国际公约规定的一个重大不同。

依照该条规定，对近岸设施的赔偿责任限额为清污费用+7500 万美元。由此可见，对于近岸设施油污而言，清污费用并不受赔偿责任限制的制约，这也是其与船舶及岸上设施和深水港口赔偿责任限制的一大区别。

对于能否将钻井平台等近岸设施纳入现行船舶油污损害赔偿制度中，我国学界一直存在争议，其中一个难点便是近岸设施能否与船舶一样适用油污损害赔偿责任限制。对于船舶而言，无论是船载货油还是船舶自身燃油，一旦发生泄漏，其总量是可预估的，在适用损害赔偿责任限制上不存在问题，船舶油污损害赔偿责任的限额通常根据船舶吨位大小来确定。但钻井平台等近岸设施一旦发生漏油事故，其可能带来的油污损害在油污发生之前是难以估算的，如果提前设置损害赔偿责任限制，存在一定难度，这也是我国法律及国际公约均未将近岸设施纳入船舶油污损害赔偿责任制度的原因之一。美国 1990 年《油污法》在设置近岸设施的油污损害赔偿责任限制时，对清污费用的赔偿不设限制，对于其他损害则设置了责任限制，这一做法为建立钻井平台等近岸设施的油污损害赔偿责任限制制度提供了一种新的思路。

同时，美国《油污法》将自然资源损害纳入环境损害的范围，扩大了环境损害的范围，对于确定生态环境损害赔偿的索赔主体具有积极意义，这种

---

〔1〕 See "Oil Pollution Act Liability Limits in 2016", Report to Congress by the U. S. Coast Guard, March 6, 2017.

〔2〕 按照规定，这一额度也会根据经济社会发展等各种情况进行调整。

环境损害内涵的扩张，也有利于油污所致生态环境损害民事追责的有效实现。

（二）欧盟

2004 年欧盟出台了《关于预防和补救环境损害的环境责任指令》（以下简称《环境责任指令》），建立了欧盟环境责任制度，确立了欧盟自然资源损害赔偿制度的基本框架。欧盟《环境责任指令》中的环境损害仅指环境本体的损害，包括保护物种和自然栖息地损害、土壤损害、水体损害，但不含传统环境所引发的人身损害和财产损害。对于因石油泄漏导致的环境损害，《环境责任指令》并不干预，而是适用油污损害相关国际公约的规定。

尽管《环境责任指令》所确立的环境责任不适用于油污所引起的环境损害，但其针对环境本体确定责任体系这一做法，对油污所致海洋生态环境损害赔偿制度的建立具有一定借鉴意义。

《环境责任指令》要求各成员国指定主管机关来具体实施指令下的相关事项，环境责任采取预防损害、修复环境、损害赔偿三种方式，其中修复环境为三者中的核心措施。修复环境可以由经营者采取修复措施，但修复方案必须经过主管机关的批准；也可以由主管机关采取修复措施，主管机关可以要求相关的经营者予以配合。主管机关采取修复措施的，在修复措施完成或责任人确定后的 5 年内，有权向污染者请求相关费用并提起诉讼。

《环境责任指令》所确立的环境损害救济制度具有三方面的特征：第一，主管机关在相关救济措施的实施中具有主导地位，污染者承担的责任具有浓厚的行政责任属性；第二，在环境损害责任构成要件上，仍然使用了民事责任的构成要件模式，即环境损害、行为、主观过错和因果关系；第三，主管机关有权就环境修复向污染者请求相关费用，并有权就相关费用的请求提起诉讼。欧盟《环境责任指令》确立了公法与私法相融合的环境损害救济机制。

欧盟《环境责任指令》并未明确环境损害评估标准，在一定程度上阻碍了环境责任的适用。这也是生态环境损害追责制度所面临的共同困境，追责的前提是对损害的确定，而损害的确定极大地依赖于技术手段的运用。

第四节　海洋油污损害生态环境民事责任范围的认定

通过对国内外海洋油污损害生态环境民事责任范围的相关法律规定进行梳理可知，我国国内法对这一问题的规定相对国际法律规范来讲更为细致，尽管我国国内法在法律这一层次上没有专门规定海洋油污损害生态环境的民事责任范围，但最高人民法院的司法解释对海洋生态环境损害民事责任的具体内容及范围进行了较为明确和细致的规定，这对于司法实践中相关案件的处理具有重要的指导作用，有利于相关纠纷的有效解决。依据我国国内相关法律及司法解释的具体规定，海洋油污损害生态环境民事责任赔偿的具体内容和范围大致包括：预防措施费用、恢复费用、恢复期间的损失和调查评估费用，尽管这一内容和范围已经相对明确，但如何确定这些费用的具体项目及具体数额，并非易事。

司法实践中有关海洋油污损害生态环境民事责任赔偿的项目主要包括：海洋环境容量损失、海洋生态服务功能损失[1]、海洋生物资源损失[2]以及防止污染扩大而支付的合理的必要的费用等。本节主要结合相关司法实践，来探讨这些海洋油污损害生态环境民事责任的具体项目及其数额的确定。

一、海洋环境容量损失

海洋环境容量损失在相关法律文件中出现的频次并不高，绝大多数与海洋油污损害赔偿有关的法律文件及司法解释都没有使用这一表述，仅《海洋生态损害国家损失索赔办法》在其第 3 条，规定国家海洋生态环境损失的范围时使用了这一表述，认为海洋生态环境国家损失包括海洋容量恢复到原有状态期间的损失费用。《海洋生态损害国家损失索赔办法》的效力等级较低，是国家海洋局在康菲溢油事件之后出台的，主要用于指导和规范海洋行政主管部门承担海洋生态环境损害的国家索赔工作。尽管法律规定及相关法律文件极少使用海洋环境容量这一词，但在司法实践中，海洋环境监督管理机关在提起海洋生态环境损害赔偿诉讼时，已经将海洋环境容量损害作为海洋生态环境损害民事责任的具体项目。

那么何为海洋环境容量及海洋环境容量损失，其是否应包含在海洋油污

---

　　[1]　在民法领域，损害赔偿的首选手段是恢复原状，能够恢复原状的尽量恢复原状，不能恢复原状的可以赔偿损失。任何诉讼主体的第一目的往往都是想要使受污染的海洋环境得以最大程度的恢复。因此，海洋生态环境的修复费应当是不可或缺的赔偿项目。

　　[2]　包括因为海洋环境污染事故所造成的海洋生物资源损失，如鱼虾因为污染事故而死亡造成的减产，因受污染后海鲜不能食用所造成的经济损失等；也包括非生物资源因污染事故导致的间接经济损失。

损害生态环境损害赔偿民事责任的范围之内？其在司法实践中如何被应用？

（一）海洋环境容量损失的含义

1. 海洋环境容量的内涵

环境容量本是环境科学的用语，又称环境负载容量，主要是指"在人类生存和自然生态不致受害的前提下，某一环境要素所能承纳的污染物的最大负荷量"。[1]通常情况下，某一特定环境所能容纳的污染物在数量上是有限的，这种限度即为该特定环境的环境容量。环境科学上从不同角度对环境容量进行区分，并采用一定的模型和计算方法来确定某一特定环境的具体环境容量。环境容量主要在环境管理中用于对环境质量的控制，是制定环境标准的重要依据之一。"十五"期间，我国就已经开始编制国家环境容量指标，由国家制定环境容量总额，然后按年度分配给各省市区，各省市区再将其分得的环境容量额向各地市分解。

1997 年，联合国海洋污染科学问题专家组[2]明确提出要将以环境容量为基础的污染物总量控制方法应用于海洋污染预防，并使用了"海洋环境容量"一词。一般认为，海洋环境容量是指"为维持某一海域的特定生态功能要求的国家海水质量标准，一定时间范围内所允许的污染物最大排放量。"[3]海水具有较强的自我净化能力，海洋环境容量的大小与海水的自净能力有关，是在某一特定海域充分利用海水自净能力的基础上所能容纳的污染物的最大限度。因此，特定海域海水的自净能力与该特定海域的海洋容量大小直接正相关。当前海洋环境容量不仅在自然科学领域被用以评价某一特定海域的容纳污染物的指标，也在海洋生态环境保护与管理中被用作相关政策制定和实施的依据。

海洋环境容量主要以资源的形态存在，具有资源性特征。此外，虽然海洋环境容量的提法得到学界的认可并在实践中被广泛应用，但海洋环境容量是以非实体的形态存在的，具有无形性特征，我们并不能从视觉上对其进行直观感受。海洋环境容量的这种无形性特征，使我们在将海洋环境容量损失纳入海洋油污损害生态环境民事赔偿责任范围时，不得不考虑如何在法律上

---

〔1〕 曲格平等编：《环境科学基础知识》，中国环境科学出版社 1984 年版，第 41 页。

〔2〕 United Nations Group of Experts on the Scientific Aspects of Marine Pollution.

〔3〕 王修林等：《胶州湾主要化学污染物海洋环境容量》，科学出版社 2006 年版，第 101 页。

赋予其有形的形态，以确定这种损失的具体表现及赔偿责任的具体承担方式和承担数额。

海洋环境容量可以物权化，可以将其纳入物权客体的范围之内，[1]主要理由为：

（1）海洋环境容量具有有用性。海洋环境容量在维持海洋生态环境系统的正常功能及人类经济的平稳运行方面都发挥着重要作用。海洋环境容量所具有的容纳和消化污染物的能力使得海水保持清洁，并维持人们的基本生活质量。一旦这种纳污能力超出极限甚至丧失，不仅会降低人们的基本生活质量，还会破坏市场主体的基本生产条件，影响经济的正常运行。经济学家可以通过价格机制对海洋环境容量进行价值评估，使其作为独立的交易物品，并通过市场价格将其有用性反映出来。

（2）海洋环境容量具有可确定性。虽然在技术上精确计算海洋环境容量存在一定困难，但不能因技术上测算手段的局限性而否定海洋环境容量的可确定性。目前，在环境科学领域已经出现了一些计算海洋环境容量的具体方法且应用于实践之中。

（3）海洋环境容量具有可支配性。一方面，海洋环境容量能为人所感知；另一方面，海洋环境容量的可确定性使得人类能够掌握利用海洋环境容量的基本规律，并且将其市场价值化，从事实层面证明了海洋环境容量的可支配性。

（4）海洋环境容量具有独立性。物权客体应具有物理上的独立性，尽管海洋环境容量依附于海洋水体，但独立物不完全等同于物理上的独立物，当然，"即使其没有通常的物理上的独立性，我们可明确法定标准来确定其独立性"，[2]具体海域的海洋环境容量均具有一定的独立性。海洋环境容量资源化后的权利载体为海洋排污权，海洋排污权是以海洋环境容量为客体而形成的财产权利，在性质上属于准物权。[3]我国《海洋环境保护法》第3条明确规定了海域排污总量控制制度。

2. 海洋环境容量损失

作为海洋油污损害生态环境民事责任项目之一的海洋环境容量损失，主

---

〔1〕　参见邓海峰：《海洋油污损害国家索赔的理论与实践》，法律出版社2013年版，第88页。

〔2〕　王利明：《物权法研究》（修订版）（上卷），中国人民大学出版社2007年版，第63页。

〔3〕　参见邓海峰：《海洋油污损害国家索赔的理论与实践》，法律出版社2013年版，第90页。

要是因油污所致的海洋环境容量的减损。国家海洋局印发的《海洋生态损害国家损失索赔办法》第3条对海洋生态损失的国家损失范围进行了明确规定，其第2项为"海洋生物资源和海洋环境容量（海域纳污能力）等恢复到原有状态期间的损失费用"。该规定对海洋环境容量及海洋环境容量损失作了明确规定，海洋环境容量损失是海洋生态环境恢复期间的费用。此外，海洋环境容量损失还应包括海洋生态环境修复治理期间二次造成的海洋环境容量损失。海洋环境容量损失与一般生态环境损害中的修复或恢复费用具有一致性，实质是对受损海洋环境容量的修复费用。

国家海洋局制定的《海洋生态损害评估技术指南（试行）》（以下简称《技术指南》）明确规定了海洋环境容量损失价值的计算方法。依据《技术指南》的规定，主要采取数值模拟辅以实测数据验证的方式，对海洋环境容量的损失量进行计算。[1]环境容量损失的价值计算，可以采用当地政府公布的水污染物排放指标有偿使用的计费标准或排污交易市场交易价格计算。

（二）海洋环境容量损失在司法实践中的运用

有关海洋生态环境损害的民事索赔诉讼中，海洋环境容量损失是一项重要的索赔项目，在相关司法实践中已经得到法院判决的支持。

1. "塔斯曼海"轮溢油事故[2]

"塔斯曼海"轮溢油事故案是我国较早的涉及海洋生态环境损害索赔的诉讼案件，几乎在所有涉及船舶油污损害赔偿或海洋生态环境损害赔偿的著述中，都会引用该案判决，该案也是我国司法实践中第一次提出海洋环境容量损失主张的案例。

2002年11月23日凌晨，英费尼特航运有限公司所有马耳他籍"塔斯曼海"轮与大连旅顺顺达船务有限公司的"顺凯1号"货轮在天津大沽锚地东部海域发生碰撞，导致不少于二百吨的大量原油泄漏。事故发生后，天津市海洋局启动了天津水域的污染应急计划，为防止原油污染的进一步扩大，积

---

[1] （1）对于非直接向海域排放污染物质的生态损害事件，计算因海域水动力、地形地貌等自然条件改变而导致的海域COD、TN、TP及原有特征污染物负荷能力下降的量；（2）对于直接或间接向海域排放污染物质生态损害事件的，计算污染物入海增加的海域环境污染负荷量；当受污染海域面积小于3km²时，可根据现场监测的污染带分布情况进行计算。

[2] 该案件的基本案情可参照本书第二章"海洋油污损害生态环境民事责任的索赔主体"第一节的相关内容。涉及的相关判决书索引为：天津海事法院（2003）津海法事初字第183号和天津海事法院（2003）津海法事初字第184号。

极调动有关清污人员及清污设备开展清污活动。对于该事故所造成的海洋生态环境污染,天津市海洋局采取了两项措施:

第一,依据 1999 年修订的《海洋环境保护法》第 62 条及第 65 条的规定,对"塔斯曼海"轮作出了罚款 20 万元人民币的行政处罚,这也是天津市海洋局自成立以来所实施的数额最大的一次行政处罚。

第二,天津市海洋局向天津海事法院提起诉讼[1]主张,要求"塔斯曼海"船东英费尼特航运有限公司及其保险人伦敦汽船互保协会,承担事故造成的海洋生态环境损失总计 9836.93 万元。在具体的诉讼请求中,天津市海洋局详细列举了海洋生态环境损失的具体项目,包括海洋环境容量损失 3600万元、海洋生态服务功能损失 738.17 万元、浮游植物恢复费用 60.84 万元、游泳动物恢复费用 938.09 万元、潮滩生物环境恢复费用 1306 万元、海洋沉积物恢复费用 2614 万元、生物治理研究费用和检测评估费等 579.83 万元。

本次诉讼中,天津市海洋局不仅针对海洋生态环境损害提起索赔,还明确了海洋生态环境损害的具体项目,并提出了每一项目的详细损失数额。2004 年,天津海事法院公开审理了与"塔斯曼海"轮有关的系列案件。本案中,法院在各方同意下委托的山东海事司法鉴定中心依据案件当事人提供的证据材料,通过实地调查、科学试验和进行数值模型分析,并结合参加庭审中双方的意见,最终出具了《"塔斯曼海"轮溢油事故共同争议焦点事实评估鉴定报告书》。同时,山东海事司法鉴定中心参加庭审并接受原被告及具有专门知识人员的当庭质询。

该案审理时,我国尚缺乏关于海洋生态环境损害赔偿范围的明确法律规定,因此,该案判决海洋生态环境损害时主要依据的是《1992 年议定书》,公约第 1 条第 6 款规定了"污染损害"的范围。庭审过程中,当事人对环境损害是否属于公约规定的"污染损害"的范围进行了激烈的辩论。该案被告主张,原告天津市海洋局索赔的环境容量损失不存在,也不属于《1992 年议定书》中的"污染损害"。天津海事法院审理后认为,虽然本案所涉水域的水质在事发四个月后基本恢复,但事发污染的渤海属于半封闭内海,自净能力弱,水质的恢复主要是依靠海水的物力作用并最终靠增加污染面积实现的。因此,本案中所涉事故造成的原油最终在客观上进入了渤海,不管是否造成

---

[1] 天津海事法院(2003)津海法事初字第 183 号。

污染超标及造成多大面积的污染，都最终在客观上导致了渤海环境容量的减损，并造成渤海环境容量损失。天津海事法院最终判决两被告连带赔偿本案所涉的海洋环境容量损失 750.58 万元。关于这一数额的确定，本案审判长李柏华在事后接受采访时也称，对"塔斯曼海"轮溢油所造成的污染损害进行量化是一件较为困难的事情，相关取证技术也不够成熟。

2. "世纪之光"轮溢油案[1]

2010 年 5 月 2 日 5：23 左右，"海盛"轮与"世纪之光"轮在山东省威海成山头偏北约 25 海里处发生碰撞，"世纪之光"轮当场沉没。事故燃油泄漏对周边海域造成污染，威海海事局调查发现，当日 15：30 有黑色油污（呈灰、蓝、褐色）从沉船处间断性地泄漏至海面。泄漏出的溢油油膜外围呈淡蓝色，里部为灰褐色，推测为重型燃料油。

2010 年 8 月，威海市海洋与渔业局委托山东海事司法鉴定中心对涉事海域的天然渔业资源损失等生态环境损害进行评估鉴定，并出具鲁海司鉴字（2011）第 10 号《"世纪之光"轮溢油事故天然渔业资源经济损失评估报告》与鲁海司鉴字（2011）第 11 号《"世纪之光"轮海洋溢油环境生态损害评估报告》两份报告。依据该上述鉴定报告，本次溢油事故造成的海洋生态环境损害损失共计 3838.63 万元，具体包含三部分：

（1）本次溢油事故造成渔业资源直接经济损失额＝鱼卵、仔稚鱼直接经济损失＋游泳生物直接经济损失＝77.60＋423.50＝501.10 万元；

（2）依据《渔业污染事故经济损失计算方法》对"原则上天然渔业资源的恢复费用不低于直接经济损失的三倍"的规定，天然渔业资源的恢复费用＝渔业资源直接经济损失×3＝423.5×3＝1270.50 万元。

（3）环境容量损害 1670 万元，生态服务功能损害 397.03 万元。

威海市海洋与渔业局根据两份鉴定报告确定的海洋生态环境损失数额向青岛海事法院提起民事诉讼，请求依法判令利海公司（"世纪之光"轮的船舶所有人）赔偿海洋生态环境损失及相关费用合计人民币 3838.09 万元以及相应利息。

本案一审法院青岛海事法院及二审法院山东省高级人民法院均认可了原告威海市海洋与渔业局的环境容量损害主张。二审判决对本案中认可海洋环

---

[1] 山东省高级人民法院（2014）鲁民四终字第 193 号。

境容量损失的说理分析为：11 号报告中对于环境容量损失的认定，主要依据影子工程法进行计算，也即对受损环境采取人工治理措施所需费用。具体到本次事故是指建设污水处理厂、处理溢油扩散海域所涉及的水体的总体费用，包括建设污水处理厂的费用与处理费用两部分。法院最终认可了该报告依据其确定的环境恢复措施方案计算出来的方案实施费用，认为这一费用符合《最高人民法院关于审理船舶油污损害赔偿纠纷案件若干问题的规定》第 9 条第 4 项将要采取合理恢复措施费用的规定，被告对于该损失费用应当承担赔偿责任。依据这一说理分析，海洋环境容量损失应属于海洋生态环境的修复费用，在具体项目上可归属为上述司法解释中"对受污染的环境已采取或将要采取合理恢复措施的费用"。

3. "阿提哥"轮油污案[1]

2005 年 4 月 3 日，葡萄牙籍油轮"阿提哥"轮（所有人为昂迪玛海运有限公司，油污责任保险人为博利塔尼亚汽船保险协会）在大连险礁岩搁浅，搁浅事故导致"阿提哥"轮船体破损并泄漏原油，造成附近海域海洋环境污染。事发后，大连市海洋与渔业局代表国家向法院提起海洋生态环境损害赔偿，诉请昂迪玛海运有限公司赔偿本案溢油事故所造成的海洋环境容量损失和海洋生态服务功能损失及相关的检测评估支出费用。

本案一审大连海事法院与二审辽宁省高级人民法院均驳回了大连市海洋与渔业局所提起的海洋环境容量损失及海洋生态服务功能损失，仅支持了其检测评估费用损失。这一判决的主要理由为，海洋环境在"阿提哥"轮溢油事故发生后的半年后已经恢复，而在这期间海洋环境监督管理部门并未实际采取恢复措施。因此，本案中大连市海洋与渔业局所主张的海洋生态环境损失是根据公式计算出的费用，而不是海洋与渔业局实际已经采取的或将要采取的恢复受损海洋生态环境的措施所支出的费用。

2005 年最高人民法院的《第二次全国涉外商事海事审判工作会议纪要》对油污损害赔偿范围进行了规定，强调"因船舶油污造成的渔业资源和海洋资源损失，此种损失应限于已实际采取或将要采取的合理恢复措施的费用"。

---

[1] 大连市海洋与渔业局与昂迪玛海运有限公司、博利塔尼亚汽船保险协会海上、通海水域污染损害责任纠纷案，中华人民共和国最高人民法院（2015）民申字第 1637 号。本案为最高人民法院于 2017 年发布的第二批涉"一带一路"典型案例之一（共十个典型案例）。

2011年《最高人民法院关于审理船舶油污损害赔偿纠纷案件若干问题的规定》，再次明确强调油污环境损失应限于实际采取或将要采取的合理恢复措施的费用。"阿提哥"轮案的判决正值上述政策出台之际，因此，大连市海洋与渔业局所主张的海洋环境容量损失及海洋生态服务功能损失都没有得到法院支持。

二审判决出来之后，大连市海洋与渔业局向最高人民法院提起再审。最高人民法院的再审裁定认为，由于海洋渔业局没有证据来证明其所主张的费用为采取实际措施所产生费用，加之事发海域海洋生态环境在事故发生半年后已经恢复，也不存在"将要采取的合理恢复措施费用"，据此，最高人民法院维持一审和二审判决，驳回了大连市海洋与渔业局的诉讼请求。

（三）小结

1. 海洋环境容量损失的性质

海洋环境监督管理机关在提起海洋生态环境损害赔偿时，通常将海洋环境容量损失及海洋生态服务功能损失合在一起作为海洋生态资源损失提起赔偿主张，这一点在上述三个案例中均得以体现。

对于海洋环境容量损失的性质，国家海洋局2007年出台的《海洋溢油生态损害评估技术导则》将海洋环境容量损失列为海洋生态直接损失。同样是国家海洋局于2013年出台的《海洋生态损害评估技术指南（试行）》则将海洋环境容量损失称为"恢复期的损失费用"。

根据上述案例发生当时我国的法律规定，其主要判决依据为《1992年议定书》及《最高人民法院关于审理船舶油污损害赔偿纠纷案件若干问题的规定》。依照上述公约及司法解释的规定，海洋环境容量损失应为受污染海洋生态环境的恢复措施费用，且这种恢复措施限于已经采取的或将要采取的合理措施。2017年《最高人民法院关于审理海洋自然资源与生态环境损害赔偿纠纷案件若干问题的规定》专门对海洋生态环境损害的赔偿范围进行了规定，其中对恢复费用的规定要求为实际采取措施或将要采取措施恢复受损海洋生态环境所支出的费用。

结合相关司法实践及相关法律的规定，本书认为，海洋环境容量损失在性质上应属于恢复费用，即恢复受损海洋环境容量所需要的费用。

2. 海洋环境容量损失的确定

对于海洋环境容量损失是否应予以支持，在"阿提哥"轮油污事故中，三级法院均以费用应限于"已经采取或将要采取的合理措施"为由驳回了海洋环境监督管理部门的主张。而在"塔斯曼海"轮溢油事故案中，法院认为涉案污染海域的水质主要依靠海水物理作用进行恢复，这种恢复是以增加污染面积为代价的。事故造成的原油最终在客观上进入了渤海，不管是否造成污染超标及造成多大面积的污染，都最终在客观上导致了渤海环境容量的减损，并造成渤海环境容量损失。该案中，天津海事法院最终判决涉案海洋环境容量损失 750.58 万元。通过对两个案件的分析对比可知，两个案件在对海洋环境容量损失的界定上存在一定分歧。"塔斯曼海"轮溢油案判决所传达的信息是，即使受污染的海域海洋环境在事发后已经得以恢复，也存在海洋环境容量损失。而"阿提哥"轮油污案中法院判决所传递的基本信息，如果受污染的海域海洋环境在事发后已经得到恢复，而且在这一恢复过程中，海洋环境监督管理部门没有采取措施，则不存在海洋环境容量损失。

因此，在确定是否存在海洋环境容量损失时，我们需要明确两点：

第一，对"已经采取或将要采取的合理措施"的具体内涵应予以明确。溢油事故发生后，有关海洋环境监督管理部门组织的清污活动是否属于"已经采取或将要采取的合理措施"，如果不属于，那么在"塔斯曼海"轮溢油事故海洋环境已经恢复至事发前水平时，就应如同"阿提哥"轮油污案判决所阐述的一样，不应再要求责任人承担海洋环境容量损失；如果属于，则存在责任人承担海洋环境容量损失的可能。那么，溢油事故发生后，有关海洋环境监督管理部门采取或组织的清污活动是否属于"为恢复生态环境已经采取或将要采取的合理措施"呢？

本书认为，有关海洋环境监督管理部门采取或组织的清污活动不属于"为恢复生态环境已经采取或将要采取的合理措施"。《1992 年议定书》、《最高人民法院关于审理船舶油污损害赔偿纠纷案件若干问题的规定》和《最高人民法院关于审理海洋自然资源与生态环境损害赔偿纠纷案件若干问题的规定》在油污损害赔偿范围中均对"预防措施"作了规定。溢油事故发生后，有关海洋环境监督管理部门自己采取或组织他人采取的清污活动应属于预防措施费用，而非海洋生态环境恢复费用。

第二，作为海洋生态环境损害赔偿民事责任之一的海洋环境容量损失，是指海洋环境容量的客观减损，还是恢复海洋环境容量的费用？也就是，是否只要产生了海洋环境容量的减损，就要责任人承担根据有关公式计算的海洋环境容量损失；还是在产生环境容量减损的客观事实后，责任人要承担恢复海洋环境容量的义务，据此进一步承担海洋环境容量的恢复费用，如果海洋环境已经自行恢复，恢复费用也即海洋环境容量损失也就无从谈起了。

依据前述对海洋环境容量损失的性质分析，本书认为，海洋环境容量损失在性质上应属于恢复费用，在海洋生态环境已经自行恢复的情况下，就不应再要求责任人承担海洋环境容量损失。但是如果海洋生态环境是基于环境监督管理机关采取恢复措施，即是在人工干预下进行恢复的，此时，责任人应当承担海洋环境容量损失，同时环境监督管理机关具有采取恢复措施的举证责任。这一点通过"塔斯曼海"轮油污案和"阿提哥"轮溢油案的判决也可以得到印证。在"阿提哥"轮溢油案中，大连市海洋与渔业局并未在事发后采取海洋生态环境修复措施，相关海域的海洋生态环境是在没有人工干预下自行恢复的，因此，三级法院都没有支持大连市海洋与渔业局的海洋环境容量损失主张。而在"塔斯曼海"轮溢油案中，溢油事故发生后，为了修复事发海域被污染的海洋生态环境，天津市实施了"天津市渤海碧海行动计划"，对恢复事发海域的海洋生态环境起到重要作用。

二、海洋生态服务功能损失

（一）海洋生态服务功能损失的涵义

生态系统服务（Ecological Services）是指通过生态系统的结构、过程和功能直接或间接得到的生命支持产品和服务，生态服务功能是指以包括自然和人造生态系统为功能源，有形或无形地通过物品和服务等形式给人类所提供的效益。[1]海洋生态服务功能是指海洋生态系统通过其自然的功能结构或生态过程，直接或间接提供的人类赖以生存的物品、服务等效用。海洋生态服务功能不等同于海洋服务功能，海洋生态服务功能强调海洋生物的参与过程及海洋生态系统；而海洋服务功能，如海洋的航运、提供油气等功能并没有海洋生物的参与。

21 世纪初，国家海洋局开展"海洋生态系统服务功能及其价值评估"五

---

〔1〕 参见谢高地等："基于单位面积价值当量因子的生态系统服务价值化方法改进"，载《自然资源学报》2015 年第 8 期。

年研究计划，[1]依据该研究计划，海洋生态服务功能主要包括四个方面：供给功能、调节功能、文化功能和支持功能。其中，供给功能主要是指海洋生态系统生产或供给产品的功能，又包含四个类目：食品生产功能、原料生产功能、提供氧气功能、提供基因资源功能；调节功能指海洋生态系统调节人类生态环境的服务功能，也包含四个类目：气候调节功能、废弃物处理功能、生物控制功能及干扰调节；文化功能是指人们通过知识获取、消遣娱乐、精神感受、美学体验和主观印象等从海洋生态系统中获得的非物质利益，具体包含三个类目：休闲娱乐功能、文化用途功能、科研价值功能；支持功能是指保持海洋生态系统供给功能、调节功能和文化功能所需的基础功能，包括初级生产、营养物质循环、物种多样性维持三个方面。

国家海洋局的"海洋生态系统服务功能及其价值评估"研究计划对海洋生态服务功能进行的上述分类，也是在借鉴国内外学者相关研究的基础上提出的。这一划分标准具有较强的可操作性，有关海洋生态服务功能的具体评价指标大都遵循了这种划分标准，只是在措辞表达上稍有不同。

海洋生态服务功能实际体现了海洋生态系统对人类自身所带来的效益及对人类经济社会的贡献。海洋生态服务功能实际或潜在地满足了人类的物质与非物质需求，因此具有一定的经济价值。环境科学领域已经对海洋生态服务功能的价值评估进行了深入研究，提出了多种评估方法，如：基于市场理论的常用评估方法（直接市场法、替代市场法、模拟市场法）。

油污所导致的海洋生态服务功能损失，即指因海洋油污损害环境所导致的海洋生态服务功能的减损，使得海洋生态系统不能正常地为人类提供其原有的服务功能。海洋生态服务功能损失一般与海洋环境容量损失并列提及作为海洋生态环境损害赔偿的具体项目。国家海洋局 2007 年出台的《海洋溢油生态损害评估技术导则》将海洋生态环境的损失划分为四个部分，其中第一部分便是由海洋环境容量损失与海洋生态服务功能损失共同组成的海洋生态直接损失。[2]

---

〔1〕　参见陈尚等："我国海洋生态系统服务功能及其价值评估研究计划"，载《地球科学进展》2006 年第 11 期。

〔2〕　另外三部分损失为：海洋生物种群的恢复费用、包含清污费用等在内的海洋生态环境恢复费用、与事故相关的调查评估费。

（二）海洋生态服务功能损失在司法实践中的应用

在"塔斯曼海"轮溢油案中，天津市海洋局向该轮船东英费尼特航运有限公司及保险人提出海洋生态服务功能损失 738.17 万元的主张。对此，天津海事法院在该案判决书中阐述到：本次事故造成两千多公里海域的油类物质浓度超标，事故所造成的海洋生态服务功能损失应该予以赔偿，但是本案中原告没有提供计算该损失的充分依据。最终，法院的判决[1]没有支持天津市海洋局主张的海洋生态服务功能损失，未予支持并非因为这一损失不属于《1992 年议定书》的赔偿范围或海洋生态环境损害赔偿的范围，而是因为天津市海洋局这一主张的计算依据不充分。

在"世纪之光"轮溢油案中，威海市海洋与渔业局根据山东省海事司法鉴定中心出具的鉴定报告[2]提起海洋生态服务功能损失 397.03 万元，并将海洋生态服务功能损失与海洋环境容量损失合并作为海洋生态环境的具体项目。该案的一审法院与二审法院均支持了威海市海洋与渔业局的海洋生态服务功能损失，具体数额的确定与山东省海事司法鉴定出具的评估报告中确定的数额一致。

三、海洋生物资源损失

对于何为海洋环境污染损害，《海洋环境保护法》第 94 条进行了明确规定。依照该条规定，海洋生物资源属于海洋环境污染损害的一个具体项目。《海洋环境保护法》第 89 条第 2 款的规定也重申了这一点，对于破坏海洋生态、海洋水产资源给国家造成重大损失的，海洋环境监督管理部门可代表国家提起赔偿，不过第 89 条第 2 款使用的是"海洋水产资源"的表述。

《海洋溢油生态损害评估技术导则》第 3.1 条对海洋生态损害进行了界定，依照该条规定，海洋生态损害的内容包含了海洋生物群落结构的损害。《环境污染损害数额计算推荐方法第 I 版》对海洋环境污染损害的界定，使用了与《海洋环境保护法》第 94 条完全一致的表述，也即，海洋生态损害包含了海洋生物资源损害这一项目。

《海洋生态损害国家损失索赔办法》第 3 条规定了对海洋生态损害国家损

---

〔1〕 天津海事法院（2003）津海法事初字第 183 号。
〔2〕 鲁海司鉴字（2011）第 11 号《"世纪之光"轮海洋溢油环境生态损害评估报告》。

失范围的规定，其中包含了海洋生物资源恢复到原有状态期间的损失费用。国家海洋局编制的《海洋生态损害评估技术指南（试行）》第 8 条对海洋生态损害价值的计算内容也包含了海洋生物资源等恢复期的损失费用。

通过相关法律规定对海洋生态环境损害的规定可知，尽管在具体表述上存在一定差异，海洋生物资源损害应属于海洋生态环境损害的具体项目，海洋生态环境损害赔偿民事责任的范围应包含海洋生物资源损失。那么何为海洋生物资源损失？其在司法实践中如何运用？又存在哪些问题？

（一）海洋生物资源损失的内涵

相关法律规定及技术标准虽然都规定了海洋生物资源损害为海洋生态环境损害的具体项目，但并未明确海洋生物资源损害及损失的具体内涵。实践中，存在与海洋生物资源损失相似的多个概念与表达方式，容易造成混淆，其中常见的有：渔业资源损失、渔业直接经济损失、天然渔业资源损失、中长期渔业资源损失、天然渔业资源损失恢复费用等。尽管海洋生物资源损失的具体内涵缺乏法律明文规定，实践中的相关概念也较为混乱，但我们基本可以判断，当前实践中的海洋生物资源损失主要是指渔业这种生物资源。为明确海洋生物资源损失的具体内涵，我们有必要分析两个内容：资源损失与经济损失的区分、相关概念的甄别。

1. 资源损失与经济损失的区分

在油污事故发生后，溢油事故必然对海洋生物的栖息地造成一定破坏，从而导致海洋生物及生物资源损失。对于海洋生物及海洋生物资源损失，相关的索赔主体既涉及作为自然资源所有人的国家，也涉及渔业养殖者及从事天然渔业资源捕捞的渔民。渔民等私法主体在油污事故中的损失与国家在油污事故中的损失存在哪些区别？是否存在重复索赔问题？在回答这些问题之前，我们先对资源损失与经济损失进行区分。

资源损失主要是指自然资源受损害后所造成的功能减损，在技术计算上一般为期初物质总量与期末物质总量的差额。[1]具体渔业领域，渔业的资源损失主要是指渔业资源群落、种群及生物多样性在遭受损害后的价值及功能减损。

---

〔1〕 参见姚圣、毛子涵："生态权益、环境成本、资源损失：工业企业的环境控制体系"，载《中国矿业大学学报（社会科学版）》2012 年第 1 期。

　　经济损失主要是指利益损害，具体表现形式为财产损害，具体到渔业领域则表现为捕捞业的行业损失。这种行业损失又细化为直接经济损失与纯经济损失两类，前者是指因油污污染海洋环境所带来的导致捕捞业者的直接经济利益的损失，如受环境污染影响而可捕捞的鱼量减少所造成的损失；而纯经济损失是一个外来概念，我国法律没有明确规定，多为学理中讨论使用，一般将其视为"与人身、财产损害没有直接联系的经济损失。"[1]在海洋油污损害赔偿中，油污事故除了带来环境的直接污染外，还会影响当地的旅行业，进而影响相关海域附近的酒店、餐厅的营业状态，尽管油污事故没有造成旅游业相关经营者的直接损失，但会影响他们的利润收入，这种损失就被称为纯经济损失。一般而言，纯经济损失也属于海洋油污损害赔偿的民事责任范围，但其本质上还是以环境为介质所造成的财产损害，与我们所讲的海洋生态环境损害存在本质区别。

　　我国的相关司法实践一般将渔业资源损失视为财产损失而非环境损害进行赔偿。如"海成"轮油污案中，[2]广东省高级人民法院即认为渔业资源损失属于《1969年责任公约》中的财产损害和灭失。后文将要介绍的《农业部水域污染事故渔业损失计算方法规定》对天然渔业资源损失计算方法的规定：天然渔业资源损失不应低于直接经济损失中水产品损失额的3倍，而水产品损失额等于水产品当地市场价格乘以水产品损失量，在司法实践中被我国法院广泛采纳。

　　造成这一现象的原因主要有两个：第一，与西方国家区分公共财产与私人财产不一样，我国法律中的全民所有与国家所有是具有相同含义的概念。国家财产与个人财产一样用于营利活动。而西方国家中的公共财产具有公众性和公益性，主要是指可供社会公众所使用的公共物品。因此，相关国际公约一般将海洋资源视为环境而不是财产。[3]第二，我国有关环境保护与资源保护的法律是两个并行的法律体系。因为自然资源在民法上一般被作为公共财产，自然渔业资源一般也被视作财产而不是环境。

---

　　〔1〕 张新宝、李倩："纯粹经济损失赔偿规则：理论、实践及立法选择"，载《法学论坛》2009年第1期。

　　〔2〕 广州海事法院（1999）广海法商字第117号，广东省高级人民法院（2000）粤高法经二终字第328号。

　　〔3〕 韩立新：《船舶污染损害赔偿法律制度研究》，法律出版社2007年版，第230页。

本书认为，资源损害是指渔业资源这一公共财产或公共物品损害，属于海洋生态环境损害赔偿的民事责任范围，其索赔主体为国家。而经济损害则主要是指渔业损失，仍属于民法上一般侵权法领域的损害，主要是指以环境为介质所造成的财产损害，其索赔主体为单位和个人。

2. 与渔业资源损失相关的概念

《农业部水域污染事故渔业损失计算方法规定》是农业部在 1996 年颁布的，主要用作农业部索赔渔业损失的依据。该规定对渔业损失量进行了界定，主要是指污染所造成的养殖鱼类及非养殖水生动植物的受损数量。农业部依据该规定对渔业损失索赔而取得的费用，主要用来改善和保护受损渔业生态环境，如用于增殖放流费用支出等。

该规定将渔业损失分为直接经济损失与天然渔业资源损失，并明确了两种渔业损失额的具体计算方法。其中，直接经济损失仅适用于污染对单位和个人造成的损失，如果相关污染事故在对单位和个人造成损失之外，还造成天然渔业资源和渔业产量减产，则渔业经济损失额为上述两项数额的和。

《农业部水域污染事故渔业损失计算方法规定》中所称的天然渔业资源损失与上文中的资源损失相对应，但在具体计算方法的规定中，却使用了"天然渔业资源经济损失额的计算"这一表述，将资源损失与经济损失混淆在一起。《农业部水域污染事故渔业损失计算方法规定》中所称的"直接经济损失"则为上文提到的经济损失中的直接经济损失，具体包含水产品损失、渔具损失等具体的直接损害。依据各地相关规定，渔民没有渔业直接经济损失的索赔资格，法定的索赔主体为渔业主管部门。渔业主管部门索赔之后，一般将会拿出部分赔偿款项用于对受损单位和个人的补偿。

该规定中使用了"天然渔业资源损失"的表述，按照该规定的要求，对这一损失进行的赔偿必须满足特殊要求。对于天然渔业资源损失具体赔偿额的计算方法，该规定也进行了明确，即：在不低于直接经济损失中水产品损失额 3 倍的基础上，由渔政主管机构视当地情况而定。这种计算方法相对简单，已不适应当前的社会发展需求，因该规定已失效，可以关注新规定中设置的计算方法。

2008 年 6 月 1 日，农业部联合国家质量监督检验检疫总局、国家标准化管理委员会实施《渔业污染事故经济损失计算方法》，该标准第 3 条对渔业污染事故的概念进行了界定，由这一规定可知，该计算方法同样使用了天然渔业损失的概念，把渔业损失分为了渔业生物、生产方面遭受的损害。此外，该标准第 4 条规定了渔业污染事故经济损失的具体计算方法，详细地介绍了渔业资源损失量在不同种情况下适用的不同计算方法。第 5 条主要是对渔业污染事故经济损失的评估方法的规定，并详细具体地说明了计算方法。其不足在于，第 5 条对天然渔业资源损失恢复费用的估算原则过于简单，仅用寥寥数语进行了原则上的估算："由于渔业水域环境污染、破坏造成天然渔业资源损害，在计算经济损失时，应考虑天然渔业资源的恢复费用，原则上不低于直接经济损失额的 3 倍。"

将该《渔业污染事故经济损失计算方法》与《农业部水域污染事故渔业损失计算方法规定》的规定对比可知，天然渔业资源损失恢复费用与天然渔业资源经济损失的概念存在差异，前者以直接经济损失额为基准，后者则以直接经济损失中水产品损失额为基准。总体而言，《渔业污染事故经济损失计算方法》对于渔业损失计算的规定具有较强指导性与实用性，但对"国家天然渔业资源恢复费用"计算方法的规定过于简单。有关渔业资源的多种表述同时存在，容易产生混淆。

本书认为，属于海洋油污损害赔偿民事责任范围的为渔业资源损失。上述相关概念可区分为两种，一种是渔业资源损失，一种是渔业损失。渔业资源损失是指天然水产品减少的损失，不包括商业利润的损失。对渔业损失索赔而取得的费用，主要用来改善和保护受损渔业生态环境，如用于增殖放流费用支出等。渔业损失主要是指受损财产的价值减损以及利润收入的减少，渔业损失的赔偿目的是为了补偿渔业资源利用者（比如渔民）的收入损失。

（二）海洋生物资源损失在司法实践中的运用

1. "塔斯曼海"轮溢油案中的海洋生物资源损失索赔

"塔斯曼海"轮溢油事故发生后，天津市海洋局向"塔斯曼海"轮船东英费尼特航运有限公司、伦敦汽船互保协会承担事故造成的海洋生态环境损失，包含浮游植物恢复费用 60.84 万元、游泳动物恢复费用 938.09 万元、潮滩生物环境恢复费用 1306 万元、海洋沉积物恢复费用 2614 万元、生物治理研究费用和检测评估费等 579.83 万元。

天津市渔政渔港监督管理处也就本次溢油事故向上述两被告提起诉讼，请求法院依法判令其赔偿国家渔业资源损失及相应利息。

在"塔斯曼海"轮溢油案中，天津市海洋局与天津市渔政渔港监督管理处分别代表国家提起了赔偿，对此，两被告"塔斯曼海"轮船东英费尼特航运有限公司、伦敦汽船互保协会多次提出天津市海洋局、天津市渔政管理处及有关渔民和养殖户在索赔请求上存在重复。特别是两被告认为不存在有关渔民、养殖户索赔的渔业捕捞减产损失，按照《1992 年议定书》的规定，渔民及养殖户只能对净利润损失进行索赔，也即相关损失的确定应扣除生产成本。对此，天津海事法院经过审理认为，有关渔民和养殖户索赔的是因溢油污染事故造成的网具损失、滩涂贝类养殖的损失以及海洋捕捞停产的损失属于溢油污染事故给渔民和养殖业者造成的直接经济损失，天津市海洋局请求的是海洋生态环境破坏与恢复的损失，而天津市渔政渔港监督管理处请求的则是渔业资源损失，上述损失在性质上完全不同，相关索赔主体的索赔范围彼此独立，内容相对明确，不存在重复索赔的问题。尽管天津海事法院认为上述多个主体的索赔请求之间不存在重复，但未在判决书中详细阐述判定的理由。

（1）天津市海洋局的海洋生物资源损失索赔

天津市海洋局提起的浮游植物恢复费用、游泳动物恢复费用、潮滩生物环境恢复费用及海洋沉积物恢复费用等几项费用最终没有得到法院的支持。法院未予支持的主要理由并不在于这几项费用不属于索赔范围，而是天津市海洋局无法提供有力的证据来证明这些损失的客观存在及具体计算数额。法院在判决书中阐述到：[1]经过一年，事发海域的油污污染物虽然已经降低，但海洋沉积物中的油类污染物平均含量仍高于事发前的水平，受损海洋生态环境尚未完全恢复，应进行进一步的修复。但是本案中原告所提供证据无法证明其技术方案能达到预期修复效果，其采取的增殖放流所选物种不适用于事发海域。事发海域具备良好的自然条件，受损渔业进行自我恢复是有可能的。

通过法院判决的措辞我们可以看出，这几项海洋生物资源损失没有得到法院判决支持的主要原因并非因为其不是《1992 年议定书》所规定的"污染损害"[2]，而是天津市海洋局不能提供有力的证据证明上述损害的客观存在、

---

[1]　天津海事法院（2003）津海法事初字第 183 号。

[2]　在该案中，对《1992 年议定书》中"污染损害"的具体内容和具体赔偿范围，原被告进行了激烈的辩论。

修复必要性及其具体数额的计算依据。

（2）天津市渔政渔港监督管理处的渔业资源损失索赔[1]

对于天津市渔政渔港监督管理处提起的国家渔业资源损失，法院在征得天津市渔政渔港监督管理处及两被告同意的基础上，指定山东海事司法鉴定中心对该案所涉及的专业技术问题进行鉴定。山东海事司法鉴定中心查阅大量文献，在实地调查走访，进行模拟实验及模拟数值分析，旁听双方质证，并最终据此出具了针对该事故焦点问题的鉴定报告。随后，山东海事司法鉴定中心在法庭接受了各方的当庭询问，在旁听关于原告损失的庭审调查之后，以《共同焦点事实鉴定报告》为基础出具了《"塔斯曼海"轮溢油污染海域渔业资源损害评估鉴定报告》（以下简称《渔业资源鉴定报告》）。

天津海事法院认定《渔业资源鉴定报告》的结论是客观公正的，予以采信并作为案件的判决依据之一。《渔业资源鉴定报告》采用拖网测定渔业资源密度的方法，用事故后渔业资源的密度和事故发生前三年同期渔业资源的平均密度进行比较得出渔业资源损失。根据渔业资源密度统计，将渔业资源分为优质、一般和低质三类，并根据动物本身的游泳能力及其自身的感觉系统和敏感性确定鱼类最大回避率为30%，甲壳类和头足类的最大回避率分别为10%，在综合考虑事发区域的生活水平、对水产品的市场需求及季节性差价后，根据相关资料对鱼类资源中优质鱼类的比例进行了一定调整，并将水产品零售价格进行了一定下调。

对于天津市渔政渔港监督管理处的渔业资源损失主张，被告的抗辩集中在两处：

第一，涉案原告索赔存在重复。本案被告认为天津市渔政渔港监督管理处的索赔与天津市海洋局及河北省滦南县和天津市汉沽、北塘、大沽的渔民索赔存在重复。对这一问题，天津海事法院作出了与天津海洋局案中一致的判决，认为天津市渔政渔港监督管理处的渔业资源损失索赔与天津市海洋局的海洋环境生态污染破坏和生态恢复索赔以及渔民因污染造成的海洋捕捞停产损失、网具损失和滩涂贝类养殖损失的索赔，彼此独立，相关索赔的范围和内容界定明确，不存在重复索赔的问题。

第二，是否存在渔业资源的中长期损失。本案被告认为，一方面，依据

---

[1] 天津海事法院（2003）津海法事初字第184号。

其委托中国海洋大学出具的《"塔斯曼海"轮油污事故技术评估报告》认为，"塔斯曼海"轮溢油事故发生后十一个月，事发海域渔业资源已完全恢复，因此，本案不存在渔业资源中长期损失；另一方面，渔业资源的中长期损失不是一种实际损失，而是一种理论推导的结果。

对此，天津海事法院认为，首先，我国目前计算污染造成渔业资源损失的唯一规范性文件是《农业部水域污染事故渔业损失计算方法规定》，该规定采用专家评估法，以现场调查和天然渔业资源动态监测资料为依据计算渔业资源损失。该规定已经在国内实施多年，依据该规定"不低于直接经济损失额的3倍"计算的天然渔业资源损失金额不是一种纯理论计算，而是由专家反复检验论证，并经过了法律确认和实践检验的客观的评估方法。其次，本案被告所诉求的渔业资源中长期损失，属于《农业部水域污染事故渔业损失计算方法规定》中所规定的天然渔业资源损失。该规定分两部分来计算渔业资源损失，因此，渔业资源的中长期损失是现实存在也是法律所规定的，并非人为进行的理论区分。最后，依照山东海事司法鉴定中心的试验结果，"塔斯曼海"轮溢油中含有多种有害物质，这些物质一方面会使受损海域的渔业资源在短期内突然减少，另一方面，还会对渔业资源的健康发展形成潜在威胁。无论是短期损害还是长期潜在损害，都会对渔业资源造成不可逆的损害。因此，事发海域水质的暂时恢复不意味着渔业资源的恢复，两者不能等同。

天津海事法院认为，依据《1992年议定书》的规定，"污染损害"包括对环境造成的损害，且这种损害损失不是虚拟的，必须是已经实际采取或将要采取措施所支出的费用。对于渔业资源的中长期损失是否属于公约所规定的"污染损害"是不明确的，换句话说，公约没有明确将渔业资源的中长期损失排除在"污染损害"的赔偿范围之外。依据我国相关法律的规定，造成环境损害应当承担民事责任，按照农业部规定计算的天然渔业资源经济损失是一种客观存在的损失。因此，天津海事法院最终支持了天津市渔政渔港监督管理处的主张，判决两被告连带赔偿天津市渔政渔港监督管理处渔业资源损失1465.42万元。

2. "世纪之光"轮油污案[1]的中海洋生物资源索赔

"世纪之光"轮溢油事故发生后，威海市海洋与渔业局委托山东海事司法

---

[1]　青岛海事法院（2012）青海法海事初字第169号，山东省高级人民法院（2014）鲁民四终字第193号。

鉴定中心对该事故海域海洋环境质量影响、天然渔业资源损失、环境生态损害进行评估鉴定，并出具鲁海司鉴字（2011）第 10 号《"世纪之光"轮溢油事故天然渔业资源经济损失评估报告》（以下简称 10 号报告）与鲁海司鉴字（2011）第 11 号《"世纪之光"轮海洋溢油环境生态损害评估报告》（以下简称 11 号报告）两份报告。依据上述鉴定报告，威海市海洋与渔业局提起的海洋生物资源损失赔偿内容主要包括两个方面：

（1）本次溢油事故造成渔业资源直接经济损失额=鱼卵、仔稚鱼直接经济损失+游泳生物直接经济损失=77.60+423.50=501.10 万元；

（2）天然渔业资源的恢复费用=渔业资源直接经济损失×3=423.5×3=1270.50 万元。

本案一审及二审法院在判断威海市海洋与渔业局的海洋生物资源索赔是否成立时，均将《最高人民法院关于审理船舶油污损害赔偿纠纷案件若干问题的规定》作为法律依据。两审判决对涉案海洋生物资源损害赔偿范围存在不同观点。

一审判决认为"本次溢油事故造成渔业资源直接经济损失额 501.10 万元"属于《最高人民法院关于审理船舶油污损害赔偿纠纷案件若干问题的规定》第 9 条第 2 项的内容，即船舶油污事故造成该船舶以外的财产损害以及由此引起的收入损失；其余主张费用属于第 4 项规定的内容，即对受污染的环境已采取或将要采取合理恢复措施的费用。

而二审法院认为：10 号报告[1]中对于渔业资源直接损失描述为鱼卵、仔稚鱼和游泳生物的直接经济损失，不是物权损害损失，该损失不属于《最高人民法院关于审理船舶油污损害赔偿纠纷案件若干问题的规定》第 9 条第 2 项规定的财产损害内容，对渔业局主张的该项损失不予认定。上述渔业资源的直接损失虽然不符合法律规定的赔偿事项，但是该项措施或者费用如果确实存在或者有发生的必要的，致害人仍然应当予以赔偿。该报告中认定的天然渔业资源恢复费用应由利海公司赔偿。

相比于一审判决，二审判决仅仅对渔业资源直接损失进行了否定。

---

［1］ 司鉴中心的鉴定认为漏油事故造成的损失包括天然渔业资源损失和环境生态损害两个方面，其中天然渔业资源损失为渔业资源直接损失 501.10 万元和天然渔业资源的恢复费用 1270.50 万元；环境生态损害为环境容量损害价值为 1670 万元和生态服务功能损害 397.03 万元。

《最高人民法院关于审理海洋自然资源与生态环境损害赔偿纠纷案件若干问题的规定》第7条对海洋自然资源与生态环境损失赔偿范围作了具体规定，其包含的内容为：

（1）预防措施费用，指为防止污染或减轻污染而采取应急处置措施所支出的费用；

（2）恢复费用，指恢复受损害海洋自然资源与生态环境功能采取措施所支出的费用；

（3）恢复期间损失，即受损害的海洋自然资源与生态环境功能部分或者完全恢复前的海洋自然资源损失、生态环境服务功能损失；

（4）调查评估费用，即调查、勘查、监测污染区域和评估污染等损害风险与实际损害所发生的费用。

（四）调查评估费用

《最高人民法院关于审理海洋自然资源与生态环境损害赔偿纠纷案件若干问题的规定》是针对海洋自然资源与生态环境损害赔偿纠纷案件的规定，这种损害不一定来源自油污，而《最高人民法院关于审理船舶油污损害赔偿纠纷案件若干问题的规定》则是针对船舶油污损害赔偿的规定，而这种损害不一定是对海洋自然资源与生态环境的损害。前者第7条与后者第9条都是对损害赔偿范围的规定，有不同，也有相似之处。

第一，都包含预防措施费用，但具体含义不同，前者所规定的预防措施费用要求为减轻或防止海洋生态环境污染而采取，而后者所规定的预防措施费用是为预防或减轻油污损害而采取，在范围上大于前者所规定的预防措施费用；

第二，两个司法解释都包含了环境恢复费用，且含义相近；

第三，前者还另外包含了恢复期间损失，后者则另外包含了船舶以外的财产损害以及由此引起的收入损失；

第四，前者还包含有一项调查评估费用。

本案中，二审法院与一审法院在损害赔偿范围的确认上，最大区别在于二审法院撤销了一审法院对501.10万元的渔业资源直接损失的认定。对此，二审法院表述为：该类损失不属于对物权侵害造成的损失，且其所有权也不属于任何人所有，该损失不属于《最高人民法院关于审理船舶油污损害赔偿纠纷案件若干问题的规定》第9条第2项规定的财产损害内容，因此否定了威海市海洋与渔业局的主张，同时判决书中指出：上述渔业资源的直接损失虽然不符合法律规定的赔偿事项，但是恢复渔业资源的费用应属于已实际发生的或确定的将要发生的费用，如果该项措施或者费用确实存在或者有发生的必要的，致害人仍然应当予以赔偿。

从二审法院的表述我们可以看出，二审法院承认天然渔业资源直接损失的客观存在，并认为这一损失的恢复费用属于法定的赔偿事项，而天然渔业资源因不属于任何人，其直接损失不属于对物权造成的损失，因此不属于法定赔偿事项，可以不予赔偿。

对此，我们不得不产生一个疑问，如果同时认可天然渔业资源直接损失与渔业资源恢复费用的话，是否存在重复赔偿的问题？通常所认为的天然渔业资源损失是指天然渔业资源的直接经济损失，还是指天然渔业资源损害的恢复费用？

《最高人民法院关于审理海洋自然资源与生态环境损害赔偿纠纷案件若干问题的规定》规定了海洋自然资源与生态环境损害的民事责任承担方式与传统民法民事承担责任方式保持了一致，包含了恢复原状与赔偿损失等。

那么，赔偿损失与恢复原状是否能同时承担？民法上是如何规定的？

学说上将恢复原状与金钱赔偿的区别表述为：恢复原状请求权的主要目的在于维护受损权益的完整，通过对受损物进行修理或以其他种类物来代替；金钱赔偿是对受损权益价值的填补，与前者对受损权益的完整的维护是不同的。[1]实务中，受害人一般选择主张恢复原状或赔偿损失，两者同时主张的情况比较少见。

因此，对于本案的判决，本书赞同法院的判决结果及数额，但不赞同法院的释法析理过程，对于501.10万元天然渔业资源直接损失不支持，并非因为这一损失不存在所有权人，而是因为这一损失与环境恢复费用应择其一。天然渔业资源损失不是指天然渔业资源的直接损失，而是指受损天然渔业资源的恢复费用。这一点与前文所述的海洋环境容量损失具有相似的含义，海洋环境容量损失不是指海洋环境容量的直接减损，而是指海洋环境容量恢复期间的费用。

---

〔1〕 参见邱聪智：《新订民法债编通则》（上），中国人民大学出版社2003年版，第224页。

3. "通天顺"轮溢油案中的海洋生物资源索赔[1]

2001年6月，天顺公司所有"通天顺"轮装满石膏石驶往海南省三亚港。天神公司所有"天神"轮则装满集装箱驶往上海港。两船于6月21日在广东省内海域发生碰撞事故。事故发生后，"通天顺"轮在有倾覆危险的情况下决定抢滩，抢滩过程中触礁沉没，随后船长宣布弃船。根据广州海事法院关于碰撞责任的民事判决[2]认定，"通天顺"轮与"天神"轮根据各自的过程程度，分别对碰撞事故承担60%与40%的过失责任。

天顺公司在事发后委托广州救助打捞局对"通天顺"轮的漏油管进行封堵处理。尽管如此，仍有部分油类从沉入海底的"通天顺"轮泄漏入海，并给附近海域带来海洋生态环境污染与损害。

针对上述油污所造成的损害，广东省海洋与渔业局以南通天顺船务有限公司（"通天顺"轮船舶所有人）、天神国际海运公司（"天神"轮的船舶所有人）、扬州育洋海运有限公司（"天神"轮的光船承租经营人）以及中国船东互保协会（"天神"轮的油污责任保险人）为四被告，向广州市海事法院提起诉讼，诉称：在"通天顺"轮与"天神"轮碰撞油污事故中，沉没的"通天顺"轮泄漏大量油类，事故造成的海洋生态环境损失包括两部分：天然渔业资源经济损失992.19万元和天然水产品直接经济损失330.73万元，诉请四被告对原告的上述损失及调查费用承担连带赔偿责任。

广州海事法院经过审理支持了广东省海洋与渔业局所主张的天然水产品直接经济损失330.73万元，没有支持天然渔业资源经济损失992.19万元。该案件中涉及的鉴定报告主要有两份，一是广东华南海事司法鉴定中心审查分析监测中心（以下简称监测中心）出具的《渔业损失调查报告》。另一份是广东华南海事司法鉴定中心的《司法鉴定书证审查意见书》。广东省海洋与渔业局主张上述海洋生物资源损失的内容及具体数额的依据，即为监测中心出具的这一《渔业损失调查报告》。

广州海事法院在判决中认为，依据监测中心对本案油污事故调查所作的《渔业损失调查报告》，本次溢油污染造成事故海域游泳生物直接经济损失额为330.73万元，因被告没有提供有效反证，对《渔业损失调查报告》所证明

---

[1] 广州海事法院（2001）广海法初字第89号。

[2] 广州海事法院（2001）广海法初字第109号，广州海事法院（2001）广海法初字第163号。

的上述天然水产品直接经济损失 330.73 万元应予以采信。而对于广东省海洋与渔业局所主张的天然渔业资源经济损失 992.19 万元，广州海事法院认为，结合本案被告提供的证据、法院调取的证据及广东华南海事司法鉴定中心的《司法鉴定书证审查意见书》和《渔业损失调查报告》进行综合分析，可知本案污染事故对事故海域的渔业资源并没有造成中长期影响。该次污染事故在事实上成为渔业资源至少需要 3 年以上的恢复时间这个一般规律的例外。因此，对原告所主张的 992.19 万元天然渔业资源经济损失，广州海事法院最终判决不予认定。

通过对本案法院的判决结果及判决理由进行梳理可知，广州海事法院没有支持广东省海洋与渔业局 992.19 万元天然渔业资源经济损失的主要原因，不是天然渔业资源经济损失不属于海洋生态环境损害的赔偿范围，而是依据本案当事人提供的相关证据及有关鉴定报告，"通天顺"轮溢油事故没有造成事故海域事实上的渔业资源中长期损失。

4. "闽燃供 2"轮油污案中的海洋生物资源索赔

1999 年 3 月 24 日，在广州港伶仃水道附近水域，台州公司所有"东海209"轮与福建公司所有"闽燃供 2"轮发生碰撞。事故造成"闽燃供 2"轮沉没，事发当时，"闽燃供 2"轮载有大量重油，船载货油的泄漏入海导致事发水质污染，导致珠海市部分水域及海岸带污染。

事发后，广东省海洋与渔业环境监测中心经过调查出具一份调查报告。广东省海洋与水产厅依据该调查报告的结论，以台州公司和福建公司为被告，向广州海事法院提起诉讼，主张天然水产品直接经济损失 265 万元，中长期天然渔业资源损失 795 万元，共计 1060 万元。

广州海事法院支持了广东省海洋与水产厅所主张的天然水产品直接经济损失 265 万元，认为本案中不存在中长期天然渔业资源损失，对广东省海洋与水产厅的中长期天然渔业资源损失主张予以了驳回。

广东省海洋与水产厅不服一审判决，向广东省高级人民法院提起上诉，诉请福建公司和台州公司连带赔偿国家天然渔业资源损失 795 万元及利息。广东省海洋与水产厅认为，广州海事法院的判决错误地将受污染水域的水质环境的逐渐恢复等同于海洋生态环境的恢复，而水质环境仅仅是海洋生态环境的一个方面，海洋生物群体才是海洋生态环境的最为重要的组成部分，水质的恢复不能认为是海洋生物群体的恢复。因此本案事故事实上造成了海洋渔业资源的中长期损失，原审法院判决存在错误。二审广东省高级人民法院最终支持了广东省海洋与水产厅的中长期天然渔业资源损失。

对于中长期天然渔业资源损失的赔偿问题，两审法院做出了不同的判决。其原因并非两审法院对中长期天然渔业资源损失是否属于法定赔偿范围存在分歧，而在于其对涉案当事人提供证据的认定存在不同意见。

5. "海成"轮溢油案中的海洋生物资源损失索赔

1997年2月，东亚油船有限公司所有的"海成"轮在靠泊湛江港开泵卸油过程中产生漏油，造成湛江东岛文参至十二昌一带海域污染。1998年4月9日，广东省渔政海监检查总队湛江支队以东亚油船有限公司及其保险公司为被告向广州海事法院提起诉讼，依据农业部渔业环境监测中心南海区监测站及湛江市渔业环境保护监测站作出的《新加坡"海成"号油轮漏油事故造成湛江港渔业资源损失调查报告》所给出的意见，主张天然渔业资源损失116 047 480元，其中具体包含了以下三项内容：游泳生物资源和滩涂渔业资源的直接经济损失以及渔业资源中长期损失。

一审广州海事法院判决支持了广东省渔政海监检查总队湛江支队所主张的滩涂渔业资源和游泳生物资源的直接经济损失，认为这属于水产品损失。而对于天然渔业资源中长期损失，广州海事法院认为依据《1969年责任公约》的规定，天然渔业资源中长期损失12 941 300元不属于油污损害赔偿范围，原告广东省渔政海监检查总队湛江支队的中长期渔业资源损失主张没有法律依据。一审判决后，原被告皆不服原审判决而提起上诉。

二审法院广东省高级人民法院最终支持了广东省渔政海监检查总队湛江支队的天然渔业资源损失渔业资源中长期损失12 941 300元。

其在判决中阐述的主要理由为：本案事故所产生的漏油进入海洋后，会对海洋生态环境造成污染。而且在本案中，"海成"轮值班船员没有能够及早发现漏油，在事后发现漏油后，启动应急消防泵并用消防水龙喷射海面浮油，造成浮油越过围油栏向外扩散，增大了污染面积，而且在清除浮油过程中又对海洋生态环境造成二次污染。本案溢油事故影响了当地渔业资源的种类及组成，对渔业资源的影响是长期的、持续的。天然渔业资源的中长期损失属于《1969年责任公约》所规定的损害赔偿范围。因此应按恢复原状所需费用来对天然渔业资源中长期损失进行赔偿，在具体数额的确定上，应与恢复受损水域所需支出的费用保持一致。

（三）小结

通过对海洋生物资源损失的内涵、法律规定及相关索赔实践进行分析，我们可以发现，在当前我国有关海洋生物资源损失民事索赔中，存在以下问题：

1. 海洋生物资源损失的具体项目在名称上较为混乱

通过对上述有关海洋生物资源损失索赔司法实践中具体案例的分析，我们可以看到，海洋生物资源损失所包含的具体项目多种多样，在具体项目及名称表达上存在一定混乱，如在上述案例的诉讼请求主张中，有的详细列出各种动植物损失的具体项目及数额，[1]有的采用了渔业资源直接经济损失、天然渔业资源恢复损失，[2]中长期渔业资源损失，[3]天然水产品直接经济损失、[4]天然渔业资源经济损失[5]等名称。

根据上述案例中海洋环境监督管理部门的具体主张和法院判决的表述，我们可以基本判断上述不同名称的项目可归为两大类，一是受污染海域渔业资源的直接经济损失，这一类损失下的索赔项目包含了渔业资源直接经济损失、天然水产品直接经济损失，以及具体列明各种动植物具体损失的情形；二是天然渔业资源损失，这一类主要包含了天然渔业资源恢复损失、中长期渔业资源损失或渔业资源中长期损失、天然渔业资源经济损失等。天然渔业资源损失与中长期渔业资源损失（或渔业资源中长期损失）具有相同的含义，这一点在"通天顺"轮溢油事故的判决中也可以得到印证。在"通天顺"轮溢油案中，原告广东省海洋与渔业局主张的是天然渔业资源损失，广州海事法院的判决结果没有支持该请求，给出的理由是污染事故没有给事故海域的

---

[1] 如在"塔斯曼海"轮溢油案中，天津市海洋局的诉讼主张中就详细地列举了浮游植物恢复费用、游泳动物恢复费用、潮滩生物环境恢复费用及海洋沉积物恢复费用的具体项目及其损失数额。

[2] 如在"世纪之光"轮油污案中，威海市海洋与渔业局的海洋生物资源索赔包含两个具体内容：渔业资源直接经济损失（包括鱼卵、仔稚鱼直接经济损失和游泳生物直接经济损失）、天然渔业资源的恢复费用（等于渔业资源直接经济损失的3倍）。

[3] 如在"闽燃供2"轮油污案中，广东省海洋与水产厅所主张的海洋生物资源损失包含两个方面：中长期天然渔业资源损失和天然水产品直接经济损失。

[4] 如在"通天顺"轮油污案中，广东省海洋与渔业局所主张的海洋生物资源损失包含两个内容：天然水产品直接经济损失和天然渔业资源经济损失。

[5] 如在"海成"轮油污案中，广东省渔政海监检查总队湛江支队所主张的海洋生物资源损失包括：天然渔业资源损失（包括游泳生物资源直接经济损失、滩涂渔业资源直接经济损失）和天然渔业资源中长期损失。

渔业资源造成中长期影响。

前述农业部《渔业污染事故经济损失计算方法》实质上将天然渔业资源损失划分为直接经济损失与恢复损失费用，也就是通常所说的天然渔业资源损失或天然渔业资源中长期损失，并直接给出了两者的计算方法。

天然渔业资源直接经济损失主要是受污染渔业水域天然渔业资源受到损害的直接损失，而天然渔业资源中长期损失则主要是指受污染损害的海域渔业资源的恢复费用。对于天然渔业资源直接经济损失应当予以赔偿，争议不大。而对于天然渔业资源中长期损失是否应该予以赔偿，理论中的争议较大。

反对者认为，根据有关国际公约的规定，并结合我国船东的赔偿能力，不宜主张赔偿天然渔业资源中长期损失，[1]其主要理由为：

首先，农业部制定的《渔业污染事故经济损失计算方法》中所规定的赔偿额具有惩罚性质，这与民法中侵权损害应按照实际损失赔偿或恢复原状的基本原则不符，而且《渔业污染事故经济损失计算方法》只是一种行业标准，其既不属于法律也不属于行政法规。此外，有关天然渔业资源中长期索赔的数额一般较大，索赔主体为国家，如果允许这类巨额索赔，会影响到众多的近期损失及其他直接经济索赔数额较小的索赔单位和个人。

其次，天然渔业资源的中长期赔偿也不符合国际油污损害赔偿的实践。

1969年及1992年《国际油污损害民事责任公约》有关"污染损害"的概念没有具体明确的范围和限定，给国际油污损害赔偿范围的实践带来争议。按照2002年~2005年国际油污赔偿基金《索赔手册》的规定，不赔偿抽象的根据理论计算的油污损失。国际油污赔偿基金在1975年~1995年处理的82起油污事故中，没有一起涉及天然渔业资源的中长期损失。

最后，天然渔业中长期损失因其不具有客观性、可确定性和可量化性的特点，多数时候仅为根据理论方法计算出来的抽象损失数字，难以满足油污损害实践所要求确定的赔偿范围。

支持者则认为，既然法律没有对天然渔业资源的中长期损失作出限制性规定，法院在判决中就应当将天然渔业资源中长期损失作为油污损失的一种

---

〔1〕　参见司玉琢："沿海运输船舶油污损害赔偿若干法律问题研究"，载《中国对外贸易》2002年第6期。

形态。[1]其主要理由为：

首先，对这一损失予以赔偿，符合我国海洋环境保护法的立法精神，有利于海洋生态环境保护，也符合完全赔偿的基本原则。天然渔业中长期损失是一种预期损失，应当属于油污损害赔偿的范围。

其次，对这一损失予以赔偿，与我国参加的国际公约不相抵触。不能因众多近期损失索赔的数额少而否定天然渔业资源中长期损失的索赔。

最后，对于该损失的具体量化问题属于事实问题，依赖技术的发展，但不应因此否认这种损失的可赔偿性。

前述我国的相关司法实践大都明确否定天然渔业中长期资源损失的可赔偿性，尽管有些案例驳回了海洋环境监督管理部门所主张天然渔业资源中长期损失，这种驳回的理由并非认为天然渔业资源中长期损失不属于海洋油污所致生态环境损害赔偿的范围，而是有关海洋环境监督管理部门没有足够的证据证明这一损失的客观存在。

也有学者认为，上述争议没有实质意义，重要的应该是对渔业资源损失与渔业损失进行区分。[2]渔业损失是前述《渔业污染事故经济损失计算方法》所规定的"直接经济损失"，主要是指单位和个人因油污污染相关海域而产生的直接捕捞损失。而天然渔业资源损失则是指油污带来的天然渔业资源不能继续利用的损失。实践中，有些海洋环境监督管理部门将直接经济损失和天然渔业资源损失均视为国家的损失，那么为了避免两者之间可能存在的重复索赔，就勉强把天然渔业资源损失解释为天然渔业资源中长期损失，并区分于短期的渔业资源直接经济损失。这种做法实际上剥夺了渔业从业者的正当索赔权，将这种索赔权给予国家后，渔业从业者就不能再提出类似的赔偿。因此，不应将天然渔业资源损失用来与短期渔业资源损失相对照，天然渔业资源损失对应的应是渔业损失的概念。事实上农业部的计算方法，未对渔业资源短期损失与中长期损失进行区分。我们应将渔业资源损失视为环境损害的一部分，并放弃天然渔业资源中长期损失这一概念，直接采用天然渔业资源损失的表述。

---

[1] 参见赵红："关于审理船舶油污损害赔偿案件中的法律问题"，载《中国律师 2005 年海商法研讨会论文集》，第 326 页；吴南伟、余晓汉："关于海洋油污损害赔偿的现实与理性思考"，载《2005 上海国际海事论坛论文集》，第 154-155 页。

[2] 参见韩立新：《船舶污染损害赔偿法律制度研究》，法律出版社 2007 年版，第 232-234 页。

2. 海洋生物资源损失与渔民渔业损失之间的关系

海洋油污事故发生后，除了海洋环境监督管理部门代表国家对海洋生物资源损失提起民事赔偿以外，受事故影响海域的渔民及渔民协会也会提出渔业损失的民事索赔，那么海洋环境监督管理部门的海洋生物资源损失索赔与渔民的渔业损失索赔之间存在什么样的关系？两者的索赔是否存在重复？

"塔斯曼海"轮溢油事故发生后，围绕本次事故共出现了十个诉讼案件加一个上诉案件，其中既涉及海洋环境监督管理机关代表国家提起的海洋生物资源损失赔偿诉讼，也存在相关渔民及渔民协会对渔业损失的赔偿诉讼。本部分主要通过对"塔斯曼海"轮溢油事故系列案件进行分析，来探讨海洋生物资源损失与渔民渔业损失之间的关系。

该系列案件的前两个案件为：天津市渔政渔港监督管理处诉英费尼特航运有限公司等船舶碰撞油污染损害赔偿纠纷案、[1]天津市海洋局诉英费尼特航运有限公司等船舶油污损害生态环境赔偿案，[2]天津市海洋局与天津市渔政渔港监督管理处在这两个案件中对海洋生物资源的索赔，前文中已经进行了较为详细的阐述，在此不再赘述。其余九个案件主要是有关渔民与渔业协会的索赔，以下对其进行简要的介绍。

（1）高士富等诉英费尼特航运有限公司等船舶碰撞油污损害赔偿纠纷案[3]

原告渔民索赔养殖损失 479 000 元及捕捞损失 1 771 017 元。天津海事法院判决支持渔民海洋捕捞停产损失共计 256 500 元及其相应利息。

（2）滦南县渔民协会等诉英费尼特航运有限公司等船舶碰撞油污损害赔偿纠纷案[4]

本案中，原告滦南县渔民协会代表 879 位渔民和 15 位养殖户，向被告提起渔民养殖、网具损失及海洋捕捞停产损失共 41 532 055 元。天津海事法院审理后，判决英费尼特航运有限公司赔偿原告杨保生、李恩秋、李恩敏、杨士永、刘宝正等五位诉讼代表人所代表的 879 位渔民和 15 位养殖户滩涂贝类损失、网具损失、海洋捕捞停产损失等共计 15 134 370 元，被告伦敦汽船互

---

[1] 天津海事法院（2003）津海法事初字第 184 号。
[2] 天津海事法院（2003）津海法事初字第 183 号。
[3] 天津海事法院（2003）津海法事初字第 190 号。
[4] 天津海事法院（2003）津海法事初字第 186 号。

保协会承担连带赔偿责任。

（3）英费尼特航运有限公司等与滦南县渔民协会等船舶碰撞油污损害赔偿纠纷上诉案〔1〕

上诉人英费尼特航运有限公司、上诉人伦敦汽船互保协会为与被上诉人滦南县渔民协会（代表879位渔民和15位养殖户）、被上诉人杨保生船舶碰撞油污损害赔偿纠纷一案，不服天津海事法院（2003）津海法事初字第186号民事判决，向天津市高级人民法院提起上诉。

英费尼特公司与伦敦汽船互保协会在上诉中请求撤销原判，发回重审或改判驳回滦南县渔民协会和杨保生等渔民和养殖户的诉讼请求。天津市高级人民法院认为原审判决查明事实基本清楚，适用法律正确，除英费尼特航运有限公司与伦敦汽船互保协会给付的赔偿数额应做调整外，其余应予维持。

（4）刘秉东等诉英费尼特航运有限公司等船舶碰撞油污损害赔偿纠纷案〔2〕

原告刘秉东、刘宽柱、刘景纯、姜茂国等48位渔民和11位养殖户，请求法院依法判令：两被告连带赔偿由于"塔斯曼海"轮溢油而给原告造成的养殖损失1 895 000元和捕捞损失1 557 849.5元，共计3 452 849.5元；判令两被告承担本案的诉讼费用。

法院审查认为：

第一，渤海湾35-36渔区是汉沽渔民世代赖以生存的传统渔区。本案溢油事故发生于冬季，属于该渔区的捕捞旺季。此时鱼价较高，这一季节的捕鱼收入直接影响渔民的全年收入。由于"塔斯曼海"轮漏油造成严重污染，直接导致了原告捕鱼生产作业的停产。本案溢油事故是造成原告停产损失的直接原因，渔民的这一损失属于《国际油污损害民事责任公约》所规定的损失。无论依据国际公约还是我国法律，两被告均应对原告的损失进行赔偿。

第二，关于原告请求的养殖损失。根据涉案现有证据可以证明，"塔斯曼海"油轮本次溢油没有抵达原告所承包的滩涂贝类养殖区，因此，本次溢油污染事故没有给原告造成养殖损失。原告要求被告赔偿其养殖损失，缺乏事实依据。

---

〔1〕 天津市高级人民法院（2005）津高民四终字第0047号。

〔2〕 天津海事法院（2003）津海法事初字第192号。

最终，法院判决：被告英费尼特航运有限公司赔偿刘秉东、刘宽柱、刘景纯、姜茂国等原告所代表的 48 位渔民海洋捕捞停产损失共计 21 万余元及利息，由被告及其保险人承担连带责任。

（5）赵卫宗等诉英费尼特航运有限公司等船舶碰撞油污损害赔偿纠纷案[1]

原告赵卫宗、刘朝禹、刘宝臣、赵连春等 121 位渔民和 2 位滩涂贝类养殖户。请求法院依法判令：两被告连带赔偿由于"塔斯曼海"轮溢油而给原告造成的养殖损失 329 000 元和捕捞损失 6 043 014.5 元，共计 6 372 014.5 元；判令两被告承担本案的诉讼费用。

法院审查认定的事实和主要理由同前述（4）刘秉东等诉英费尼特航运有限公司等船舶碰撞油污损害赔偿纠纷案，并最终判决被告英费尼特航运有限公司赔偿赵卫宗、刘朝禹、刘宝臣、赵连春等原告所代表的 121 位渔民海洋捕捞停产损失共计近 100 万元及利息。被告保险人承担连带责任。

（6）唐广茹诉英费尼特航运有限公司等船舶碰撞油污损害赔偿纠纷案[2]

原告唐广茹、孙连红等 9 位渔民和 2 位滩涂贝类养殖户。请求法院依法判令：两被告连带赔偿由于"塔斯曼海"轮溢油而给原告造成的养殖损失 665 000 元和捕捞损失 267 192 元，共计 932 192 元；判令两被告承担本案的诉讼费用。

法院审查认定的事实和主要理由同前述（4）刘秉东等诉英费尼特航运有限公司等船舶碰撞油污损害赔偿纠纷案，并最终判决被告英费尼特航运有限公司赔偿原告唐广茹、孙连红等所代表 9 位渔民海洋捕捞停产损失共计 38 063 元及其相应利息，被告伦敦汽船互保协会承担连带责任。

（7）天津市塘沽区北塘渔民协会诉英费尼特航运有限公司等船舶碰撞油污损害赔偿纠纷案[3]

原告天津市塘沽区北塘渔民协会（代表 239 位渔民）诉称，2002 年 11 月 23 日 4：08 左右，被告英费尼特航运有限公司所有马耳他籍"塔斯曼海"轮

---

[1]　天津海事法院（2003）津海法事初字第 191 号。
[2]　天津海事法院（2003）津海法事初字第 193 号。
[3]　天津海事法院（2003）津海法事初字第 187 号。

在天津大沽口东部海域因碰撞发生事故，致使船载原油进入原告捕捞作业海域，直接导致原告不能在原有渔区正常开展捕捞作业，由此给原告带来重大经济损失。请求法院依法判令：两被告连带赔偿原告经济损失共计人民币4 712 610元及利息；两被告承担因本案而产生的相关诉讼费用。

法院审查认定的事实和主要理由同前述（4）刘秉东等诉英费尼特航运有限公司等船舶碰撞油污损害赔偿纠纷案，并最终判决被告英费尼特航运有限公司赔偿原告薛志强、周宝树等两位诉讼代表人所代表的204位北塘渔民海洋捕捞停产损失共100多万元及利息。被告保险人负连带责任。

（8）天津市塘沽区大沽渔民协会诉英费尼特航运有限公司等船舶碰撞油污染损害赔偿纠纷案[1]

原告天津市塘沽区大沽渔民协会（代表当地129位渔民），请求法院依法判令：两被告连带赔偿原告经济损失共计人民币357万元及利息，两被告承担因本案而产生的相关诉讼费用。

法院审查认为：第一，渤海湾35-36渔区是汉沽渔民世代赖以生存的传统渔区。本案溢油事故发生于冬季，属于该渔区的捕捞旺季。此时鱼价较高，这一季节的捕鱼收入直接影响渔民的全年收入。由于"塔斯曼海"轮漏油造成作业区域水域污染，原告的渔业捕捞作业被迫停止。本案溢油事故是造成原告捕捞作业停产的直接原因，原告的停产捕捞损失属于《国际油污损害民事责任公约》中的损失。对于原告的损失，两被告应依法予以赔偿。第二，除上述停产损失，本案原告还主张了减产损失。对此，法院认为，在发生油污事故造成原告停产的情况下，原告有义务采取措施降低自己的减产损失。事实上，油污只是造成原告减产的众多原因中的一个因素，且这种减产损失在客观上难以进行量化，由油污责任人来全部承担这种减产损失有失公平。

法院最终判决被告英费尼特航运有限公司赔偿原告姬洪全、周凤亭等两位诉讼代表人所代表的114位大沽渔民海洋捕捞停产损失近60万元及利息。被告保险人承担连带责任。

（9）赵志光等诉英费尼特航运有限公司等船舶碰撞油污损害赔偿纠纷案[2]

原告赵志光等六位滩涂贝类养殖户，请求法院依法判令：两被告连带赔

---

[1] 天津海事法院（2003）津海法事初字第185号。

[2] 天津海事法院（2003）津海法事初字第189号。

偿由于"塔斯曼海"轮溢油给原告造成的养殖损失 511.4 万元；判令两被告承担本案的诉讼费用。

法院审查后认为：原告诉称"塔斯曼海"轮溢油污染了其滩涂贝类养殖区，并给其养殖生产造成了严重的经济损失，但根据涉案现有证据可以证明，"塔斯曼海"油轮本次溢油并没有抵达原告所承包的滩涂贝类养殖区，因此，本次溢油污染事故没有给原告造成损失。原告要求被告赔偿其养殖损失，缺乏事实依据。法院最终驳回了原告的诉讼请求。

上述系列案件的渔民和渔业协会主要索赔的是"塔斯曼海"轮溢油事故所造成的渔业养殖损失和捕捞停产损失。在"塔斯曼海"轮溢油事故系列案件中，被告英费尼特航运有限公司及伦敦汽船互保协会一直主张，有关海洋环境监督管理部门的海洋生态环境损害索赔与系列案件中的渔民和渔业协会之间的索赔存在重复。天津海事法院认为两种索赔性质不同，不存在重复。

在海洋油污损害生态环境民事案件中，渔民提起针对养殖损失的赔偿与代表国家的海洋环境监督管理部门所提起的海洋生态环境损害赔偿没有重叠，不存在争议。但渔民所提起的捕捞停产损失与海洋环境监督管理部门所提起的海洋生物资源损失赔偿之间是否存在重复，则具有一定争议。

如前所述，海洋环境监督管理部门的海洋生物资源损失索赔主要包含了天然渔业资源的直接经济损失与天然渔业资源的中长期损失（天然渔业资源损失），渔民的索赔与海洋环境监督管理部门的索赔可能存在重复的地方，主要在渔民的渔业捕捞停产损失与海洋环境监督管理部门的天然渔业资源直接经济损失之间。那么，渔民的渔业捕捞损失与海洋环境监督管理部门的渔业资源直接经济损失是否是同一概念？

一方面，两者的客体对象应该是一致的，均指溢油所造成的渔业资源的直接经济损失；

另一方面，其相对主体不同，天然渔业资源直接经济损失，是从国家作为权利主体角度而言的，而渔民的捕捞损失是从渔民作为权利主体而言的，也就是说，国家的索赔权是基于所有权，而渔民的索赔权则是基于捕捞权。

那么，对于同一客体损失，不同权利主体同时提起索赔是否存在冲突？本书认为，两者的索赔是存在冲突的。司法实践中，人民法院在审理相关案件中多采用农业部制定的《渔业污染事故经济损失计算方法》作为依据之一。而根据《渔业污染事故经济损失计算方法》的规定，渔民因为渔业环境污染及环境破坏所遭受的损失额，也就是直接经济损失额＝当地市场价格 x 水产品损失量，海洋环境监督管理部门的天然渔业资源损失额则是上述直接经济损失额与天然渔业资源损失额相加，但不应低于直接经济损失中水产品损失额的 3 倍。由此可见，渔民的捕捞损失索赔与海洋环境监督管理部门之间的天然渔业资源损失索赔之间是存在重复的。

那么，如何解决这一重复的现象呢？本书认为理论上可以有两种路径：

一是所有权优先于捕捞权，由代表国家的海洋环境监督管理部门负责天然渔业资源损失的索赔，同时剔除渔民的捕捞停产损失索赔，在索赔成功后，海洋环境监督管理部门将所获得的赔偿专款专用于渔民补偿与渔业资源的恢复。这种路径的优点在于，海洋环境监督管理部门在索赔诉讼中具有一定优势，特别是在证据收集及运用方面。而且，海洋油污事故发生后涉及的渔民索赔案件数量相对较多，由海洋环境监督管理部门统一索赔有利于案件的统一索赔、统一审理、统一判决。这一路径的相对劣势在于，增加了索赔款项分配的行政环节。海洋环境监督管理部门若在相关索赔诉讼中胜诉，则增加了一道向受损渔民分配相关索赔款项的程序，这一行政程序的增加可能会带来一系列的隐患，如分配不公、行政效率低下等。

二是该损失由渔民来索赔，相关权利结果直接归属于渔民，海洋环境监督管理部门进一步明确海洋生态环境损害索赔的内容，在其具体索赔项目中，将天然渔业资源直接损失从索赔项目中剔除。

四、强制清污费用

在海洋油污损害生态环境事故发生后，海洋环境监督管理部门或海事管理机构通常会在第一时间内启动溢油应急反应机制，并根据溢油反应应急计划组织开展受污染海域的清污工作。具体清污作业通常由相关政府部门自有力量进行清污、组织专业清污公司进行清污、组织其他单位或船舶进行清污等多种方式。这种由相关政府部门（主要是海事管理机构或溢油事故应急指挥中心）组织的，非由污染事故责任人自行进行的清污活动一般被称为强制清污。强制清污通常在两种情形下产生，一是在溢油事故发生后，由于情况紧急，为预防或减少溢油事故对海洋生态环境造成损害，相关政府部门直接组织自身力量或第三方力量开展的清污活动；二是在非紧急情况下，海事管理机构要求污染责任人自行清污，污染责任人不履行清污义务时，由海事管理机构利用自身力量或请第三方力量具体开展的清污活动。

强制清污费用的索赔是海洋油污损害赔偿案件审理中的焦点之一。受相关政府部门委托的清污公司在清污后，面临清污费用索赔难的现实困境，这一现象严重打击了清污公司清污的积极性，[1]不利于油污事故发生后对海洋生态环境损害开展积极救济，最终不利于海洋生态环境的保护。那么强制清污费用是否属于本书所探讨的海洋生态环境损害赔偿民事责任的范围？如果属于，如何实现强制清污费用的有效偿付？

（一）强制清污费用的范围归属

2011 年《最高人民法院关于审理船舶油污损害赔偿纠纷案件若干问题的规定》第 11 条将清污费用划分为两种：预防措施费用与救助措施费用。依照该条的规定，强制清污费用补偿的实现也将区分为两种不同的路径，即作为预防措施费用加以补偿及作为海难救助作业费用加以补偿，两种补偿路径具有极大的区别，直接影响到强制清污费用补偿能否足额实现。

1. 两种不同补偿路径对强制清污费用实现的影响

海难救助，又叫作海上救助，是指由外来力量对遭遇海难的船舶、货物和客货运费的全部或部分进行救助的行为，而不论这种行为发生在任何水域。[2]预防措施（preventive measures）是指造成污染损害或具有污染损害威胁的海难事故发生后，为防止或减轻污染损害由任何人采取的任何合理措施。[3]当具有海洋环境污染或污染威胁的海难事故发生后，海事管理机构及其他清污人的清污作业可能会产生救助船舶、财产与救助海洋环境的双重作用，那么这种清污作业所支出的费用属于海难救助费用还是预防措施费用？对此定性的不同直接影响到清污费用偿付方式的不同，具体而言：

其一，法律适用规范不同。海难救助着眼于对海上遇险船舶及财产的救助，目的在于将船舶或者其他财产从危险状态中解救出来，救助人与被救助方之间产生的是海难救助法律关系，适用海难救助法律规范调整。而预防措

---

〔1〕　强制清污费用得不到有效偿付是导致我国沿海油污事件中清污率极低的一个重要原因。在我国沿海，中小海上事故所导致的船舶溢油事件中，清污率不到 10%，重大溢油事故的清污率也只有 39%。参见邹明锡：“浅议溢油应急反应中的清污费用”，载《山东航海学会、山东海事局 2007 年度优秀论文专刊》，第 159 页。

〔2〕　参见司玉琢：《海商法专论》，中国人民大学出版社 2007 年版，第 451 页；傅廷中：《海商法论》，法律出版社 2007 年版，第 333 页。

〔3〕　《1992 年议定书》第 1 条第 7 款。

施着眼于对海洋环境的救助与保护，目的在于防止或减轻污染损害。预防措施实施者与油污损害责任人之间产生油污损害赔偿法律关系，适用船舶油污法律规范调整。

其二，费用补偿方式不同。海难救助中，救助人在海难救助中的费用支出，主要通过海难救助报酬进行偿付。海难救助报酬与救助费用有一定差异，救助费用是救助方在救助作业中的实际投入费用，包括使用救助设备的物力支出与投入救助人员的人力支出，及其他直接支出费用。救助费用以实际支出来计算，具体数额与救助成本差别不大。而救助报酬重在"报"与"酬"，蕴含着被救助方对救助方救助行为的感谢与报答，因此往往高出救助方所支出的实际费用。为防止和减轻油污损害，任何人在油污事故发生后都可以采取相关措施，因此而产生的费用为预防措施费用。根据《1992 年议定书》的规定，预防措施费用属于船舶油污损害赔偿的范围，可以通过油污基金获得赔偿。

其三，确定费用补偿的原则不同。海难救助报酬的取得须依据"无效果，无报酬"原则进行，救助人在海难救助取得效果的情况下，可以向被救助方主张救助报酬，在救助没有效果的情况下，则无权主张救助报酬。而预防措施费用的补偿则不受清污效果的影响，只要是为防止或减少污染或污染损害威胁而采取的合理费用，都可以要求得到补偿。事实上，为了鼓励救助具有环境污损危险的船舶或海上财产，《1989 年国际救助公约》提出了特别补偿权的概念，按照公约的规定，如果救助人在救助具有环境污损危险的船舶时不能得到救助报酬，或所得报酬将低于其为救助所花费的实际费用，或虽然能够得到报酬，但仅凭此项报酬不能公平地反映出救助人实际贡献时，应该给予救助人一定的补偿。在特别补偿权制度下，即使救助人的救助作业没有取得效果，救助人最终也可以获得不低于其救助费用支出的补偿。

由上述分析可知，将强制清污费用进行海难救助费用与预防措施费用的区分，将直接关系到其实现的法律依据与补偿方式的不同。实践中，强制清污主要发生在具有海洋环境污染或污染威胁的海难事故中，即使强制清污作业的最初目的是救助船舶或海上财产，但因为此时船舶或海上财产一般都构成了海洋环境污染或污染危险，清污人作为救助人即使在救助没有取得效果的情况下，也可以主张特别补偿权，也就是说，清污人作为救助人即使无法获取高于其实际救助费用支出的海难救助报酬，也可以通过特别补偿权实现其实际救助费用的足额补偿。而如果强制清污费用被定性为预防措施费用，尽管在油污损害责任人责任限制以外的赔偿额或油污责任人无力赔偿的情况下，清污费用可以申请油污基金进行赔偿，但是基于油污基金自身对赔偿数额的限制，[1]强制清污费用在一定程度上存在不能足额偿付的风险。

2. 两种不同补偿路径的认定与划分

鉴于强制清污费用作为救助费用与预防措施费用实现方式的不同，有必要对两种不同的强制清污费用进行划分和认定。

在《最高人民法院关于审理船舶油污损害赔偿纠纷案件若干问题的规定》出台前，司法实践中，法院在处理相关案件时，并未很好地把握二者的区分。如在"汕头海事局诉中国石油化工有限公司广东粤东石油分公司海上救助作业纠纷案"[2]中，在"明辉8"轮海难事故发生后，海面出现漏油的情况下，汕头海事局向先向该船船东发出行政强制决定书，在催促其及时采取措施清除污染未果后，又向其发出了强制执行告诫书，明确告知其逾期履行清污义务的法律后果。在鄂东海运有限公司未开展相关清污作业的情况下，汕头海事局委托上海打捞局抽取货油，开展强制清污作业。事后，汕头海事局就此强制清污作业的费用向广州海事法院提起海难救助报酬主张。广州海事法院在判定汕头海事局是否有权向被告主张救助报酬时阐述到，汕头海事局作为国家行政主管机关，对"明辉8"轮所造成的海洋污染进行清污作业，是依法履行海洋环境监督管理职责的行为，根据《海商法》第192条对国家机关从事救助作业的规定，汕头海事局有权根据《海商法》第九章的规定获得救助报酬。该案中，广州海事法院在其判决中并未对本案中的强制清污费用属于救助费用还是预防措施费用进行区分，而直接将其认定为救助费用。

《最高人民法院关于审理船舶油污损害赔偿纠纷案件若干问题的规定》第11条规定了如何区分救助遇险船舶时所实施的各种措施支出费用的性质，即，哪些为预防措施费用，哪些为海难救助费用。依据这一规定，我们重新审视上述案件可知，汕头海事局采取强制清污作业的最初目的是防止海上漏油事故的扩大，而非救助遇险船舶或财产，因此这种清污作业的费用支出应视为

---

〔1〕　例如，我国《船舶油污损害赔偿基金征收使用管理办法》就将船舶油污损害赔偿基金对任一船舶油污事故的赔偿或补偿金额限制在3000万元人民币以内。

〔2〕　广州海事法院（2005）广海法初字第182号。

预防措施费用，而非海难救助费用。

司法实践中应如何认定和划分清污作业中的预防措施费用与海难救助作业费用？《最高人民法院关于审理船舶油污损害赔偿纠纷案件若干问题的规定》第 11 条实际上确立以"行为目的"进行划分的基本原则。依照第 11 条的规定，在区分强制清污作业属于海难救助行为还是预防措施时，主要应考察作业人最开始开展作业时的目的，如果是出于对船舶或财产的救助而同时在客观上起到了防止或减轻油污损害的效果，则这种作业应属于海难救助作业，其相关费用补偿应通过海难救助报酬加以实现；如果是出于对环境的救助，作业的目的是防止或减轻油污损害，只是因为要实现这种目的必须同时对船舶或货物进行救助，那么这种作业应属于预防措施，其相关费用补偿应通过预防措施费用加以实现。如果作业开始时，作业人既具有救助环境的目的，也具有救助船舶或财产的目的，则应根据目的主次划分两种费用，无法区分主次的，则对费用进行平摊。尽管《最高人民法院关于审理船舶油污损害赔偿纠纷案件若干问题的规定》第 11 条对强制清污作业中预防措施费用与海难救助作业费用的划分作出了基本规定，但该规定较为简炼和抽象，实务操作中对相关清污作业行为的认定不易把握，对此，本书认为，在适用第 11 条对两种费用进行划分时应特别注意以下几点：

首先，第 11 条存在一定的适用前提。即强制清污作业开始时，船舶或财产仍处于危险中，且强制清污作业的实施在客观上起到了救助船舶或财产以及防止或减轻油污损害的双重效果。如果强制清污作业开始时，船舶或财产面临的危险已经消除，仅仅为了消除油污损害或者损害危险而进行清污作业，则不存在两种不同费用的划分问题，此时的强制清污费用应直接认定为预防措施费用。

其次，第 11 条的制定主要参照了 1992 年国际油污赔偿基金《索赔手册》的相关规定。[1]与《索赔手册》对该问题的规定相比，第 11 条规定的进步之

---

[1]《索赔手册》的规定如下：在某些情况下，救助行动可能含有预防措施的成分。如果这些措施的初始目的是为了防止污染损害，产生的费用原则上根据 1992 年公约进行限定。尽管如此，如果救助行动另有目的，比如救助船舶或者货物，对此产生的费用，公约不予适用。如果从事的活动以防止污染与救助船舶或者货物为双重目的，而行动的最初目的又不能确定时，由此产生的费用将在预防措施与救助作业之间按比例划定。评估与救助有关的预防措施费用的赔偿请求时，不按照适用于判定救助等级的标准；但是，这种赔偿仅限于产生的费用，并包括合理的营利部分。

处在于明确了清污作业具有双重目的情况下，应依照目的主次来划分预防措施费用与救助作业费用。但第 11 条第 1 款使用了"主要目的"的表述，使得两款规定之间存在一定的逻辑矛盾。依照第 1 款的规定，如果作业开始时，清污作业者主要以防止或减轻油污损害为目的而采取相关救助措施，那么因这种措施所支出的费用应该视为预防措施费用。该条款适用的情形是清污人的清污作业存在双重目的，只是主要目的为救助环境，此时应认定为预防措施费用。而第 2 款又规定，如果清污作业具有双重目的，也即，清污作业既具有防止或减轻环境污染的目的，也具有救助遇险船舶的目的，此时，对于哪些费用属于救助费用，哪些费用属于预防措施费用，应按照目的的主次合理划分。对此，《索赔手册》使用了"初始目的"的表述，将第 1 款的适用情形限定为清污人最初开展作业时仅具有防止污染损害的单一目的，此时应将相关费用视为预防措施费用，而只有在最初目的不能判断时，才按比例划分预防措施费用与救助费用。相对而言，《索赔手册》的表述更为恰当，其使用"初始目的"一词，避免了《最高人民法院关于审理船舶油污损害赔偿纠纷案件若干问题的规定》第 11 条所存在的逻辑矛盾。对此，我们在运用第 11 条划分预防措施费用与救助费用时，可参照《索赔手册》的规定，判断清污人的初始目的，在难以判断初始目的的情况下，再依照目的的主次来划分预防措施费用与救助费用。

最后，无论是《索赔手册》还是《最高人民法院关于审理船舶油污损害赔偿纠纷案件若干问题的规定》，其所确立的划分清污费用的原则既适用于平等民事主体之间依照清污协议开展的清污作业，也适用于海事管理机构主导的清污作业。实践中，存在救助船舶或财产及救助环境双重目的的清污作业，主要出现在双方依照清污协议开展的清污作业中，而海事管理机构主导的清污作业，大都为了防止或减少油污损害。因此，强制清污费用绝大多数情况下应通过预防措施费用加以实现。

在强制清污费用的具体实现路径上，《最高人民法院关于审理船舶油污损害赔偿纠纷案件若干问题的规定》第 11 条较为抽象，实务操作中不易把握。本书认为，鉴于强制清污费用主要在海事管理机构主导下进行，清污作业的开展大都是为了防止或减少油污损害，在涉及强制清污费用的划分时，除存在明显的救助船舶或财产目的外，应将其视为预防措施费用。

强制清污的主要目的是尽快消除污染源，恢复被破坏的海洋生态环境。

国家海洋局制定的《海洋溢油生态损害评估技术导则》将生态环境修复费用的计算项目分成两个部分：采取清污措施所花的费用、将生态环境的主要结构和功能恢复到原有状态所花的费用。也就是说，依照该技术导则的规定，清污费用应属于海洋生态环境损害的修复费用，同理，清污费用应属于海洋生态环境损害民事责任的赔偿范围。而同样是国家海洋局制定的《海洋生态损害评估技术指南（试行）》第 8.5.3 条规定了海洋生态修复费用的计算方法，依据该条规定，海洋生态修复费用的计算主要是指重建工程费用、替代工程费用与生物资源补充费用等相加的和值，没有将清污费用包含在内。

2005 年最高人民法院印发《第二次全国涉外商事海事审判工作会议纪要》对油污损害赔偿的范围进行了规定，明确将清污费用损失包含在油污损害赔偿范围之内，并对计算清污费用时的考量因素进行了说明。该会议纪要与《1992 年议定书》的基本规定保持了一致，将清污费用包括在海洋生态环境损害的赔偿范围之内。

本书认为，海洋油污事故发生后的强制清污费用，主要是为尽快消除或减轻污染源、恢复被破坏的海洋生态环境而采取的清污措施所产生的费用，该费用应该属于以恢复海洋生态环境为目的的预防措施费用，理应纳入海洋生态环境损害赔偿的民事责任范围。

（二）强制清污费用的法律性质

根据《防治船舶污染海洋环境管理条例》（以下简称《防污条例》）的相关规定，船舶溢油事故发生后，主要存在两种清污方式：[1]一种是具有污染清除作业资质的单位根据其之前与船舶经营人签订的污染清除作业协议开展的清污作业；另一种是海事管理机构启动应急机制，采取一定措施开展清污作业。第一种方式下的清污费用产生于平等民事主体之间的清污法律关系中，因为有双方当事人事先的清污协议存在，这种费用的性质属于民事责任是没有争议的。第二种方式下，海事管理机构为了避免或者减轻油污损害，自己或者委托其他单位或个人开展的清污作业被称之为强制清污，此时所产生的强制清污费用的性质问题一直存在争议。

1. 强制清污费用性质的"民事责任"与"行政责任"之争

关于强制清污费用的性质，历来存在民事责任性质与行政责任性质之争。

---

〔1〕 参见《防污条例》第 33 条有关"签订污染清除作业协议"的规定及第 41 条有关"海事主管机关强制清污"的规定。

主张强制清污费用为民事责任的主要理由如下：

第一，我国《海洋环境保护法》第89条规定"造成海洋环境污染损害的责任者，应担排除危害，并赔偿损失"，相较于修订前，该条取消了"有关主管部门可以责令缴纳排污费，支付消除污染费用"的规定。有学者认为这表明海洋环境污染的民事责任与行政责任已经区分开来，该条规定实际上是对污染责任方承担民事责任的规定。尽管《海洋环境保护法》第71条赋予了海事管理机构强制清污权，但这并不能改变清污费用的民事责任性质，其同其他油污损害的权利主体一样有权向责任人提出赔偿请求，但这种权利应通过海事请求的法定程序行使，而不是通过行政强制措施或者行政命令直接收取清污费用。强制清污费用实际上是海事管理机构代替油污责任人执行的一种排除危害的措施，其法律地位仅是油污责任人的代理人，油污责任人应承担相应的清污费用，相关清污费用性质上属于民事赔偿责任。[1]

第二，最高人民法院发布的《第二次全国涉外商事海事审判工作会议纪要》第145条规定，对于清污费用支出，作为清污人的主管机关或单位，可以直接通过诉讼向责任人进行主张。该规定从立法上表明了强制清污费用的民事责任性质。

第三，我国已经加入了《1992年议定书》，该公约及国际通行做法都将强制清污费用作为污染损害赔偿范围的一部分，[2]因此，将强制清污费用视为民事责任与国际立法趋势保持一致。[3]

与将强制清污费用视为民事责任对应，也有许多学者认为强制清污费用在性质上应为行政责任，其主张的依据主要有：

第一，尽管强制清污费用从立法角度看应当属于民事责任，但是，如果在实践中将其认定为民事责任，则受海事赔偿责任限制的影响，该费用将难以得到足额清偿，不利于调动海事管理机构及其他清污参与人开展清污作业的积极性。[4]在强制清污费用的性质认定上，应将保证强制清污费用的足额

---

〔1〕　参见杨楠："简析我国船舶溢油污染海洋的清污费用性质"，载《珠江水运》2007年第2期。

〔2〕　参见包继来："强制清污费用的法律探析"，载《世界海运》2009年第3期。

〔3〕　参见曹宝根："强制清污费的法律性质研究"，载《集美大学学报（哲学社会科学版）》2008年第3期。

〔4〕　参见包继来："强制清污费用的法律探析"，载《世界海运》2009年第3期。

偿付放在立法和执法的首位，[1]若将强制清污费用视为行政责任，则海事管理机构在清污作业结束后可以依照其行政权力全额向损害赔偿的责任人进行追偿。[2]

第二，《海洋环境保护法》第71条授予海事管理机构在油污损害事故发生后或者产生海难事故导致油污损害威胁时采取强制措施的权力，这种从立法上赋予海事管理机构的强制清污权，在性质上属于行政法上的行政强制。在具体的强制清污作业中，海事管理机构自己或者委托专业清污机构开展清污作业，可以视为行政强制中的代履行，[3]海事管理机构或者清污机构代垫的清污费用可以在事后向油污损害责任人追偿。因此，强制清污费用在法律性质上应定性为行政责任。

除上述两种相对对立的主张外，也有部分学者采取了折中的态度，认为强制清污行为体现了公法对私法的干预，对此，海事管理机构可以选择以行政方式或民事方式要求油污损害责任人承担责任，[4]即，海事管理机构对强制清污费用的实现方式具有选择权。[5]

2. 强制清污费用法律性质的理论辨析

将强制清污费用界定为民事责任与行政责任的最大不同在于，如果将强制清污费用定性为民事责任，则强制清污费用的赔偿会受油污责任人赔偿责任限制的影响，且强制清污费用作为民事责任性质的费用，仅能作为油污损害债权与其他债权一起参与油污责任基金的分配。如果将强制清污费用定性为行政责任，则海事管理机构可依照行政权力向油污损害责任人请求全额赔偿强制清污费用。

从上述关于强制清污费用法律性质的理论争议中我们可以看出，主张强

〔1〕 参见龙玉兰："强制清污应具备的法定条件及清污费用的性质"，载《中国海商法年刊》2007年第18卷第1期。

〔2〕 参见邹明锡："浅议溢油应急反应中的清污费用"，载《山东航海学会、山东海事局2007年度优秀论文专刊》，第160页。

〔3〕 参见王威："中国强制清污费用的法律性质探析"，载《广西民族大学学报（哲学社会科学版）》2013年第6期。

〔4〕 参见郭凌川："沿海运物船舶油污损害赔偿的若干法律问题研究"，载《第十一届全国海事审判研讨会论文集》2002年版，第217页。

〔5〕 参见张珊珊："行政主管机关海洋污染损害赔偿诉讼主体之资格"，载《天津海事法院第11届全国海事审判研讨会论文集》2002年版，第58-59页。

制清污费用为民事责任的观点，主要基于对相关立法的解释及对当前国际海事立法趋势的判断而得出结论；主张强制清污费用为行政责任的观点，则主要基于对强制清污费用的足额实现目的及海事管理机构强制清污行为的法律性质分析而得出结论。实践中，在海难事故发生后，海事管理机构自己或者组织清污单位开展清污作业，往往要垫付大量清污费用，如果这一垫付费用在清污作业结束后得不到有效赔偿，则会严重影响我国清污作业的顺利开展。尽管在强制清污费用性质上存在民事责任与行政责任之争，但事实上，无论主张强制清污费用为民事责任的学者还是主张强制清污费用为行政责任的学者，都认为强制清污费用应该得到有效偿付，只是主张的偿付路径不同而已。

主张强制清污费用为民事责任的学者多认为，在将强制清污费用视为民事责任的情况下，强制清污费用的足额偿付尽管会受到责任人赔偿责任限制的制约，但是对不能足额赔偿的费用，还可以通过油污损害赔偿基金获得补偿。然而，目前我国仅加入了《1992年议定书》，并没有相应地加入《1992年基金公约》。[1]这也正是海事局及部分学者极力主张强制清污费用为行政性质费用的主要理由之一，他们认为将强制清污费用视为行政费用，能有效实现强制清污费用的足额偿付。

本书认为，强制清污费用在性质上应认定为民事责任。将其视为民事责任性质的债权，更有利于其有效偿付的实现，具体而言：

首先，将强制清污费用在性质上视为民事责任，在具体偿付上尽管会受到油污损害责任人赔偿责任限制的约束，但是这并不意味着此时的赔偿数额会少于行政责任性质认定下的数额。将其视为行政责任，的确在费用追偿程序上相对简便，但作为行政责任下的强制清污费用要得到足额赔偿的前提是污染损害责任人具有全额赔偿的能力。实践中，通常清污费用数额巨大，许多责任人无力承担，此时，作为行政责任性质的强制清污费用便不能实现有效偿付。而将强制清污费用视为民事责任，在污染损害责任人责任限制以外无法赔偿的清污费用以及污染损害责任人无力赔付的清污费用，可以从油污损害赔偿基金中获得赔付。尽管我国在加入《1992年议定书》的同时没有加入作为其补充的《1992年基金公约》，但可喜的是，我国已经于2012年制定

---

[1] 全称为《1971年设立国际油污损害赔偿基金国际公约的1992年议定书》，简称《1992年基金公约》。

了《船舶油污损害赔偿基金征收使用管理办法》，弥补了我国没有加入《1992年基金公约》的不足，初步建立起了我国国内船舶油污损害赔偿基金制度。

其次，强制清污作业中，海事管理机构与清污公司签订委托作业合同，委托清污公司具体开展清污作业。在这一委托合同中，双方当事人处于平等的法律地位，海事管理机构并没有强制清污公司进行清污的权利，清污公司也没有必须进行清污作业的法定义务。因此，这一委托合同应属于民事合同，因合同的履行而产生的费用，应属于民事债权。

最后，从我国油污损害赔偿的相关立法发展过程及趋势看，我国在立法上倾向于将强制清污费用视为民事性债权。如，我国《海洋环境保护法》第89条的规定，实际上将其中的强制清污费用视为民事责任。同时，《海洋环境保护法》第66条有关国家建立船舶油污保险及油污损害赔偿基金制度的规定，也间接表明了油污损害赔偿的民事责任性质，作为油污损害赔偿内容之一的强制清污费用，也应具有民事责任的性质。除此之外，我国《防污条例》第53条规定，国家组织有关单位开展清污活动所支出的费用，在船舶油污损害中优先受偿。尽管该条所规定的强制清污费用优先受偿权引发了较大争议，但是该条规定在立法上表明了强制清污费用的民事责任性质。另外，2012年制定的《船舶油污损害赔偿基金征收使用管理办法》第17条明确了强制清污费用可以申请基金赔偿，再一次表明了立法对强制清污费用民事责任性质的支持。除此以外，当前有关油污损害赔偿的国际公约，如《国际油污损害民事责任公约》及《设立国际油污损害赔偿基金国际公约》等均将强制清污费用视为民事责任性质的债权，在我国国内将强制清污费用性质认定为民事责任，有利于与国际上的通行做法保持一致。

（三）强制清污费用的索赔

1. 强制清污费用在实践中的索赔困境

在海洋油污损害生态环境事故发生后，在有关政府部门（主要是海事管理机构）组织下的清污作业可分为两种，一种是海事管理机构自有清污力量进行的清污作业，这种情况下，强制清污费用的索赔由海事管理机构自行进行，争议不大。另一种是在海事管理机构组织下的清污单位的清污作业，这种情形又分为两种，一是清污单位与事故船舶签订清污协议，就清污事项特别是清污费用的标准和计算方法达成一致；二是清污单位在开展清污作业之前，与事故船舶之间没有签订清污协议。签有清污协议的情形下，由清污单位自行向事故船舶进行索赔，争议也不大。司法实践中，争议比较大的情形是清污单位在海事管理机构组织下，在没有与事故船舶签订清污协议背景下开展清污活动的索赔问题。

关于在海上溢油事故发生后是否签订清污协议的问题，船舶所有人为了在事后获得保险赔偿，往往会先取得油污责任保险人和船东互保协会的同意，而这一协商过程具有较大的时间成本。在溢油事故发生后的紧急情况下，基于维护公共利益，依照《海洋环境保护法》第71条的规定，海事管理管理机构有权采取强制措施以避免或减少事故对海洋生态环境的污染与损害，即海事管理机构此时可以直接委托清污单位进行清污活动，而不必等到清污单位与事故船舶所有人等就清污事项达成协议。

这种在海事管理机构组织下的没有签订清污协议的清污活动，在清污作业结束后，由谁向油污责任人索赔呢？当前，我国强制清污费用索赔的司法实践极不统一，总结各地海事法院的判决可知，强制清污费用的索赔主体不统一，相关判决结果也存在较大差异。我们对广州、上海及厦门海事法院立案审理的强制清污费用索赔案件进行总结可知，在上海海事法院的相关判例中，强制清污费用多由清污单位索赔；在广州海事法院的相关判例中，强制清污费用多由海事管理机构作为原告进行索赔，与上海海事法院形成了较为鲜明的对比。由厦门海事法院审理的相关案件，则属于上述两个法院的折中，由海事管理机构作为原告的案件和由清污单位作为原告进行索赔的案件数量差异不大。

此时，清污单位因与油污事故责任人之间不存在直接法律关系，其清污费用的索赔存在现实困境。理论上，有人主张海事管理机构与油污事故责任人之间是行政强制关系，海事管理机构与清污单位之间属于委托与被委托关系，清污单位的具体清污作业是行政代履行。但在海事法院的相关判例中，无论是支持清污单位的清污费用主张还是驳回清污单位的清污费用主张，相关案件的索赔请求权基础都不够明晰，法院判决也未作出明确说明。

由湖北省高院审理的"中恒9"轮溢油事故中的强制清污费用索赔案，在判决中明确认为清污单位的清污作业属于海事管理机构行政强制中的代履行，并否定了清污单位的直接索赔权。该案一出，即引发理论界与实务界的广泛关注和讨论。

2016年，"中恒9"轮在由曹妃甸驶往江阴的航行过程中，在长江下游与

"长荣门"轮发生碰撞，事故造成"中恒9"轮沉没并发生溢油事故。上海海事局启动溢油应急预案，并指派"长江口船舶溢油应急设备库委托的运营管理单位"开始清污工作，产生清污费用220余万元。清污单位在事后向漏油船舶船东及其油污责任保险人请求事故清污费用，但遭到拒绝，遂向法院提起诉讼。该案的一审法院及二审法院均认为海事局指派清污单位开展清污作业的行为，属于《行政强制法》第50条及第52条的行政强制代履行，而清污单位与漏油船舶船东及其油污责任保险人之间因未签订合同，不存在民事法律关系。因此，驳回了清污单位的诉讼请求。[1]

2. 索赔困境出现的原因

我国司法实践中有关强制清污费用的索赔权主体及其请求权基础极不统一，清污费用能否得到有效偿付，对油污事故发生后清污单位开展清污作业的积极性具有重要影响。当前，之所以出现这种不统一的主要原因有两点，一是我国相关立法在移植有关国际条约时出现了衔接上的不一致；二是我国公私法二元结构的立法模式。[2]

1969年及1992年《国际油污损害民事责任公约》均将清污费用作为油污事故发生后为防止或减轻污染损害而产生的预防措施费用。依据公约的表述，这种预防措施可以由任何人采取，无论个人还是单位，也无论是私法主体还是政府部门。同样，任何人可就因采取预防措施防止或减轻污染而产生的费用依照公约规定对油污责任人索赔。《最高人民法院关于审理船舶油污损害赔偿纠纷案件若干问题的规定》这一司法解释将预防措施费用纳入船舶油污损害赔偿的范围，但是没有明确界定这一费用的索赔主体，这种条约移植过程中的衔接问题是导致我国司法实践中清污单位强制清污费用索赔难的一个重要原因。

此外，我国实行的是公私法二元结构的立法模式。《国际油污损害民事责任公约》规定了任何人都可以向责任人提出预防措施费用索赔，无论公私，这在英美法系下不存在障碍，原因在于英美法系中没有公私法的划分。然而在我国公私二元结构立法模式下，清污单位的清污作业属于海事管理机构作

---

[1] 案件源于湖北省高级人民法院（2018）鄂民终604号。

[2] 参见王婷婷、叶舟："船舶油污事故中强制清污费用请求权基础之证成——以'中恒9'轮溢油事故为视角"，载《大连海事大学学报（社会科学版）》2019年第1期。

出的强制清污措施中的第三人履行行为，在性质上属于公法性质的行政费用。而如前文所述，依据相关法律规定及最高人民法院的司法解释，清污费用是具有民事性质的司法费用。

3. 借《海商法》修订之机进行完善

海洋油污事故发生后的及时清污，对海洋生态环境的保护和修复具有重要意义。实践中大部分清污作业都由专业清污公司实施，如果清污公司在完成清污作业后难以实现清污费用的有效偿付，将极大打击其开展清污作业的积极性，最终也不利于海洋生态环境的保护。

2018 年，交通运输部向社会公布的《中华人民共和国海商法（修订征求意见稿）》（以下简称《海商法（修订征求意见稿）》）中新增了"船舶污染损害赔偿责任"一章。依照该章第 13.9 条的规定：船舶污染损害的任何赔偿请求，请求人可以直接向船舶所有人的责任保险人或者财务保证人提出。这一规定与《国际油污损害民事责任公约》的立法精神保持了一致。没有对产生"赔偿请求"的行为作任何性质上的限定，而是用了"任何"一词。也就是说，强制清污费用无论是基于行政强制的代履行而产生，还是基于双方签订的民事契约而产生，清污单位都可以直接向船舶所有人或者其船舶油污责任保险人或财务保证人提出。这一规定消除了清污单位的后顾之忧，有利于调动清污单位参与清污作业的积极性，对于维护清污单位的合法权益具有积极意义。

第四章

海洋油污损害生态环境民事责任的归责

　　海洋油污的来源大致可以分为船舶油污、海洋石油开发过程中的油污（钻井平台油污）、其他陆源油污三大类。其中，船舶油污是造成海洋油污损害生态环境的主要因素，有关海洋油污损害生态环境的相关法律研究也主要集中在船舶油污损害领域。当前，有关船舶油污损害的国内外法律制度相对成熟。随着几个大的海上钻井平台溢油事件所带来的重大海洋生态环境污染损害，[1]学界和实务界对海洋开发中的海上钻井平台溢油污染损害赔偿制度愈加重视，相对而言，有关海上钻井平台溢油污染损害赔偿的国内外法律制度均不健全。船舶油污与海洋石油开发油污在事故影响特别是对海洋生态环境的破坏上具有极高的相似性，在后续损害赔偿中受害人、损害评估、生态环境修复等问题上具有高度一致性，但我们也必须承认，两者毕竟属于完全不同的海事活动，在责任主体及其归责原则上存在较大的差异。

　　本书该部分主要探讨海洋油污损害生态环境民事责任的归责，在对生态环境损害民事责任的归责进行梳理后，将分别对船舶油污损害生态环境民事责任的归责和海上钻井平台油污损害生态环境民事责任的归责进行深入研究。

第一节　生态环境损害民事责任的归责

　　海上溢油事故导致海洋生态环境损害的行为属于海洋环境侵权行为。[2]

---

　　〔1〕　如美国的墨西哥漏油事件，我国的康菲溢油事件等均为海上钻井平台溢油污染事件，且给相关海域的海洋生态环境造成严重污染与损害。

　　〔2〕　对于海洋油污损害生态环境行为的法律定性，最高人民法院法官在对《最高人民法院关于审理海洋自然资源与生态环境损害赔偿纠纷案件若干问题的规定》进行解读时，多次明确表示海洋生态环境损害诉讼既是一种环境侵权诉讼，也是一种环境民事公益诉讼。参见王淑梅、余晓汉："《关

因此，我们在探讨海洋油污致生态环境损害的民事责任主体及其归责时，有必要对民法上的一般规定和环境法上的一般规定进行梳理。

一、民法上的侵权责任归责

（一）归责原则

归责是民事法律制度的核心内容，包含归责原则、责任承担主体及免责等。归责主要是指如何要求民事行为人对自己的行为所引发的不利法律后果承担责任。[1]

归责原则主要是指各行为人在特定的损害事实发生之后，对相关损害承担责任时应当依据的责任归属原则。归责原则反映了和体现了法律对损害责任归属的价值判断，[2]简单来说，归责原则就是指依据什么样的准则让责任人承担法律责任，而这种准则反映了法律的根本价值取向。[3]对于我国民法上的归责原则，主要存在一元论、二元论和多元论的观点。一元论的学者认为，我国民法上只有过错责任原则，不存在其他责任归责原则。[4]过错责任原则主要是指行为人的行为在主观上存在过错且在客观上损害了他人的正当合法利益，那么行为人就要对自己的行为产生的不利后果承担法律责任。二元论的学者认为，我国民法上存在过错责任与无过错责任两种归责原则，不包含公平责任原则。[5]相对于过错责任原则，无过错责任原则在英美法系中也被称为严格责任原则，是指在确定行为人是否要对自己行为的不利后果承担法律责任时，主要考虑损害后果与行为人的加害行为之间是否具有因果关系，而不论行为人在主观上是否存在过错。多元论的学者则认为，我国当前的民事归责原则还包括公平责任原则。[6]

（接上页）于审理海洋自然资源与生态环境损害赔偿纠纷案件若干问题的规定》的理解与适用"，载《人民司法（应用）》2018 年第 7 期。

〔1〕　参见杨立新：《侵权法论》，人民法院出版社 2004 年版，第 116 页。

〔2〕　参见王泽鉴：《民法学说与判例研究》，中国政法大学出版社 1998 年版，第 258-278 页。

〔3〕　参见王利明：《侵权行为法归责原则研究》，中国政法大学出版社 2003 年版，第 15-16 页。

〔4〕　参见王利民、郭明龙："民事责任归责原则新论——过错推定规则的演进：现代归责原则的发展"，载《法学论坛》2006 年第 6 期。

〔5〕　参见杨立新：《侵权法论》，人民法院出版社 2004 年版，第 118-119 页。

〔6〕　公平责任原则的法律依据主要是《民法通则》第 132 条（《民法典》第 177 条、第 178 条）的规定：当事人对造成的损害都没有过错的，可以根据实际情况，由当事人分担民事责任。

一元论的观点没有考虑特殊侵权行为的存在，在处理现实多样化及复杂化的侵权情形上已经愈显不足。二元论的观点与我国现行民事法律的规定保持了一致，运用过错责任原则来处理一般侵权行为的归责，用无过错责任原则来处理特殊侵权行为归责，能够满足实践的需要，也避免了侵权行为归责原则上的复杂化。公平责任原则是民法在调整民事法律关系中的一个重要原则，但是这一原则强调的不是责任的归属性，而是在具体民事责任难以确定和归属的情况下所适用的一种调整原则，实际是对一般归属原则不足的救济。

我国当前民法体系中存在多种归责原则。过错责任原则与无过错责任原则的划分在我国《民法通则》的规定中有具体体现，《民法通则》第106条第2款和第3款的规定，实质上将我国民事责任的归责原则划分为过错责任原则和无过错责任原则。《民法典》在第一编总则对民事责任的规定中，则取消了《民法通则》第106条对归责原则的划分。《民法通则》第132条规定，在当事人均无过错时根据实际情况分担责任的规定，即是对公平原则的规定。《民法典》第177条、第178条则对公平原则进行了细化。此外，《民法典》第1165条基本延续了《侵权责任法》第6条第2款对过错推定责任的规定。因此，我国当前民法体系中的归责原则包含了过错责任原则、无过错责任原则、过错推定原则和公平责任原则。

（二）侵权责任主体

《民法典》对侵权责任的承担主体规定得相对简单，仅仅规定"行为人"应承担侵权责任。[1]实质上将如何定义具体侵权案件中的"侵权人"交给了各部门法去处理。

此外，对于多个侵权人的侵权责任划分，《民法典》第1168条规定，共同实施侵权行为的，应对他人造成的损害承担连带责任。对一人或数人实施侵权行为造成他人损害的，如能确定具体侵权人，由侵权人承担责任；如不能确定具体侵权人的，行为人承担连带责任。[2]对分别实施侵权行为造成同一损害的，如果能够确定相互之间责任大小的，则分别承担责任，如难以确定责任大小的，则各侵权人平均承担责任。如果每个人的侵权行为都足以造

---

〔1〕《民法典》第1165条第1款规定：行为人因过错侵害他人民事权益造成损害的，应当承担侵权责任。

〔2〕 参见《民法典》第1170条。

成全部损害的，行为人承担连带责任。[1]

《民法典》第七编第七章是对"环境污染和生态破坏责任"的专章规定，依据该章规定，对污染环境、破坏生态造成他人损害的应由侵权人来承担侵权责任。如果污染环境、破坏生态是因第三人的过错导致，被侵权人在请求赔偿时可以选择向侵权者进行索赔，也可以选择向第三人进行索赔。如果向侵权人索赔，侵权人在赔偿后，有权向第三人追偿。[2]

二、环境法上的环境侵权责任归责

（一）环境污染损害与生态环境损害的区分及其对归责原则的影响

过错责任原则是民法中侵权责任归责的基本原则，而环境侵权一直被视为特定类型的侵权行为。对于这种特殊侵权行为，侵权责任法上规定了无论加害人是否在主观上存在过错，都应对受害人的损害承担责任。一般认为，我国在环境污染损害的民事责任归责原则上适用的是无过错责任原则。这一原则可体现在《民法典》第1229条[3]的规定：因污染环境、破坏生态造成他人损害的，侵权人应当承担侵权责任。依照该条规定，污染环境和破坏生态的行为无论是否违法，均应承担责任，这也是环境法理论界一直强调的环境污染责任的承担不以行为的违法性为前提。因此，尽管该条规定的表述较为简单，且没有明确使用"过错"一词的表述，但一般认为，《民法典》第1229条就是对环境污染责任适用无过错归责原则的规定。环境法理论界通常认为，环境污染责任适用无过错责任原则是各国的一般做法，我们国家采用这一归责原则，与国际通行做法保持了一致。

《民法典》第1229条的规定原文表述为："因污染环境、破坏生态造成他人损害的，侵权人应当承担侵权责任。"严格按照这一表述，这里适用无过错责任的情形仅指因环境侵权造成他人损害的情形，也即通常所说的以环境为介质造成他人人身损害或财产损害的环境侵权情形，其与生态环境自身损害存在一定的区别。那么《民法典》第1229条所确定的无过错责任原则，是否同样适用于与其存在一定区别的生态环境损害赔偿领域呢？

---

[1]　参见《民法典》第1171条、第1172条。

[2]　参见《民法典》第1229条、第1233条。

[3]　该条是对《侵权责任法》第65条的延续。

其一，传统环境污染损害与生态环境损害存在一定区别。

生态环境损害赔偿责任与传统环境侵权责任存在区别，生态环境损害赔偿制度保护的对象是生态环境这一法益，以保护生态环境为根本目的，这是一种直接保护。而传统环境侵权法律制度是以人身权和财产权的保护为宗旨，只是在对人身权和财产权进行保护时，对生态环境起到间接保护的作用。

其二，传统环境污染侵权诉讼与生态环境污染损害诉讼中当事人的地位存在差异。

在传统环境污染侵权诉讼中，侵权人与受害人在地位上的表现，多为侵权人处于优势地位，而受害人处于相对弱势地位，侵权人多为掌握更多信息的企业，而受害人多为普通公民。在生态环境污染损害诉讼中，侵权人与受害人的地位与传统环境污染侵权诉讼中的表现正好相反，生态环境污染损害赔偿诉讼中，受害人为国家，具体代表国家提起诉讼的为拥有行政监督管理权的行政机关，其在人力、财力、物力及信息的获取能力方面都明显优于侵权人。

基于上述不同，环境行政监督管理机构基于平等主体地位要求侵权行为人承担生态环境损害赔偿责任，被认为实质是一种披着"私法"外衣的"公法"行为，[1]这种民事责任是一种经过拓展了的民事责任或者具有公法因素的民事责任。[2]我国《民法典》上规定的特殊侵权行为具有一些共同的特点：这些侵权行为侵害的客体为公民人身权、财产权等私法权益，具有较高的危险性，而危险性的存在是适用无过错责任原则的前提。[3]《民法典》"环境污染和生态破坏责任"一章的最后两个法条对"生态环境损害"的责任内容进行了规定，该两条虽然是对责任内容的规定，但通过该两条的内容表述及其与第1229条的位置对应，我们可以间接得出这样的结论：对生态环境损害赔偿责任的归责原则，《民法典》确立了无过错责任的适用原则。

2017年12月，中共中央办公厅、国务院办公厅发布《生态环境损害赔偿

---

〔1〕 参见翁岳生：《行政法2000》（上），中国法制出版社2002年版，第24页。

〔2〕 参见晋海："生态环境损害赔偿归责宜采过错责任原则"，载《湖南科技大学学报（社会科学版）》2017年第5期。

〔3〕 德国的《环境责任法》第1条规定即体现了这一原则，该条规定对于附件一所列的具有较高环境危险的设备所产生的污染损害适用无过错责任归责原则，而对于未列入附件一的设备，也就是不具有较高环境危险的设备所产生的污染损害，仍然适用过错责任原则。

制度改革方案》该方案规定"违反法律法规，造成生态环境损害的单位或个人，应当承担生态环境损害赔偿责任，做到应赔尽赔"，将生态环境损害行为的违法性作为其承担生态环境损害赔偿责任的前提条件。据此，有学者主张，在生态环境损害赔偿领域，不应适用传统环境侵权领域的无过错责任原则，而应适用过错责任原则。[1]也有学者持不同意见，认为《生态环境损害赔偿制度改革方案》毕竟不是法律法规，只是阶段性的政策规定，而且，《生态环境损害赔偿制度改革方案》也没有对生态环境损害赔偿责任的归责原则作出明确规定，不能仅以上述表述就认为，应适用过错责任原则来确定生态环境损害赔偿责任。

（二）生态环境损害赔偿责任归责原则的理论争议

当前，对于在传统环境污染侵权责任适用无过错责任归责原则，环境法理论界不存在争议。但在生态环境损害赔偿责任的归责原则适用上，环境法理论界存在一定争议，主要存在三种不同的观点：无过错责任原则、过错责任原则和多元归责原则。

主张适用无过错责任原则的学者认为，[2]我国在环境污染侵权责任中确定了适用无过错责任原则，最新修订的《环境保护法》[3]和《民事诉讼法》[4]对环境公益民事诉讼的相关规定中都没有适用过错责任。在生态环境损害赔偿责任的确定上适用无过错责任原则，能够在环境法律体系中保持环境责任归责原则的内部自洽，有利于受损生态环境获取足额修复资金或者赔偿金，符合生态环境保护的目标，也与国家实行严格生态环境保护制度的总体要求保持一致。

主张适用过错责任原则的学者则认为，[5]生态环境损害赔偿责任与传统环境污染损害赔偿责任存在较大差别，在生态环境损害赔偿责任的确定上应考虑过错要件，适用过错责任归责原则，这种过错标准主要体现为是否违反了国家的强制性标准。

---

〔1〕参见晋海："生态环境损害赔偿归责宜采过错责任原则"，载《湖南科技大学学报（社会科学版）》2017 年第 5 期。

〔2〕参见张梓太、席悦："生态环境损害赔偿纠纷处理机制探析"，载《中国环境报》2017 年 12 月 21 日，第 3 版。

〔3〕《环境保护法》第 58 条。

〔4〕《民事诉讼法》第 58 条。

〔5〕参见马腾："我国生态环境侵权责任制度之构建"，载《法商研究》2018 年第 2 期。

主张适用多元归责原则的学者认为，[1]生态环境损害的破坏行为与传统环境污染行为在行为方式和损害表现形态上存在诸多不同，适用单一的归责原则难以完整有效地规制生态环境污染与破坏行为。在生态环境损害赔偿责任中，应根据不同的生态环境破坏类型选择适用不同的归责原则。对于危险行为和危险活动所造成的生态环境损害，应采取无过错责任原则，而对于非危险行为（对生态环境损害不存在具有危险性的行为）所导致的生态环境损害，则适用过错责任原则。生态环境损害赔偿中，责任人往往承担较高的赔偿数额，赔偿责任对责任人的经济状况会带来较大影响，因此，在生态环境损害责任人的具体确定上，应适用比例原则以避免过度扩大责任人的范围。同时加强国家的监管职责，只对高度危险活动导致的损害适用无过错责任，对于非高度危险活动导致的损害则适用过错责任原则。[2]

2001 年最初版本的《最高人民法院关于民事诉讼证据的若干规定》第 4 条第 1 款第 3 项对在环境侵权诉讼中实行举证责任倒置的相关问题作了具体规定，依照该规定，应由加害人对自身环境污染损害赔偿的免责事由及因果关系的不存在承担证明责任。2009 年 12 月 26 日通过的《侵权责任法》第八章第 66 条，再次对《最高人民法院关于民事诉讼证据的若干规定》的举证责任倒置规定进行了强调。现这一规定集中体现于《民法典》第 1230 条。

第二节　船舶油污损害生态环境的民事责任归责

船舶油污损害生态环境民事责任归责，主要是指存在船舶油污事故损害海洋生态环境时，采用什么样的准则或依据来确定有关责任人的责任。它包含两个方面的内容，一是确定民事责任归属的依据或准则，即归责原则；二是确定承担民事责任的具体责任人。

---

〔1〕 参见竺效："生态损害填补责任归责原则的两分法及其配套措施"，载《政治与法律》2007 年第 3 期。

〔2〕 参见张梓太、李晨光："关于我国生态环境损害赔偿立法的几个问题"，载《南京社会科学》2018 年第 3 期。

一、船舶油污损害生态环境的民事责任归责原则

（一）海商法上的传统归责原则

自 19 世纪以来，过错责任原则成为侵权法的基本归责原则。过错责任原则是近代侵权法领域的一种重要归责原则，也是传统海商法所采用的民事责任归责原则。海上运输不同于陆地运输，其利润虽高，但是不确定性风险也很大，而且一旦发生海难事故，造成的损害往往数额巨大。为了鼓励船舶所有人积极从事航海与海上运输行业，最初的海商法制度在设计上都不会将风险责任全部加诸船舶所有人。与民法偏重保护当事人之间基于自愿平等原则所产生的法律关系不同，海商法偏重保护整个行业的健康发展与交易安全，并以产生经济效益的最大化作为最终的价值体现。[1]海商法进行民事责任归责时，更侧重于对商事的考虑。

而在船舶油污损害赔偿责任的归责上，依据一般侵权法的理论，船舶油污损害是一种特殊侵权行为，在相应的民事责任归责中应适用无过错责任原则，即严格责任原则。

（二）相关国际公约所确立的严格责任原则

早期对于与船舶有关的民事责任归责基本上都采取了过错责任原则，如 1957 年《船舶所有人责任限制的国际公约》。直到《1969 年责任公约》制定时，才开始采用无过错责任原则，即严格责任原则。

《1969 年责任公约》第 3 条第 1 款规定船舶所有人应对油污所造成损害承担赔偿责任，其原文表述为："在事件发生时，或者如果事件包括一系列事故，则在此种事故第一次发生时，船舶所有人应对该事件引起的油类溢出或排放所造成的污染损害负责。"依据该规定的这一表述，无论船舶所有人对油污事故的发生是否存在主观故意或过失，都应该对油污所造成的污染损害承担赔偿责任。我国海商法学者根据该条的规定，将《1969 年责任公约》确定的油污损害民事责任归责原则总结称为"谁漏油，谁赔偿"原则。

可以说，《1969 年责任公约》所确定的无过错责任原则是对当时船舶所有人赔偿责任的一种立法突破。然而，在这个原则的确立过程中，也出现过很大的争议。1967 年的 Torrey Canyon 号漏油事故的发生，直接促使了油污责

---

〔1〕　参见郭瑜：《海商法的精神——中国的实践和理论》，北京大学出版社 2005 年版，第 188 页。

任公约的产生。事故发生后，国际社会对事故中各相关方如何承担责任进行了积极探讨。在公约制定过程中，各国就船舶油污损害民事责任适用过错责任原则还是无过错责任原则进行了热烈讨论，各国之间存在分歧。若采用过错责任原则，则受害人在很大程度上基于这一原则而无法获得赔偿；若采用无过错责任原则，则对船方有失公平，也违背了海商法领域一直对船方进行保护的基本原则。

因为归责原则的重要性，公约起草者在汇总各个国家意见的基础上，提出两个方案：第一种方案主张公约应采用过错推定的归责原则，除非船舶所有人能有力证明损害的发生不是其自身直接造成，否则，船舶所有人应对损害承担责任。[1]在阐述这一方案的主要理由时，英国从船舶获取保险赔偿的角度认为，如果采用无过错责任原则，有关船舶油污损害的保险赔偿支出将会增大，这会导致保险费率提高而带来过大的保险成本。第二种方案认为，公约应采用无过错责任原则，该方案认为公约在考虑油污损害责任的承担方面不应考虑责任人的主观过错。若采用过错责任原则，油污受害者就可能无法获得赔偿。船舶从石油运输中获利，有能力就这种获利承担对应的风险，因此，在油污损害民事责任的归责上，不应让受害者处于得不到赔偿的境地。[2]

《1969 年责任公约》最终采用了过错责任归责原则。这一原则确立的背后体现了各国不同的利益博弈。各国最终能够达成妥协，是建立在最高赔偿责任限额制度及油污损害赔偿基金公约等配套制度的设立这一基础之上。[3]

《1992 年议定书》《2001 年燃油公约》在确定油污损害赔偿责任时，都延续了无过错责任原则。对船舶所有人超出《1992 年议定书》所规定的赔偿限额时，《1971 年基金公约》规定，基金组织就超出部分向受害人赔偿，但对船舶所有人仍然采用严格责任。当前，涉及污染损害赔偿的相关国际公约基

---

〔1〕 See Wu Chao, "Pollution from the Carriage of Oil by Sea: Liability and Compensation", *Kluwer Law International*, 1996, p. 217.

〔2〕 See Wu Chao, "Pollution from the Carriage of Oil by Sea: Liability and Compensation", *Kluwer Law International*, 1996, p. 217.

〔3〕 See IMCO Official Records of the International Legal Conference on Marine Pollution Damage, 1969, LEG/CONF/C. 2/WP . 35, 1969, pp. 596-597.

本上都采取了严格责任归责原则。[1]

随后，各国在其国内法中也基本上确立了油污损害赔偿的严格责任原则。美国 1990 年《油污法》第 2702 条确定了海洋环境损害赔偿领域的船东严格责任原则，加拿大 2001 年《海事责任法》第 51 条第 3 款[2]规定了海上油污损害责任方的无过错责任原则。此外，英国 1995 年《商船航运法》的第 153条、挪威 1994 年的《海商法》第 191 条[3]和第 192 条的规定体现了其严格责任原则。

（三）我国的相关规定

我国是《1992 年议定书》和《2001 年燃油公约》的成员，这些公约在船舶油污损害民事责任中均规定了严格的无过错责任原则。当前，我国有关船舶油污损害赔偿的民事责任归责，主要依据《民法典》《海商法》等来调整，尚未制定针对船舶油污损害赔偿的专门法律。

我国新颁布实施的《民法典》第 1229 条表明，我国在环境侵权领域适用无过错责任。一般认为，船舶油污损害是一种特殊侵权行为，应适用无过错责任原则。在因船舶油污造成人身损害与财产损害时，适用无过错责任来进行相关民事赔偿责任的归责是明确的，也是不存在争议的。而对船舶油污导致海洋生态环境损害应使用什么样的归责原则，以往的《民法通则》及《侵权责任法》实质上并未作出明确规定，新颁布实施的《民法典》也只是对污染环境与破坏生态的归责原则作了一般性规定，并未细化至船舶油污所致的海洋生态环境损害赔偿中，理论界对此也存在一定争议。

我国的《海洋环境保护法》及《防治船舶污染海洋环境管理条例》都强调严格的环境污染责任，但是这两部法律主要侧重于行政管理，公法因素较多。《海洋环境保护法》第 89 条规定了海洋生态环境损害的赔偿责任，但对这种责任的归责、具体内容等都没有详细明确的规定。我国《海商法》没有专门的船舶油污损害赔偿章节，因此，也未明文规定船舶油污损害民事责任的归责原则，只是对船舶碰撞事故责任的划分进行了规定。[4]

---

〔1〕　如《1996 年国际海上运输有害有毒物质损害责任和赔偿公约》在污染损害的归责上也采用了无过错责任原则，具体体现为第 7 条第 1 款的规定。

〔2〕　"船舶所有人根据第 1 项承担责任并不需要证明船舶所有人有过失或者疏忽……"

〔3〕　"无论有无过错，船舶所有人应对油污损害负责。"

〔4〕　《海商法》第 169 条。

最高人民法院的相关司法解释也未明确规定海洋油污损害生态环境民事责任的归责原则。

（四）小结

当前，有关船舶油污损害的国际公约基本上确立油污损害赔偿的无过错责任原则，也即严格责任原则。依据当前有关船舶油污损害的国际公约，因船舶污染所造成的海洋生态环境损害属于公约索赔的范围，因此，可以说，在船舶油污损害生态环境损害赔偿的民事责任归责上，国际公约确立了无过错的严格责任原则。近年来，我国非常重视环境保护工作，海洋生态环境保护也不断得到重视。在一般环境损害侵权领域，有关环境污染损害的民事责任归责中一直采用无过错责任原则，当事人承担环境污染损害责任不以其行为的违法性为前提，只要相关行为造成了环境污染的后果，就应承担相应民事责任。

本书认为，在我国船舶油污损害生态环境民事责任归责中，也应采用无过错责任原则，理由如下：

第一，船舶油污损害生态环境民事责任适用无过错责任原则，是当前国际法及各国国内法在环境侵权领域所采用的普遍做法。在船舶油污损害生态环境民事责任中采用这一原则，与国内环境污染侵权适用同一归责原则，能够保持与现行法律体系的融洽，避免法律体系的内部冲突与矛盾，也有利于我国法律与国际法律及其他国家的法律顺利接轨及相互呼应。依照我国新颁布实施的《民法典》第七编第七章的规定，我们可以间接推断出，在生态环境损害赔偿领域应适用无过错责任原则，而在《海商法》等特别法没有明确规定的情况下，在船舶油污损害赔偿领域应适用作为一般法的《民法典》的规定来处理相关法律问题。

第二，在船舶油污损害赔偿民事责任领域适用无过错责任原则，辅之以船舶油污损害赔偿基金制度及油污保险制度，符合风险分担主义理论。依据该理论，船舶所有人一方面可以运用市场机制，通过调整其所提供服务的价格，将损失风险向其服务的对象进行转移；另一方面，可以通过购买保险来分散自身风险。

第三，适用无过错责任原则，可以促使船舶所有人更加重视船舶安全，进而在技术方面及主观谨慎方面，提高对船舶的安全管理和安全操作，以防止油污事件造成海洋生态环境污染而承担法律赔偿责任。也有利于敦促船舶所有人在油污事故发生后，能够积极采取措施对生态环境进行救助，避免或减轻油污事故对海洋生态环境所带来的损害。

第四，适用无过错责任原则，一般在举证责任分配中会实行当事人举证责任倒置制度，加重加害方举证责任的同时强化对受害人的保护，从而从程序上促进海洋生态环境的保护。

二、船舶油污损害生态环境民事责任的免责

如前所述，国际公约和各国立法在船舶油污损害民事责任的归责中，普遍采用严格的无过错责任原则，船舶油污损害责任人无论对油污损害是否存在主观过错或过失，都应对相应损害结果承担民事责任。但无过错归责原则的适用不意味着责任人在任何条件下都要对船舶油污损害承担责任，有关国际公约及各国国内法都对船舶所有人的免责事由进行了规定。当前船舶油污损害赔偿的责任主体主要有三个层次：船舶所有人、油污保险人及油污基金。

（一）船舶所有人油污责任的免责

《1969 年责任公约》第 3 条及《2001 年燃油公约》第 3 条对船舶所有人的免责事项进行了规定，总结而言，免责事由大致包含以下内容：

（1）战争行为、暴动等社会事件所引起的损害免责

该免责事项主要反映了船舶油污责任标准保险合同中的战争免责情形，在具体应用时，并不要求船舶溢油事故的发生是完全基于战争危险，只要部分或者主要是基于战争危险而发生即可。该条款在实际中应用并不多，特别是随着世界形势的变化，近年来引用该事由主张免责的情况也较少。当前与此有关的事项主要为恐怖袭击行为，但恐怖袭击行为并不一定被归入战争危险而免责，多数情况下，因恐怖袭击行为免责的主要依据为"完全是由于第三方故意造成损害的行为或不作为所引起的"。

（2）不可避免的自然灾害引起损害的情形免责

自然灾害作为不可抗力的一种，是侵权法中经常被援引的一种免责事由和抗辩事由。《1969 年责任公约》不要求损害"完全"是由不可避免和不可抗拒的自然现象所引起，只要"部分"或"主要"因这种不可避免和不可抗拒的自然现象所致就能免责。但是，公约在此处所规定的自然灾害情形与一般侵权法上的"不可抗力"的免责条款甚至海上风险存在较大差别。公约所规定的这种自然灾害的范围相较于一般"不可抗力"免责条款更窄，要求是

不可预见、不能避免的意外事件和海上风险，如果船舶所有人能够避免事故的发生，则不能援引这种事项作为免责事由。例如，对于因地震所造成的海啸，船舶所有人可以主张为免责事由。但是对于台风、飓风等可以通过天气预报获知的自然灾害事由，则不能作为免责事由加以援引。各国国内法也证实了这一点，在美国的 Sabine Towing 案中，涉案船舶撞上因洪水而沉没河床上的物体，虽然洪水构成严重的自然灾害，但是，在洪水期间，船舶所有人可以通过选择停止航行从而避免事故的发生，此时洪水这一自然灾害就不再是"不可抗拒、不可避免的自然灾害"。因此，船舶所有人不能引用自然灾害免责这一抗辩，应该对本次溢油事故承担损害赔偿责任。

（3）完全因第三方的故意

《1969 年责任公约》要求在引用这一事项进行免责时，事故发生是"完全"因第三方的故意作为或不作为而引起的。2002 年 10 月 6 日，法国所有的 Limburg 油轮在亚丁湾行驶过程中遇恐怖袭击爆炸，事故原油泄漏致也门海洋生态环境污染。事后，也门政府向 Limburg 轮提出清污费用以及海洋环境损害费用赔偿，总计数额 1850 万美元。在本案中，Limburg 轮船舶所有人援引了"第三方故意"条款作为免责事由，认为事件的发生完全是第三方故意的恐怖袭击所致，船舶所有人对事故的发生不存在任何过失，并最终拒绝支付也门政府所主张的赔偿费用。

（4）负责灯塔或其他助航设施管理的政府或其他主管当局在履行其职责时的疏忽或其他过错行为

与前述第三项免责事由一样，事故的发生完全因为该事项，是船舶所有人基于这一事由主张免责的前提，船舶所有人和其他责任人对事故的发生不存在任何的过失或故意。实践中，多数事故的发生，船舶所有人和其他责任人或多或少都有一定的过失，该项免责事由的这一严苛要求，使其在实践中被成功援引的情况并不多见。1977 年 10 月 22 日，苏联籍 Tsesis 油轮在瑞典航道中与半潜在水中的礁石相撞，事故造成事发海域环境污染。因事发地点位于瑞典群岛，瑞典政府就事故所造成的海洋生态环境污染损害向 Tsesis 轮船舶所有人提起赔偿。瑞典最高法院最终判决没有支持瑞典政府的索赔，其中一个重要的理由为，瑞典海事主管机关早在 1969 年就已经发现了该处岩石却未在海图中进行位置标注，船舶在行驶过程中不存在任何过失。因此，船舶所有人可以就本次事故的油污损害赔偿免责。

（5）受害人的故意或是受害人的疏忽大意

在船舶溢油事故发生后，大多数国家都规定了溢油应急处置机制。事后，相关政府部门也会针对应急处置费用向船舶所有人提起索赔主张。而该项免责事由主要用来对抗政府部门的应急处置费用主张。

（二）油污保险人的免责

实践中，船舶所有人最终承担的油污损害主要由保险公司来进行赔付，因此，保险责任条款中的免责事由，对油污损害事故中受害人最终能否受偿及受偿数额的大小，都具有直接影响。当前，我国船舶污染责任保险市场份额最大的三家保险公司为：中国平安财产保险股份有限公司（以下简称"平安保险公司"）、中国人民财产保险股份有限公司（以下简称"中国人民财产保险公司"）、中国大地财产保险股份有限公司（以下简称"大地保险公司"）。

三家保险公司的船舶污染责任保险免责条款存在一定的相似性，总结而言，免责事由主要有：第一，不可避免和不可抗拒性质的自然现象；第二，战争等暴乱行为；第三，核放射性物质或武器等所致；第四，完全由于被保险人和第三方的故意造成污染损害的行为；第五，政府部门在履职时的疏忽或过错行为。这些免责事由与《1969年责任公约》规定的免责事由保持了一致。

各保险公司对免责事由的规定，在总体上保持了一致，但在具体条款的表述和解释上，也存在一定细微的差异。如，对第四项免责事由"完全由于被保险人和第三方的故意造成污染损害的行为"，各保险公司采取了不同的表述方式。平安保险公司规定这种故意的主体包含投保人、被保险人及其代表；中国人民财产保险公司的规定则将上述人员的雇员及代理人也纳入其中；大地保险公司的规定包括船舶所有人、船舶经营人及其代表、船长、被保险人等。

除与公约规定保持一致的条款外，各保险公司在对相关免责事项进行解释时，都呈现了一种扩大的趋势。此外，各保险公司都或多或少地规定了一些其他免责条款，如平安保险公司将"行政行为或司法行为"也作为一种免责事由；中国人民财产保险公司则将船舶不适航、被保险船舶驶出保险合同约定的航行区域等事项也作为免责事由；大地保险公司要求被保险人严格履行将其在合同项下的责任告知保险人的义务，而且保险人在必要时加收保险费，否则予以免责。这些扩大的保险免责事由，反映了保险公司在船舶污染责任险赔付中持谨慎态度。

（三）油污基金的免责

《1971 年基金公约》第 4 条第 2 款规定了两项免责事由：一是油污损害由于战争或暴动等原因造成；二是索赔人不能证明损害源于船舶。第一项免责事由与《1969 年责任公约》第 3 条所规定的免责事由相对应；第二项免责事由则与《1969 年责任公约》第 6 条的内容进行呼应。油污基金在赔付条件中要求索赔人证明油污损害源于"船舶"，但实践中索赔人对此予以证明是十分困难的，有鉴于此，《1992 年基金公约》以列举的方式将输油管道、钻井平台以及非油轮造成的油污损害排除于基金的赔偿范围。

（四）我国的规定

我国没有关于船舶油污损害赔偿的专门性立法，现行法律体系中也没有针对船舶油污损害赔偿免责事由的专门规定。我国《船舶油污损害赔偿基金征收使用管理办法》第 16 条规定了不得从船舶油污损害赔偿基金进行补偿的三种情形：（1）油污损害由战争、敌对行为造成或者由政府用于非商业目的的船舶、军事船舶、渔船排放油类物质造成的；（2）索赔人不能证明油污损害由船舶造成的；（3）因油污受害人过错造成的全部或部分油污损害的。

2018 年 11 月份，交通运输部发布的《海商法（修订征求意见稿）》中新增设"船舶油污损害赔偿责任"一章，该章对船舶油污损害赔偿规定了四种免责事由，包括战争等不可抗力行为、第三人的故意行为、国家主管部门的履职行为、受害人的过错等，该规定与相关国际公约的规定在总体上保持了一致。

前述所探讨的船舶油污损害赔偿责任的免责事项，是就船舶溢油事故所致的民事损害赔偿通行适用的事项。那么对船舶油污所致的海洋生态环境损害是否也同样适用上述免责事由呢？如本书前文所探讨，海洋生态环境损害赔偿范围中的油污应急处置费用均属于当前船舶油污损害民事赔偿的范围，因此，就海洋生态环境损害赔偿的免责事由，在油污损害生态环境是由于船舶漏油所导致时，上述免责事由在一定范围内是应当适用的。

此外，对于海洋生态环境损害赔偿的免责，我国相关法律作了专项规定。《海洋环境保护法》第 89 条规定，造成海洋环境污染损害的责任者应承担赔偿责任，如果这种损害完全由第三方的故意或过失造成，则由第三方承担赔偿责任。从某种意义上，可以视为对海洋生态环境污染责任人的一种免责规定。《海洋环境保护法》第 91 条规定了责任人对于海洋环境污染损害免责的三种情形：战争、不可抗拒的自然灾害、主管部门的履职行为等。国务院《防治船舶污染海洋环境管理条例》也作出了同样的规定。

本书认为，在油污致海洋生态环境损害赔偿中，责任人可以援引的免责事由应依照《海洋环境保护法》及《防治船舶污染海洋环境管理条例》的规定进行。在涉及船舶油污致海洋生态环境损害民事赔偿责任中，属于免责事由与当前船舶油污损害领域中可主张的免责事由存在冲突或不一致的地方，应作限制性解释，避免免责事由的扩大，从而起到保护海洋生态环境这一公益的目的。此外，实践中，在对《海洋环境保护法》所规定的免责事项进行适用时，应采取严格的限制性解释，不宜将相关免责事由的范围进行扩大。如，对于主管部门执行职责时的疏忽或过失行为，主管部门在采取油污应急处置措施时，难免存在一定程度上的过失。在援引该项判断责任人是否应予以免责时，应对该事由进行限制性解释，不能将其无限扩大而免除责任人的赔偿责任。

三、船舶油污损害生态环境的赔偿责任主体

船舶油污损害生态环境可能的责任主体有：船舶所有人、船舶经营人、货主、船舶油污保险人、财务保证人和油污损害赔偿基金等。

（一）国际公约的规定

1967 年的"Torrey Canyon"溢油事件引发了国际社会对船舶油污损害赔偿的广泛讨论。其中对于船舶所有人，即船东，是否应承担油污损害赔偿责任及如何承担责任进行了有益探讨。油船船东与石油公司面对油污事故所带来的舆论压力，表示愿意承担油污所致的损害赔偿责任，并将制定一系列计划，这表现为后来的一系列民间协定，如由英美七家最大的油船公司发起而签订的 1969 年的《油轮船东自愿承担油污损害责任的协定》以及 1971 年的《油船油污损害责任的暂行补充协议》。

1. 《1969 年责任公约》制定中的争议

该公约在制定时曾试图在船舶所有人、货主及船舶经营人等之间寻求一种平衡，既能使油污损害获得有效赔偿，又能避免油污损害赔偿对责任主体带来的巨大影响。以爱尔兰和瑞典为代表的一些国家则主张由货主承担油污

损害民事责任，以法国为代表的国家主张应该由油船的船舶所有人作为责任主体承担油污损害责任。

主张由货主承担油污损害赔偿的国家认为，如果船舶存在过错，则货主可以向船方索赔，因此，应由货主承担油污损害赔偿责任，具体理由如下：第一，公约规范的油污损害是由货物引起的，是与货物相关的危险。在公约制定过程中，船方的利益代表爱尔兰、瑞典等国家坚持这一观点；第二，货物所有人是由石油行业支撑起来的，最具赔偿能力；第三，实行船方严格责任制会从根本上背离传统海商法所确立的基本归责原则。

主张由船舶所有人承担油污损害责任的国家认为：虽然货物可能会造成污染损害，但承运人可以通过提高船舶安全加以避免，油污事故主要问题在于船舶所有人的营运。此外，公约制定的本意在于保护船舶油污事故中的受害人，使其能够就油污损害得到民事赔偿，而对于油污事故中请求赔偿的受害者，确定具体的货主是十分困难的，特别是货物在运输途中易主时，具体的货主往往并不明确。

除了货主与船舶所有人之间在船舶油污损害赔偿责任承担上的争论之外，各国就究竟由船舶所有人还是船舶经营人承担具体的船舶油污损害赔偿责任，也存在争议。实践中，船舶的营运并非都由船舶所有人来进行，仅由船舶所有人来承担油污损害赔偿责任未免有失公允。但由船舶经营人作为责任人来承担油污损害赔偿责任存在一定的实践难题，船舶经营人的频繁变更一方面会增加确认具体责任人的困难，另一方面，保持对船舶经营人的油污保险及其他证书进行更新，会增加缔约国的管理负担。

公约起草小组最后经过综合考虑，认为船舶经营人的概念不易确定，而船舶所有人的主体较为明确，且事实上是对船舶和货物具有控制权的主体，最终公约确定了船舶所有人作为油污损害赔偿的责任人。

《1969年责任公约》在规定船舶油污损害应由船舶所有人负责的同时，对如何确定具体的船舶所有人进行了明确，船舶所有人的确定：若船舶已经登记，则登记人为船舶所有人；若船舶没有进行登记，则所有权持证人为船舶所有人；如果该船舶为国有船舶，则实际经营船舶的公司为公约项下的"船舶所有人"。

从《1969年责任公约》制定过程中的各种争议可见，船舶所有人在最初并非唯一的油污损害赔偿责任人。《1969年责任公约》最终确定了以运输油类的船舶作为油污损害赔偿的责任人，实际上是各国利益相互牵制并最终相互妥协的结果。虽然公约将油污损害赔偿的责任主体界定为船舶所有人，但是在实务中，依据相关国际条约及各国国内法的规定，船舶所有人可以对其油污损害赔偿责任进行限制，因此，仅凭船舶所有人通常难以足额充分地赔偿油污受害人的损失。因此，《1969 年责任公约》在确定了船舶所有人为船舶油污损害赔偿的唯一责任人的基础上，又要求设立国际油污损害赔偿基金，建立相应的油污损害赔偿基金制度，以满足船舶油污事故中受害人的索赔要求，将油污基金作为二重赔偿责任主体。

2. 《1992 年议定书》的延续

《1969 年责任公约》生效后，曾经有国家提出将船舶所有人的概念进行扩张，将船舶经营人纳入船舶所有人概念当中。但考虑到这种扩张会引发船舶所有人与船舶租赁人对同一船舶购买双重保险，从而减轻自身责任负担的问题出现，《1992 年议定书》与《1969 年责任公约》的规定保持了一致，将船舶所有人作为船舶油污损害赔偿民事责任的唯一责任主体。同时，公约第 4 条以列举的方式排除了船舶管理人、船舶实际经营人或者船舶租赁人等的油污损害民事责任，并明确规定下列人员为禁止索赔的对象：溢油船舶所有人的服务人员、雇佣人员或代理人、船员、引航员、租船人（包括光船租船人）及其雇佣人员或代理人、船舶管理人或经营人及其雇佣人员或代理人、救助人员或采取预防措施的人员及其雇佣人员或代理人。

尽管《1992 年议定书》延续了《1969 年责任公约》对船舶油污赔偿民事责任人的规定，但我们也应注意到公约在细微之处的变化：

《1969 年责任公约》第 3 条第 1 款的原文表述如下：

"Except as provided in paragraphs 2 and 3 of this Article, the owner of a ship at the time of an incident, or where the incident consists of a series of occurrences at the time of the first such occurrence, shall be liable for any pollution damage caused by oil which has escaped or been discharged from the ship as a result of the incident."

《1992 年议定书》对该条的修改表述为：

"Except as provided in paragraphs 2 and 3 of this Article, the owner of a ship at the time of an incident, or, where the incident consists of a series of occurrences, at the time of the first such occurrence, shall be liable for any pollution damage caused by the ship as a result of the incident."

《1969 年责任公约》强调的是油污事故中的溢油，只不过这种溢油是由船舶而来，所以使用的是"caused by oil"这一表述。《1992 年议定书》则强调作为事件中的船舶导致的损害，用"caused by the ship"来表达。这一表述的改变，反映了公约的制订者们在确定船舶油污损害民事责任主体时，其关注点从油类转到船舶上来，实质进一步明确了船舶所有人应作为船舶油污损害的民事责任主体。

3.《2001 年燃油公约》对责任主体的扩大

《2001 年燃油公约》第 3 条第 1 款对船舶所有人承担责任作出了规定："除第三和四款规定外，事故发生时的船舶所有人应对由船上或源自船舶的任何燃油造成的污染损害负责，但如某一事故系由具有同一起源的系列事件构成，则该责任应由从此系列事件的首次事件发生时的船舶所有人承担责任。"

尽管《2001 年燃油公约》第 3 条同样规定船舶所有人为油污损害赔偿的责任主体，但与《1969 年责任公约》对船舶所有人的界定不同，《2001 年燃油公约》对船舶所有人的界定范围是比较广泛的，包括船舶的登记所有人、光船承租人、管理人和经营人在内。"登记所有人"系指登记为船舶的所有人的一个或多个人，或在没有登记时，拥有船舶的一个或多个人。然而，当船舶为国家所有并由在该国登记为该船经营人的公司营运时，"登记所有人"应系指此种公司。[1]

由此可见，《2001 年燃油公约》将油污损害赔偿责任主体扩展至船舶登记所有人、光船租赁人、管理人和经营人，其主要原因在于《2001 年燃油公约》没有像《1969 年责任公约》一样建立相应的油污损害赔偿基金制度，其对船舶所有人所包含的范围进行了扩展解释，主要目的在于保障受害人能在公约项下获得充分的赔偿。

（二）其他国家国内法的规定

《1969 年责任公约》及其对应的《1971 年基金公约》均将船舶所有人作为油污损害赔偿责任的唯一责任主体，这一做法被很多国家的国内立法认可。如英国 1995 年《商船航运法》第 131 条规定船舶所有人为油污损害赔偿的责任主体，船舶所有人是指油污事故发生时船舶的所有人，[2]同时，如同

---

〔1〕《2001 年燃油公约》第 1 条。
〔2〕 1995 年《商船航运法》第 137 条第 9 款。

《1969 年责任公约》一样，将船舶所有人的受雇人、代理人、服务人员、承租人、管理人、经营人等排除在油污损害责任人的范围之外。加拿大 2001 年《海事责任法》第 51 条将船舶所有人确定为油污损害责任人，但在对船舶所有人进行界定时，加拿大法律对公约船舶和非公约船舶作了区分。此外，挪威 1994 年《海商法》、俄罗斯 1999 年《商船航运法典》、日本《油污损害赔偿保障法》等国家的相关国内立法均将船舶所有人作为船舶油污损害的责任主体，与《1969 年责任公约》的规定保持了一致。

美国没有加入《1969 年责任公约》或《1992 年议定书》及《1971 年基金公约》，而是制定了自己的油污法。美国 1990 年《油污法》对油污损害的责任承担主体使用了"责任人"（responsible party）的概念，将船舶所有人、船舶经营人及光船租赁人包含在油污责任主体的范围之内，而排除了航次承租人和定期租船人。美国《油污法》使用"责任人"的概念，而不同于国际公约和其他国内法的通行做法中使用的"船舶所有人"概念，实质上将油污损害赔偿的责任主体扩大至一群人。其主要原因在于，国际公约对油污损害的规定局限于船舶油污，而美国《油污法》所规定的油污损害既包括船舶油污损害，也包括海上钻井平台等近岸设施所致的油污损害。

（三）我国法律的规定

我国没有专门的船舶油污损害赔偿民事责任立法，相关规定散见于《海商法》《海洋环境保护法》《防治船舶污染海洋环境管理条例》等法律规定中。

《海洋环境保护法》第 89 条规定，造成海洋环境污染损害的责任者应承担赔偿责任，如果这种损害完全由第三方的故意或过失造成，则由第三方承担赔偿责任。《海洋环境保护法》使用了"责任者"的表述，但该法主要从行政管理的角度来对海洋生态环境的保护进行规范，对海洋生态环境污染损害赔偿"责任者"的具体内涵和确定方式，并没有进行明确。

《海商法》的相关规定没有涉及船舶油污损害赔偿责任主体的认定，只是对船舶油污损害的赔偿责任限制进行了规定，享有海事赔偿责任限制的为船舶所有人，而这里的船舶所有人包括船舶承租人和船舶经营人。[1]

《防治船舶污染海洋环境管理条例》第七章是对船舶污染事故损害赔偿的

---

〔1〕《海商法》第 204 条。

专门规定，对于海洋环境污染损害赔偿的责任主体，第 48 条进行了规定，其表述与《海洋环境保护法》第 89 条的规定保持了一致，使用了"责任者"一词。

《最高人民法院关于审理船舶油污损害赔偿纠纷案件若干问题的规定》确定了船舶所有人作为油污损害赔偿的责任主体，同时船舶油污损害责任保险人及财务保证人承担连带责任。《最高人民法院关于审理海洋自然资源与生态环境损害赔偿纠纷案件若干问题的规定》主要针对海洋环境监督管理部门依据《海洋环境保护法》第 89 条第 2 款所提起的海洋生态环境损害赔偿诉讼，因此，对于海洋生态环境损害赔偿的民事责任主体与《海洋环境保护法》第89 条的规定保持一致，使用了"责任者"这一概念。

（四）小结

在船舶油污损害赔偿领域，船舶油污损害的责任主体从最初单一的船舶所有人，渐渐发展为以船舶所有人为主，辅以油污损害赔偿基金制度与油污强制责任保险制度的多重赔偿制度，将船舶油污损害赔偿制度在船舶所有人和货主之间进行分散，平衡了各方当事人之间的利益。这一机制已经在国际社会广泛使用，并得到众多国内法的认可和实践，对应法律制度已经相对成熟。

我国当前没有船舶油污损害赔偿的专门立法，在确定船舶油污损害赔偿的责任主体时，只能适用《海洋环境保护法》及《民法典》的规定，但这些法律对责任主体的规定存在一定冲突。

如《海洋环境保护法》第 89 条第 1 款规定，"造成海洋环境污染损害的责任者，应当排除危害，并赔偿损失；完全由于第三者的故意或过失，造成海洋环境污染损害的，由第三者排除危害，并承担赔偿责任。"实质上规定，在海洋环境污染损害完全是由第三方过错造成时，相关损害赔偿的民事责任主体为第三方。而《民法典》第 1233 条规定也没有明确，在第三方承担责任的情况，要求是完全由于第三方过错还是部分由于第三方过错。依据《最高人民法院关于审理环境侵权责任纠纷案件适用法律若干问题的解释》第 5 条第 3 款的规定，"侵权人以第三人的过错污染环境、破坏生态造成损害为由主张不承担责任或者减轻责任的，人民法院不予支持。"那么，如果这种污染环境完全是由于第三方过错导致的，是否也不予以支持呢？《海洋环境保护法》第 89 条第 1 款及《民法典》第 1233 条在对第三方存在污染环境过错时的赔偿责任主体确定上，存在不完全一致的规定。

本书认为，依据"特别法优于一般法"的原则，在船舶油污损害生态环境赔偿责任主体的确定上，当《民法典》与《海洋环境保护法》的规定存在不一致时，应适用《海洋环境保护法》确定的规则。

我国虽然没有针对海洋生态环境损害赔偿的专门立法，但如同本书前述章节所讨论的，我国已经通过相关立法并结合司法解释的方式，明确了海洋生态环境损害赔偿的民事责任范围及索赔主体。而对海洋油污损害生态环境的民事责任主体则未明确。就船舶油污损害海洋生态环境的损害赔偿民事责任主体，国际上已经建立了较为健全的船舶油污损害赔偿责任法律体系，虽然其所规范的油污损害赔偿也包含海洋生态环境本身，但相较于海洋生态环境损害赔偿损失的范围小得多，仅包含预防措施的费用，而海洋生态损害赔偿范围的主要内容，如海洋环境容量损失、海洋生物资源损失、海洋生态服务功能损失等均未纳入其中。

这就使我们不得不思考一个问题，船舶油污损害赔偿责任主体的当前法律规定，是否同样适用于船舶油污损害海洋生态环境民事责任主体的确定？

2018 年 11 月份，交通运输部发布的《海商法（修订征求意见稿）》中新增设"船舶油污损害赔偿责任"一章，规定"事故发生时的船舶所有人应当对污染损害负赔偿责任；事故包括一系列事件的，第一起事件发生时的船舶所有人应当对污染损害负赔偿责任。"同时排除向六种人员索赔。[1]对燃油损害的赔偿责任主体，则不排除船舶管理人和经营人及光船承租人。该征求意见稿对船舶油污损害赔偿责任主体的规定借鉴了国际公约的规定，明确将船舶所有人作为船舶油污损害赔偿民事责任的责任主体。

本书认为，船舶油污损害海洋生态环境虽然强调对生态环境损害的赔偿，与船舶油污损害赔偿责任的范围存在不一致的地方，但其共性都是由于船舶

---

〔1〕《海商法（修订征求意见稿）》第 13.4 条：下列人员对污染损害不负赔偿责任，除非此种损害是由于其故意或者明知可能造成损失而轻率地作为或者不作为所引起：（一）船舶所有人的受雇人或者代理人；（二）引航员或者为船舶提供服务的除船员以外的其他任何人；（三）船舶承租人；（四）船舶管理人或者船舶经营人；（五）经船舶所有人同意或者依照政府主管部门的指令进行救助作业的任何人；（六）采取预防措施的任何人；（七）第（三）、（四）、（五）、（六）项所述人员的受雇人或者代理人。根据本章第三节规定提出船舶燃油污染损害赔偿请求的，不受前款第（四）项规定的限制，并且前款第（三）项所指的"船舶承租人"不包括光船承租人。

油污所造成的损害。在船舶油污损害生态环境民事责任主体的确定上，宜直接平移船舶油污损害赔偿责任主体的确定方式，使得海洋生态环境保护与海洋运输业的发展保持相对平衡。

四、船舶碰撞致油污损害生态环境的民事归责

有关油污损害的国际公约确定了船舶所有人作为船舶油污损害赔偿责任主体，并确立了"谁漏油，谁赔偿"的基本原则。在单船发生事故导致漏油污染时，这一损害赔偿原则不存在问题，相关责任主体的确定较为简单，归责原则也非常明确。但在船舶碰撞导致油污事故中，有关船舶油污损害赔偿的责任主体及归责原则的确定则存在一定的困难。实践中，船舶碰撞是引起船舶油污损害的主要原因之一，船舶碰撞致油污损害赔偿案件中，涉及多方法律关系。特别是在互有过失致船舶碰撞漏油事故中，碰撞船舶之间在油污损害赔偿中应如何承担责任，在理论及实践中均存在争议。

船舶碰撞致油污损害事故中存在两种侵权法律关系：船舶碰撞侵权法律关系及油污损害侵权法律关系。前一种法律关系涉及的主体主要有碰撞船舶双方的船舶所有人、货物所有人及受到损害的第三人；后一种法律关系涉及的主体主要包括碰撞船舶双方的船舶所有人、保险人、油污基金及油污受害人。两种法律关系在责任主体的确定以及归责原则上均存在不同。

如果船舶碰撞导致双方船舶均出现漏油事故，漏油船的船舶所有人对各自所造成的污染事故承担赔偿责任不存在大的问题与争议。依照《1969 年责任公约》第 4 条及《1992 年议定书》第 5 条的规定，当两船或多船碰撞致使油污损害且各船舶均有溢油时，如果不能合理区分各船所造成的损害，则各船舶所有人承担连带责任。例如，甲船与乙船发生碰撞事故并分别漏油，且对两船从漏油种类和漏油量上无法进行区分，则在这起事故中，甲船与乙船应对漏油造成的污染损害承担连带赔偿责任。从公约的表述我们也可以进一步推断出，如果各船漏油所造成的损害能够加以区分，则各船舶所有人对各自船舶溢油造成的损害承担赔偿责任。这也就是我们通常所说的国际公约在船舶油污损害赔偿中确定的"谁漏油，谁赔偿"的原则。当然，在实践中，在存在两船或多船均有溢油的情况下，区分各船所造成的损害并不是一件容易的事。因此，公约只规定了在各船造成的损害无法区分的情况下，各船舶所有人承担连带赔偿责任的原则。

在船舶碰撞致油污损害事故中存在的主要问题是：对于互有过失船舶碰撞造成一船漏油而另一船舶无漏油的情况，非漏油方是否应当对碰撞造成的油污损害承担赔偿责任，如果承担赔偿责任应如何承担，是按碰撞过失比例承担责任，还是连带承担责任？

（一）船舶碰撞侵权法律关系的归责原则与责任主体

船舶碰撞侵权属于海商法中一种独立的侵权法律体系，有关国际公约及各国国内立法对碰撞侵权责任进行了明确规定。因为船舶碰撞所致的油污包含了船舶碰撞与船舶溢油两种法律关系，因此在分析船舶碰撞导致单船溢油的责任承担时，有必要首先对船舶碰撞侵权责任的承担进行分析与研究。

相关国际公约及国内立法对船舶碰撞侵权都作了专门的独立规定，在归责原则上一般采取过失责任原则。1910年《统一船舶碰撞某些法律规定的国际公约》（以下简称《1910年碰撞公约》）确定了船舶碰撞侵权中的过失责任原则。我国《海商法》第八章"船舶碰撞"也确立了这一原则。在船舶碰撞中，如果一方存在过失，则由有过失的一方承担赔偿责任；如果双方对船舶碰撞均有过失，且过失比例可以确定，则双方按照过失比例承担责任。如果无法确定过失比例的，则由碰撞双方平均承担赔偿责任。

尽管国际公约及各国国内法对船舶碰撞侵权中的归责原则适用比较明确，也比较统一，但是怎么定义"过失"，在具体的实践中如何确定"过失"则存在很多争议。常用来确定过失的依据包括：法定的航行规则、公认的习惯、通常的职业要求、有效的法律规定等。具体推定是否具有过失时，也存在法律推定与事实推定两种方式。我国法律中没有使用过失推定原则，而是适用客观理性的标准来判断过失。

具体到船舶碰撞侵权中的责任主体，依据当前国际公约和各国国内法的规定，可作如下总结：

第一，仅存在一方船舶过失的情况，由过失船舶承担侵权责任，非过失船舶不承担责任，无论造成这种过失的原因及过失的具体表现形态。这一原则在国际上已经获得统一。我国《海商法》第168条也作了同样规定。

第二，船舶碰撞双方都存在过失时的损害责任承担。

（1）如果各方过失能够进行区分，则由各方按照过失比例对碰撞承担侵权责任。《1910 年碰撞公约》及我国《海商法》[1]都采用了这种责任确定方式。此外，对第三人的损害区分为财产性损害与人身性损害，如果碰撞事故对第三人造成了财产性损害，则由碰撞双方按上述碰撞过失比例承担赔偿责任，如果对第三人造成了人身性的损害，则由碰撞双方对第三人承担连带赔偿责任，体现对人身利益的特殊保护。有些国家如美国，因没有加入《1910 年碰撞公约》，在船舶碰撞问题上与其他国家的诸多做法不一致，在碰撞责任上一直沿用平分过失的原则，直到 1975 年才通过最高法院的判例肯定了按照过失比例判定碰撞责任的原则。

（2）如果碰撞各方的过失无法进行明确划分，则由碰撞双方平均承担碰撞所造成的损失。[2]

第三，双方无过失责任。船舶碰撞如果是由于不可归责于任何一方的不可抗力、意外事件或无法查明的其他原因造成的，则碰撞各方仅仅负担自己的损失，互相不负赔偿责任。根据"天灾由受害人承担原则"，因不可抗力导致的船舶碰撞，相应损失由受损方自行负担，但要求这种不可抗力必须是不可预见的且非因船舶自身原因所导致的。意外事故则是指船方在主观上已经达到谨慎、客观上满足相关技术要求的情况下，仍无法避免的事故。[3]一般而言，意外事故有以下构成要件：非有意、已尽合理谨慎、不可避免、不可预测。证据是主张意外事故抗辩能否成功的关键因素。欲援引意外事故抗辩的一方负有举证责任，若其相关证据不足以证明碰撞系由意外事故引起的，则不能因此免责。意外事故免责的构成要件对抗辩人的要求极高，要求从碰撞之前到碰撞之时，碰撞都是不可避免的且抗辩人在这个过程中不存在疏忽，这是极为困难的。因此，实践中极少有主张意外事故免责成功的案例。

（二）船舶油污损害生态环境侵权法律关系的责任主体与归责原则

在船舶互有过失碰撞造成一船漏油而另一船舶没有漏油的情况下，对于漏油船所造成的油污损害，是先由漏油船舶承担油污损害赔偿责任，之后再根据过失比例向非漏油船舶进行追偿，还是由碰撞各方船舶直接对造成的油

---

[1]　我国是 1994 年加入《1910 年碰撞公约》的，在此之前，我国司法实践中一直遵循过失比例原则。我国《海商法》第 169 条第 1 款规定，碰撞的船舶互有过失的，各船按照过失程度的比例负赔偿责任。

[2]　《海商法》第 169 条第 1 款规定，过失程度相当或者过失程度的比例无法判定的，平均负赔偿责任。

[3]　参见司玉琢：《海商法专论》，中国人民大学出版社 2015 年版，第 241 页。

污损害承担连带赔偿责任，或直接按碰撞过失比例来承担赔偿责任？对此，理论上及实践中均存在争议。

在油污损害赔偿责任的归责原则上，依据环境法律的相关规定，环境污染损害赔偿实行的是严格的无过错责任原则。而在船舶碰撞侵权法律关系中，船舶承担侵权责任适用的是过错责任原则。当两种法律关系存在交叉时，适用过错责任原则还是无过错责任原则，就产生一定争议。

当前，基于不同的归责原则，在船舶互有过失碰撞造成一船漏油的油污损害赔偿案件中，对于漏油船和非漏油船的油污损害赔偿责任承担方式，主要存在三种不同的观点：

第一观点主张，漏油船按照无过错责任原则对油污损害承担赔偿责任，之后再依据碰撞侵权中的过错责任原则，依照过失比例向非漏油船舶进行追偿。[1]这种观点的主要理由为，船舶碰撞侵权法律关系与船舶油污损害法律关系是两种不同的法律关系，应该进行区分，油污损害属于特殊侵权行为，在归责原则上应适用严格的无过错责任原则。油污损害是由漏油行为导致的，虽然漏油起因于船舶碰撞，但油污损害的近因是漏油而非船舶碰撞，船舶碰撞不必然导致油污损害，漏油则必然会产生油污损害，因此油污损害应由油污的源头——漏油船——承担损害赔偿责任，这也与国际公约确立"谁漏油，谁赔偿"的原则保持一致。

这种观点在我国的司法实践中也有相关判例的支持。在"塔斯曼海"轮油污损害赔偿案中，马耳他籍油轮"塔斯曼海"轮与大连"顺凯1号"在天津大沽锚地东部海域发生碰撞，溢油事故致事发海域海洋沉积物中油污含量严重超过正常值，渤海湾西岸海洋渔业资源遭受重创，海洋生态环境遭到严重破坏。事故认定"顺凯1号"对碰撞事故存在过失。天津海事法院最终判定由"塔斯曼海"轮船舶所有人英费尼特航运有限公司和其保证人伦敦汽船互保协会对漏油所造成油污损害承担连带赔偿责任，对油污损害赔偿责任的判定中未涉及"顺凯1号"轮。[2]

---

〔1〕　参见陈向勇、陈永灿："船舶碰撞油污损害赔偿非漏油方民事责任——兼评油污损害赔偿司法解释草案的新发展"，载《中国海商法年刊》2010年第4期。

〔2〕　"顺凯1号"轮通过庭外和解的形式承担了50万元的油污损害赔偿，而且，法院最后在认定污染损害额时将这50万元予以了剔除。但这并不能视为"顺凯1号"轮对油污承担了直接的赔偿责任，而只能视为先由漏油船进行了赔偿，再由漏油船按过失比例向非漏油船进行追偿。

"闽燃供 2"轮油污损害赔偿纠纷的一审判决也体现了对第一种观点的支持。1999 年 3 月，台州公司所有"东海 209"轮与福建公司所有"闽燃供 2"轮在伶仃水道附近海域发生碰撞，造成重油泄漏，导致珠海市部分水域及海岸带污染。事发后，广东省海洋与水产厅以福建公司与台州公司为被告，主张由两被告连带赔偿天然水产品直接经济损失 265 万元，中长期天然渔业资源损失 795 万元，共计 1060 万元。对于互有过失船舶碰撞所造成的海洋生态环境损害，碰撞船舶之间如何承担责任，本案一审法院广州海事法院的判决即采用前述观点，认为船舶溢油致海洋环境污染损害赔偿责任属于环境污染侵权责任，在归责原则上应适用无过错责任原则。本案中，泄漏柴油污染海洋环境的是福建公司所有的"闽燃供 2"轮，因此，应由"闽燃供 2"轮的船舶所有人福建公司对油污损害承担全部民事赔偿责任。台州公司所有的"东海 209"轮并没有漏油，不是造成本案污染来源的船舶，台州公司对本案中的国家海洋生态环境损失不承担直接赔偿责任。该一审判决同时指出，福建公司在本案中承担全部责任后，可另案向台州公司追偿，也即之后再由"闽燃供 2"轮与"东海 209"轮根据双方过失比例来确定各自应当承担的金额。

第二种观点主张，对于碰撞漏油所造成的海洋生态环境污染损害，由碰撞双方船舶按照碰撞过失比例承担责任。[1] 此种观点的主要理由为，油污损害由碰撞和漏油共同作用造成，都是油污损害结果缺一不可的原因。对于碰撞双方船舶而言，不管是否漏油，均应对漏油船舶造成的海洋生态环境污染损害承担赔偿责任。油污损害属于《海商法》第 169 条所规定的第三人财产损失，按照该条款规定，应由互有过失的船舶按过失比例承担赔偿责任。此外，在"谁漏油，谁赔偿"原则的主导下，采取由漏油船舶赔偿后再向非漏油船舶追偿的程序过于繁琐，不如在赔偿时直接确定各船应当承担的赔偿责任，以减少诉累，节约司法成本，提高案件解决的效率。

广东省海洋与渔业局诉南通天顺船务有限公司等油污损害赔偿纠纷案[2] 的判决体现了对上述观点的支持。2001 年 6 月，天顺公司所有"通天顺"轮装满石膏石驶往海南省三亚港。天神公司所有"天神"轮则装满集装箱驶往

---

〔1〕 参见司玉琢："从因果关系要件解读船舶碰撞致油污损害的请求权竞合"，载《中国海商法年刊》2008 年第 00 期。

〔2〕 广州海事法院（2001）广海法初字第 89 号。

上海港。两船于 6 月 21 日在广东省内海域发生碰撞事故。事故发生后，"通天顺"轮在有倾覆危险的情况下决定抢滩，过程中触礁沉没，随后船长宣布弃船。根据广州海事法院关于碰撞责任的民事判决[1]认定，"通天顺"轮与"天神"轮根据各自的过失程度，分别对碰撞事故承担 60% 与 40% 的过失责任。天顺公司在事发后委托广州救助打捞局对"通天顺"轮的漏油管进行封堵处理。尽管如此，仍有部分油类从沉入海底的"通天顺"轮泄漏入海，并给附近海域带来海洋生态环境污染与损害。

针对上述油污所造成的损害，广东省海洋与渔业局以南通天顺船务有限公司（"通天顺"轮船舶所有人）、天神国际海运公司（"天神"轮的船舶所有人）、扬州育洋海运有限公司（"天神"轮的光船承租经营人）以及中国船东互保协会（"天神"轮的油污责任保险人）为四被告，向广州海事法院提起诉讼，诉称：在"通天顺"轮与"天神"轮碰撞油污事故中，沉没的"通天顺"轮泄漏大量油类，造成了事发海域的海洋生态环境损失（天然渔业资源经济损失和天然水产品直接经济损失），诉请四被告对原告的上述损失及调查费用承担连带赔偿责任。

广州海事法院审理后认为，本案油污污染所造成的生态环境损害由"通天顺"轮溢油所致。碰撞双方的过失是"通天顺"轮在碰撞后发生的一系列抢滩、搁浅等行为的起因，本案油污损失属于财产损失，依照我国《海商法》的规定，碰撞双方互有过失时，应按过失比例对第三人的财产损失承担赔偿责任。同时，本案中，因天神公司将"天神"轮光船出租的行为没有在法定机关进行登记，不具有对抗第三人的效力。因此，对于本案污染所造成海洋生态环境损失，应该按照此前生效判决所确认的"天神"轮与"通天顺"轮发生碰撞的过失责任比例进行分配，即天顺公司应承担 60% 的赔偿责任，天神公司与育洋公司连带承担 40% 的赔偿责任。

此外，按照《海事诉讼特别程序法》第 97 条第 1 款的规定，对船舶造成油污损害的赔偿请求，受损害人可以向造成油污损害的船舶所有人提出，也可以直接向承担船舶所有人油污损害责任的保险人或者提供财务保证的其他人提出。船舶所有人的油污责任保险人负有应油污受害人的请求直接向油污受害人赔偿油污损害的法定责任。"天神"轮是造成本案油污损害的船舶之

---

[1] 广州海事法院（2001）广海法初字第 109 号，广州海事法院（2001）广海法初字第 163 号。

一，天神公司是"天神"轮的所有人，并应承担本案油污损害责任，而中国船东互保协会是天神公司油污损害责任的保险人。《海事诉讼特别程序法》第97条并没有将所规定的油污损害赔偿责任主体"承担船舶所有人油污损害责任的保险人"限定为"承担漏油船所有人油污损害责任的保险人"，故中国船东互保协会以其并非漏油船"通天顺"轮所有人的油污损害责任的保险人为由，提出其不应负赔偿责任的抗辩，没有法律依据，不能成立。天神公司所负油污赔偿责任在中国船东互保协会承担的油污赔偿责任限额10亿美元以内。中国船东互保协会应依法对应由天神公司所负的油污损害赔偿责任承担连带责任。

2008年"金玫瑰"案的判决也再次支持了上述观点。2007年5月，韩国籍船舶"金玫瑰"轮与圣文森特籍船舶"金盛"轮在烟台海域发生碰撞事故，事故造成"金玫瑰"轮沉没并发生漏油事故，进而导致烟台海域海洋生态环境污染。事发后，烟台海事局向青岛海事法院提起诉讼，要求"金玫瑰"轮所属延成海运有限公司、"金盛"轮所属金盛船务有限公司以及日本船东互保协会，对本次事故所造成的清污费用等应急处置措施费用承担连带赔偿责任。青岛海事法院在确定碰撞原因后，判定"金盛"轮和"金玫瑰"轮对碰撞事故各负有55%和45%的责任，并按照该过失比例对油污损害承担赔偿责任。

第三种观点主张，对于互有过失碰撞所致的海洋生态环境损害民事赔偿责任，由碰撞双方船舶承担连带责任。[1]该观点认为油污损害是碰撞造成的直接后果，碰撞双方与油污损害事实间均有因果关系，油污损害由当事双方船舶基于共同行为或意思所造成，碰撞双方系共同侵权，当事船舶均是油污损害赔偿的责任主体，碰撞双方应当对受害者承担连带赔偿责任。此种责任承担方式不仅有利于最大限度保护受害者的权益，使其拥有在漏油船破产时对非漏油船的诉权，而且可以尽快办结油污案件，无需等待船舶碰撞案件的责任比例判决。

"闽燃供2"轮油污损害赔偿案的二审判决即采用了上述观点的主张。该案一审判决之后，广东省海洋与水产厅不服一审判决，向广东省高级人民法院提起上诉，其上述请求指出，"闽燃供2"轮和"东海209"轮的碰撞事故

---

〔1〕 参见张宏凯："船舶碰撞致油污损害中非漏油船责任承担之研判与构想"，载《河北法学》2018年第8期。

是因为双方违反航行规定的共同过失导致的，而且这一碰撞事故与国家渔业损失之间的因果链是连续的，存在着必然的因果关系。根据《民法通则》的规定："二人以上共同侵权造成他人损害的，应当承担连带责任"，且在本案中，福建公司和台州公司没有法定的免责事由，其碰撞漏油事故所造成的国家海洋生态环境损失属于共同侵权行为所造成的损失，对此，双方应承担连带赔偿责任。对此，作为非漏油船船舶所有人的台州公司辩称，依据我国《海洋环境保护法》第 89 条的规定，以及《1969 年责任公约》的规定，油污污染损害应由造成污染损害的漏油船舶先行承担，之后再依照两船之间的碰撞责任比例向非漏油船进行追偿。本案碰撞事故中，台州公司所有的"东海 209"轮并未漏油，漏油污染是由"闽燃供 2"轮造成的。因此，应由"闽燃供 2"轮对油污污染所造成的海洋生态环境损害进行赔偿，之后再向"东海 209"轮追偿。广东省高级人民法院审理后认为，按照《海商法》第 169 条第 2 款的规定，船舶碰撞所造成的油污损失属于碰撞造成的第三人财产损失，因此，对于本案广东省海洋与水产厅索赔的国家海洋生态环境损害赔偿，应由"闽燃供 2"轮与"东海 209"轮对内按照过错责任比例承担赔偿责任，对外，即对广东省海洋与水产厅则承担连带赔偿责任。[1]

（三）最新司法实践

对于互有过失船舶碰撞造成一船漏油，进而污染海洋生态环境造成的损害赔偿责任归责，《最高人民法院关于审理船舶油污损害赔偿纠纷案件若干问题的规定》第 4 条规定"船舶互有过失碰撞引起油类泄漏造成油污损害的，受损害人可以请求泄漏油船舶所有人承担全部赔偿责任"。这一规定主要是对《2001 年燃油公约》等有关国际条约规定的沿袭。如前文所述，该规定的出台，并未结束前述对互有过失船舶致一船漏油污染损害赔偿责任归责的理论争议。因对该条规定的理解不同，司法实践中的相关司法判决也未在该问题上实现统一。

最高人民法院提审的"达飞佛罗里达"轮油污损害争议案[2]于 2019 年 9 月审理结束，并发布判决书。该案是第一起由最高人民法院审理的有关互有过失船舶致一船漏油污染损害赔偿纠纷案件，判决结果出来后，再次引发理

---

〔1〕　广东省高级人民法院（2000）粤高法经二终字第 328 号。
〔2〕　最高人民法院（2018）最高法民再 369 号。

论上的关注与讨论。

1. 案情简介

2013 年 3 月 19 日 0 时 32 分，普罗旺斯公司所有的"达飞佛罗里达"（CMA CGM Florida）轮（由达飞公司光船租赁经营）在从上海洋山港装载集装箱（TEU）驶往韩国釜山港途中，于中国长江口灯船东北约 124 海里处，与罗克韦尔公司所有的"舟山"（Chou Shan）轮发生碰撞，碰撞事故致"达飞佛罗里达"轮左舷船体及燃油舱破损，导致部分集装箱落水，并发生燃油泄漏。

事故发生后，洋山港海事局根据上海海上搜救中心和上海海事局的要求参与了事故应急指挥机构组织的应急处置行动，主要负责"达飞佛罗里达"轮船体安全风险评估、油污搜寻、模拟预测、监视监测、油样对比、信息传递、应急保障等工作。在此过程中，洋山港海事局委托上海市环境科学研究院、美国应用科学咨询公司、中国海事局烟台溢油应急技术中心、中国船级社上海分社、上海海平水上安全技术咨询服务有限公司、上海裕曦保险公估有限公司、上海市石油化工产品质量监督检验站等七家单位配合完成对"达飞佛罗里达"轮船体安全状况评估、海上溢油远程监测监控和漂移轨迹模拟等多项重要工作，共花费各种应急处置费用人民币 1 705 128 元。

洋山港海事局就上述费用，向宁波海事法院提起诉讼，主张由普罗旺斯公司、达飞公司、罗克韦尔公司全额承担应急处置中的各项费用，共计 1 705 128 元及相应利息，并承担本案案件受理费和债权登记申请费。

此外，2013 年 5 月 21 日，罗克韦尔公司在一审法院宁波海事法院，就案涉船舶碰撞损害赔偿责任纠纷对达飞公司、普罗旺斯公司提起诉讼。2016 年 5 月 30 日，二审法院作出终审判决，[1]确认"达飞佛罗里达"轮与"舟山"轮对案涉碰撞事故各承担 50% 的责任。

2. 一审及二审判决

本案是典型的互有过失船舶碰撞致一船漏油污染损害赔偿纠纷案件，洋山港海事局在诉讼主张中，请求漏油船船舶所有人普罗旺斯公司、漏油船光船租赁人达飞公司及非漏油船舶"舟山"轮所有人罗克韦尔公司对"达飞佛罗里达"轮漏油所致的污染损害承担连带赔偿责任。

一审法院宁波海事法院认为，本案应适用《海商法》及《最高人民法院

---

〔1〕 浙江省高级人民法院（2015）浙海终字第 319 号民事判决。

关于审理船舶油污损害赔偿纠纷案件若干问题的规定》来解决。对于非漏油船舶是否承担油污损害赔偿责任，主要涉及对《最高人民法院关于审理船舶油污损害赔偿纠纷案件若干问题的规定》第4条规定的理解。对此，一审法院认为，第4条条款规定本身对受损害人向各责任人主张按份责任没有做出直接否定，同时，依照第3条的规定，只有当两船均漏油且不能合理区分各自造成的损害时，才由漏油船舶与非漏油船舶对油污损害承担连带赔偿责任。本案中，仅"达飞佛罗里达"轮发生泄漏油，属于单船漏油，不属于两船漏油无法合理区分的情况，因此洋山港海事局主张由非漏油船船舶所有人罗克韦尔公司对油污损害承担连带责任的理由不成立。

一审法院宣判后，洋山港海事局、普罗旺斯公司、达飞公司均不服一审判决，分别提起上诉。洋山港海事局在上诉中要求撤销一审判决，对案涉防污清污费用，由普罗旺斯公司、达飞公司、罗克韦尔公司承担连带赔偿责任。

二审法院浙江省高级人民法院审理后认为，一审法院适用法律正确。对于油污损害赔偿的处理，《最高人民法院关于审理船舶油污损害赔偿纠纷案件若干问题的规定》的相关规定体现了"谁漏油，谁赔偿"的原则。一审法院对该司法解释第4条规定的理解和适用是正确的，本案中，应由漏油船舶"达飞佛罗里达"轮船舶所有人普罗旺斯公司和光船租赁人达飞公司对洋山港海事局主张的防污清污费承担全部赔偿责任。由非漏油船舶所有人罗克韦尔公司对本案所涉防污清污费用直接承担连带责任或者按份承担50%责任，均缺乏法律依据。

洋山港海事局不服二审判决，向最高人民法院申请再审，诉称：对于互有过失碰撞致一船漏油的污染损害赔偿责任，我国《海商法》、《最高人民法院关于审理船舶油污损害赔偿纠纷案件若干问题的规定》以及《2001年燃油公约》虽然没有明确规定非漏油船舶所有人的赔偿责任，但也没有进行否定。我国《侵权责任法》第68条及《最高人民法院关于审理环境侵权责任纠纷案件适用法律若干问题的解释》第5条，明确规定了第三人过错造成污染的责任承担问题。依照这一规定，本案中应由漏油船舶所有人普罗旺斯公司及其光船租赁人达飞公司依照无过错责任原则对洋山港海事局所主张的防污清污费承担全部责任，非漏油船舶所有人罗克韦尔公司则应当按照50%的过错比例对案涉防污清污费用承担赔偿责任。一、二审法院依据"谁漏油，谁赔偿"原则，不判决有过错的第三人罗克韦尔公司对案涉防污清污费用承担相应赔偿责任，是对法律及司法解释的有关规定的曲解。

3. 再审判决

最高人民法院提审该案后审理认为，在互有过失船舶碰撞导致其中一船漏油污染海洋环境的情形下，对于其中有过失的非漏油船舶一方是否应当承担污染损害赔偿责任以及如何承担责任的问题，涉及对有关国际条约和国内法规定的理解与适用。

其一，对于国际公约规定的理解与适用。

因该案属于涉外案件，在法律适用上应首先适用我国已经加入的《2001年燃油公约》。该公约第 3 条第 1 款是对漏油船舶所有人承担漏油污染责任的规定，事故发生时的船舶所有人为油污损害责任人。但是该条款并无排除其他责任人的含义，通过该条款的表述，我们不能反向推断漏油船舶所有人是油污损害赔偿责任的唯一主体，也即其他任何人不应当对漏油污染负责。此外，公约第 3 条第 6 款是关于漏油船舶所有人在承担全部漏油损害后向其他责任人行使追偿权的规定，"本公约中任何规定均不损害独立于本公约的船舶所有人的任何追偿权"，这一规定不意味油污损害索赔权利人不能直接请求其他责任人赔偿。

《2001 年燃油公约》[1]规定，如果"损害完全系由第三方故意造成损害的行为或者不作为所引起"，则船舶所有人对造成的损害免责。但公约并没有规定船舶所有人免责之后，该第三方是否应当对相关损害承担赔偿责任。根据公约有关条款文义并结合公约制定的主旨，可知该公约仅对漏油船舶的污染损害赔偿责任进行了规定，在互有过失船舶碰撞致一船漏油的情形中，将非漏油船舶的污染损害赔偿责任承担留给了国内法进行解决。

其二，对我国国内法规定的理解与适用。

依据我国《民法典》第 1233 条[2]的规定及《最高人民法院关于审理环境侵权责任纠纷案件适用法律若干问题的解释》第 5 条[3]的规定，本案船舶

---

〔1〕 第 3 条第 3 款第 2 项。

〔2〕 第 1233 条："因第三人的过错污染环境、破坏生态的，被侵权人可以向侵权人请求赔偿，也可以向第三人请求赔偿。侵权人赔偿后，有权向第三人追偿。"

〔3〕 第 5 条规定："被侵权人根据民法典第一千二百三十三条规定分别或者同时起诉侵权人、第三人的，人民法院应予受理。被侵权人请求第三人承担赔偿责任的，人民法院应当根据第三人的过错程度确定其相应赔偿责任。侵权人以第三人的过错污染环境、破坏生态造成损害为由主张不承担责任或者减轻责任的，人民法院不予支持。"

污染事故中，尽管"舟山"轮没有漏油，但其因存在部分驾驶过失，导致与"达飞佛罗里达"轮发生碰撞，进而导致"达飞佛罗里达"轮漏油造成污染，"舟山"轮所有人罗克韦尔公司是上述法律和司法解释中规定的第三人，其应当按照有关生效判决[1]确定的50%过错比例承担污染损害赔偿责任。

《最高人民法院关于审理船舶油污损害赔偿纠纷案件若干问题的规定》第4条的规定，主要沿袭《2001年燃油公约》等有关国际条约不涉及第三人责任之旨意，并无排除其他有过错者可能承担责任之意，对该条文作通常理解也显然不能得出受损害人仅可以请求漏油船舶所有人承担责任或者受损害人不可以请求其他有过错者承担责任的结论。罗克韦尔公司所谓"谁漏油，谁负责"的观点，并没有全面反映有关国际条约和国内法分别对污染者与第三人实行无过错责任原则、过错责任原则的基本内涵——原则上污染者负全责，另有过错者相应负责。罗克韦尔公司主张其作为非漏油船舶所有人不应承担案涉事故污染损害赔偿责任，于法不符。

（四）小结

对于单船漏油事故导致海洋生态环境污染损害赔偿的责任承担，当前国际公约及我国国内法的规定相对明确，应当由漏油船舶所有人承担责任，在理论及实践中争议不大。

对于船舶碰撞造成两船均漏油污染海洋生态环境的损害赔偿责任承担问题，理论和司法实践中也不存在较大争议，一般认为，如果两船漏油能够区分，则由各船舶所有人对本船漏油造成的污染损害承担责任；如果两船漏油无法合理区分，则由两船船舶所有人对漏油所造成的污染损害承担连带赔偿责任。

一直以来，理论和实践中争议较大的是互有过失船舶碰撞造成一船漏油污染环境的损害责任承担问题。因其涉及碰撞与环境污染侵权两种法律关系，且两种法律关系在归责原则及责任承担方式上存在一定差异，碰撞法律关系中赔偿责任的归责原则为过错责任原则，而环境污染侵权法律关系中赔偿责任的归责原则为无过错责任原则，这种差异导致了不同责任承担方式的理论争议及不同的司法实践。

最高人民法院提审的"达飞佛罗里达"轮溢油污染损害赔偿纠纷案，是

---

[1] 浙江省高级人民法院（2015）浙海终字第319号。

第一次在最高人民法院这一层级上对互有过失船舶致一船漏油污染环境损害赔偿责任的承担原则和承担方式进行澄清。该案判决对《2001 年燃油公约》第 3 条及我国《最高人民法院关于审理船舶油污损害赔偿纠纷案件若干问题的规定》第 4 条的规定进行了澄清，明确了在互有过失船舶碰撞致一船漏油污染环境损害赔偿责任的承担上，应由漏油船舶所有人与非漏油船舶所有人按碰撞过失比例共同承担责任。最高人民法院的判决将船舶碰撞侵权与漏油污染两种法律关系合在一起，强调应由漏油过错者而非漏油者承担污染损害责任，与我国生态环境保护相关法律中的"责任人"保持了一致。但是，最高人民法院的这一判决并未结束长期以来的理论争议，至于是否能够起到统一相关司法实践的作用，有待验证。

事实上，有关互有过失船舶碰撞致一船漏油污染环境损害赔偿责任认定的相关理论各有千秋，无论是由碰撞各方按照过失比例直接承担油污损害赔偿责任，还是先由漏油方承担，后续再进行追偿，都是站在不同角度进行的理论，很难判断哪一种更具合理性。最高人民法院如有意结束相关司法实践中对这一问题判决的不统一，建议对《最高人民法院关于审理船舶油污损害赔偿纠纷案件若干问题的规定》第 4 条的规定加以修改，进行明确。

五、船舶油污损害生态环境民事责任与海事赔偿责任限制

(一) 海事赔偿责任限制制度在船舶油污损害赔偿领域中的适用

在海洋油污损害生态环境民事赔偿责任的归责中，与严格的无过错责任相对应的是海事赔偿责任限制制度。海事赔偿责任限制制度是指在船舶发生海难事故时，船舶的所有人（包括船舶经营人和船舶承租人）等主体可以根据国际公约及各国国内法的规定，将事故中船舶的赔偿责任限制在一定范围内的法律制度。海事赔偿责任人限制制度与传统民法中的侵权责任存在极大的不同，一般情况下的侵权责任要求侵权责任人对受害人的全部损害承担责任；而在海事赔偿责任限制制度下，船舶对其油污损害的赔偿责任被限制在了一定额度内，船舶所有人对受害人超过限额的部分损失不予赔偿。

船舶油污损害责任限制制度是海事赔偿责任限制制度在船舶油污损害赔偿领域的具体体现，也是船舶油污损害赔偿制度中非常具有特色的一项制度。

在制定《1969 年责任公约》时，对于是否在油污损害赔偿领域适用责任

限制制度的问题，各国之间存在较大争议。[1]反对者认为，责任限制制度以保护航运业的发展为目的，这是以牺牲油污受害人的利益为代价的，不是一项公平公正的制度。支持者则认为，在船舶油污损害领域适用责任限制制度，是对各方利益的兼顾。最终，公约确定了船舶油污损害赔偿的责任限制制度。

船舶油污损害赔偿制度建立的初衷是对油污受害人进行充分的赔偿，但船舶油污损害责任限制制度又将这种赔偿责任限制在一定额度内，这实质是对船舶油污损害赔偿领域的严格的无过错责任归责原则的一种调剂，是对船舶油污损害赔偿法律制度中责任方与受害方利益的平衡，从另一种角度来讲，也是对船舶和海上石油运输业的保护。

如同在一般侵权领域适用无限赔偿责任原则一样，在海上油污损害赔偿领域适用海事赔偿责任限制制度已无争议。[2]如果不对船舶所有人的油污损害赔偿责任进行限制，那么，船东公司面临重大油污事故的结局大多会是破产。而且从保险人的角度来看，油污责任保险人也难以接受这种不受限制的油污责任保险。以上这些会给海上石油运输业的发展带来困境，并制约其发展。海上石油运输业属于资金密集型行业，风险极高，船舶油污损害赔偿责任限制制度能够让从业者对可能产生的船舶油污损害赔偿数额具有一定预期，对从业者是一种鼓励。

（二）船舶油污损害赔偿责任制度分类

1. 从国际公约规定角度进行的分类

当前，对船舶油污损害责任限制制度可以做三种分类：一是基于《2001年燃油公约》体系下船舶燃油损害赔偿责任限制制度；二是基于《1969年责任公约》《1992年议定书》及其配套的《基金公约》（CLC/FUND）体系下船舶载运持久性油类损害的责任限制制度；三是基于尚未生效的1996年《国际海上运输危险和有毒物质损害赔偿责任公约》（HNS 1996）体系下船舶载运非持久货油的油污损害责任限制制度。

《1969年责任公约》和《1992年议定书》主要规范的为船载持久性货油损害，而《2001年燃油公约》主要规范的是船舶燃油损害，两者在赔偿责任

---

[1]　See Gauci G. , "Limitation of Liability in Maritime Law: an Anachronism?", *Maritime Policy*, 1995, pp.65-74.

[2]　参见司玉琢：“沿海运输船舶油污损害赔偿法律适用问题研究”，载《大连海事大学学报（社会科学版）》2002年第Z1期。

限制制度上各有特色。《1969年责任公约》和《1992年议定书》规定的油污损害赔偿责任限制制度有专属的赔偿基金与其配套和对应，因此，《1969年责任公约》和《1992年议定书》的油污损害赔偿责任限制制度具有独立性。而《2001年燃油公约》则没有配套的损害赔偿基金，与燃油污染损害有关的赔偿责任限制问题，只能依靠缔约国国内法或《海事赔偿责任限制公约》来解决。此外，《1969年责任公约》和《1992年议定书》体系下，可以申请设立油污损害赔偿责任限制基金的主体限于船舶所有人、保险人或提供财务保证的其他人。而在《2001年燃油公约》下，可以申请设立责任限制基金的主体还包括船舶经营人、船舶管理人、救助人等，这是两个公约对油污损害赔偿责任主体的规定不同所导致的。

HNS 1996至今尚未生效，为了避免与《1969年责任公约》和《1992年议定书》体系下的油污损害赔偿相重复，HNS 1996在适用范围上明确规定不适用于"经修正的《1969年责任公约》中规定的污染损害"。[1]但是，就油污损害赔偿责任限制的设定方式而言，HNS 1996与《1969年责任公约》和《1992年议定书》相似，均设立了独立于一般海事赔偿责任的限制基金。

2. 我国的相关法律规定及实践

我国相关法律及司法解释将油类损害分为两种，一种是船载非持久性油类及非油轮所载燃油造成的环境污染损害，一种是船载持久性油类所造成的环境污染损害。在油污损害的海事赔偿责任限制的法律适用上，前者主要适用我国《海商法》的规定来处理，后者主要适用我国参加的有关国际公约来处理。

我国《防治船舶污染海洋环境管理条例》第50条规定：船舶污染事故的赔偿限额依照《中华人民共和国海商法》关于海事赔偿责任限制的规定执行。但是，船舶载运的散装持久性油类物质造成中华人民共和国管辖海域污染的，赔偿限额依照中华人民共和国缔结或者参加的有关国际条约的规定执行。

《最高人民法院关于审理船舶油污损害赔偿纠纷案件若干问题的规定》第5条规定：油轮装载的持久性油类造成油污损害的，应依照《防治船舶污染海洋环境管理条例》《1992年国际油污损害民事责任公约》的规定确定赔偿限额。油轮装载的非持久性燃油或者非油轮装载的燃油造成油污损害的，应依照海商法关于海事赔偿责任限制的规定确定赔偿限额。

---

〔1〕 HNS1996第3条（d）。

我国参加的国际公约关于油污损害具体内容的规定，我们在前文已经进行了详细论述。有关油污损害赔偿的国际公约中油污损害的具体内容一般包含油污事故发生后的预防措施费用，该费用主要指海洋生态环境损害赔偿范围中的清污费用及其他应急处置费用。我国《最高人民法院关于审理船舶油污损害赔偿纠纷案件若干问题的规定》明确规定了油污损害赔偿的内容包含预防措施费用及受损海洋生态环境的修复费用。因此，在我国现行法律体系下，海洋油污损害生态环境的民事赔偿责任是一种限制性债权，油污损害责任人对此可以享受海事赔偿责任限制。

上述结论在司法实践中也已经得到广泛支持。如在"金玫瑰"轮溢油事故系列案件中，烟台海事局向对"金玫瑰"轮船舶所有人及其保险人索赔溢油事故所产生的应急反应费用合计人民币 18 491 665 元，最终青岛海事法院认可了 14 617 917 元的实际发生费用，而且，青岛海事法院认定"金玫瑰"轮和"金盛"轮船舶所有人均可对此享受赔偿责任限制。山东省海洋与渔业厅针对此次溢油事故提起海洋生态环境和渔业资源损害索赔，青岛海事法院认定"金玫瑰"轮的船舶所有人与"金盛"轮的船舶所有人按照碰撞过失比例对此承担损害赔偿责任，该赔偿责任为限制性债权，在海事赔偿责任限制基金中进行分配。

（三）赔偿责任限制的丧失

船舶油污损害赔偿责任限制制度的产生，平衡了严格责任归责原则下油污责任人与油污受害人之间的利益，对于保护海洋运输业的发展具有积极意义。尽管油污责任人的赔偿具有一定限额，但这种限额并不是绝对的，在一定条件下，其油污损害赔偿数额会突破这种限额，即赔偿责任限制的丧失。

《1992 年议定书》第 5 条第 2 款规定了船舶所有人丧失责任限制的两种情形：第一，损害是由于船舶所有人本人有意造成的；第二，损害是船舶所有人明知可能造成而毫不在意的行为或不为所引起的。HNS 1996 在责任限制的丧失问题上作出了与《1992 年议定书》相一致的规定。《2001 年燃油公约》没有规定责任限制问题，其将该问题交给了《海事赔偿责任限制公约》及缔约国国内法，有关丧失责任限制的规定亦应照此执行。

我国没有加入《海事赔偿责任限制公约》，但是我国《海商法》第 209 条规定了责任人丧失责任限制的两种情形，与公约规定的责任限制丧失情形保持了高度一致。而《最高人民法院关于审理船舶油污损害赔偿纠纷案件若干问题的规定》第 6 条，对船舶油污损害责任限制的丧失情形作了与《海商法》第 209 条相同的规定。对于责任人故意造成油污损害时丧失赔偿责任限制的问题，理论及实践中不存在争议。而对于责任人因重大过失丧失责任限制的情形，对于何为"重大过失"，理论和实践均未达成一致观点。在我国油污致海洋生态环境损害民事赔偿中，有关责任人的损害赔偿责任限制丧失情形，同样应遵循上述我国《海商法》及最高人民法院司法解释的规定。

第三节　海上钻井平台油污损害生态环境的民事责任归责

当前，全球石油产量的 30% 通过海上钻井平台开发而来，海洋已经成为世界石油产量增长的重要源泉。我国管辖海域储存有大量石油资源，近年来，我国沿海近岸实际开采油田 30 多处，中国海油在中国海域油气产量连续五年达到 5000 万吨油当量，[1]未来这一数量还将持续增加。与此同时，我们也面临着巨大的海洋油污损害风险。2011 年，我国发生的渤海康菲溢油事故是在我国管辖海域内发生的第一起海上钻井平台溢油事故，对渤海湾海洋生态环境造成重大损害。相较于船舶油污事故，海上钻井平台油污事故的发生频率相对较低，但是与船舶油污损害中漏油数量总量可控相比，海上钻井平台的漏油数量往往是难以预计的。就对海洋生态环境的破坏而言，尽管海上钻井平台漏油事故的发生频率相对较低，但每次海上钻井平台对海洋生态环境所造成的破坏远远大于一般船舶油污事故所带来的损害。美国墨西哥湾漏油事件与我国的康菲溢油事件都是影响比较大的海上钻井平台漏油事故，对相关海域的海洋生态环境及正常经济、社会活动均带来巨大的破坏。

就船舶油污损害生态环境的民事责任赔偿，尽管我们没有建立专门性立法，但有关国内法与国际法体系是相对健全的，我们更多需要解决的是国内法律的具体适用及国际条约在国内的适用问题。相较而言，有关海上钻井平台油污损害生态环境的民事责任赔偿问题，无论国内还是国际法层面，都存在较大的空白。当前，我国有关海上钻井平台油污的民事责任问题，只能依照《环境保护法》《海洋环境保护法》《民法典》等所确定的民事赔偿原则来

---

〔1〕　参见中国海洋石油公司官方网站，http://www.cnooc.com.cn/，最后访问日期：2022 年 2 月 20 日。

解决，在具体的民事责任归责原则、责任主体、责任限制、风险控制机制等实质性问题上，缺乏明确的法律规定，司法实践中也缺乏具体的应用案例。

对海上钻井平台油污损害民事责任的归责，能否适用现有的较为成熟的船舶油污损害赔偿民事责任制度来处理？对此，需要对海上钻井平台的法律属性进行探究，而对海上钻井平台法律属性的定性不同，会直接导致油污损害赔偿法律适用的不同，进而直接影响到海上钻井平台油污损害民事归责处理方式的不同。

一、海上钻井平台的法律属性

目前，国际上没有专门针对海上钻井平台油污损害赔偿而设立的国际公约，我国国内也没有专门规制海上钻井平台油污损害赔偿的法律规范。海上钻井平台油污事故发生后，相关法律关系应纳入哪种法律制度下进行处理？首先需要对海上钻井平台的法律属性做出界定。对此，理论界一直存在着"船"与"非船"之争。

（一）海上钻井平台法律属性的"船"与"非船"之争

1. 海上钻井平台"船舶"说

主张海上钻井平台为船舶的学者认为，应将海上钻井平台解释为《海商法》上的船舶，并适用《海商法》下有关船舶的权利和义务。[1] 这一主张主要基于以下三方面的理由而提出：第一，作为海上钻井平台之一种的海上移动式钻井平台，最初是由钻井船发展而来，而钻井船则起源于船舶。从起源上来讲，海上钻井平台与船舶存在着一定的相似之处；第二，当前已有一些国际公约将海上钻井平台纳入了船舶的范畴，如：《1973 年国际防止船舶造成污染公约》及其议定书即规定船舶包含海上钻井平台，[2]《1989 年移动式近岸钻井装置结构和设备规则》也将海上钻井平台定义为船舶，[3]《1990 年国际油污防备、响应和合作公约》同样将海上钻井平台纳入船舶范畴；第三，有些域外国家的海事法律已经将海上钻井平台解释为船舶，一些国家的司法

---

〔1〕参见何丽新、王功伟："移动式钻井平台油污损害赔偿责任限制问题研究——由墨西哥湾溢油事故钻井平台适用责任限制引发的思考"，载《太平洋学报》2011 年第 7 期。

〔2〕其第 2 条第 4 款对船舶的定义为：系指在海洋环境中运行的任何类型的船舶，包括水翼船、气垫船、潜水船、浮动船艇和固定的或浮动的工作平台。

〔3〕该法对海上钻井平台的定义为：能够从事海底油气等资源勘探开采的船舶。

判例也倾向于将海上钻井平台解释为船舶。

2. 海上钻井平台"非船舶"说

主张海上钻井平台不能归入船舶的学者则认为，海上钻井平台与船舶之间在构造、功能等多方面存在实质性的差别。船舶的本质功能在于航行与运输，海商法上有关船舶的各种法律制度正是建立在船舶航运功能基础之上，而海上钻井平台的建造宗旨则在于勘探及开采石油，即使处于航行或者被拖动状态，其目的也是为石油开采作业而服务。[1]尽管海上钻井平台与船舶具有一定的相似之处，但两者个性大于共性，不宜等同适用相同的法律。

如果不将海上钻井平台视为船舶，则面临着进一步确定海上钻井平台法律属性的问题。对此，主要存在三种主张：

第一，人工岛屿说。该主张认为海上钻井平台应等同于附着于海底的人工岛屿。事实上，人工岛屿本身尚未形成公认的定义，将海上钻井平台法律属性界定为人工岛屿并不具有确定性。加之，海上钻井平台存在一定作业期限，作业完成后即会被拆除，这一点与人工岛屿存在极大不同。因此，人工岛屿说并未获得广泛支持。

第二，近岸设施说。该主张认为海上钻井平台属于海洋工程中的装备或者设备，应纳入"近岸设施"的范畴。将海上钻井平台视为近岸设施，从客观上来讲不存在问题，从构造结构上来说，海上钻井平台无可争议地属于一种近岸设施。但是，近岸设施说虽然认识到了海上钻井平台与船舶的不同，并试图将海上钻井平台与船舶进行区分，但这一概念的外延过大，不能体现海上钻井平台区别于其他海上设施的独特法律属性，也无法解决后续油污损害民事责任的归责问题。

第三，混合说。混合说则折中了不同学说观点，将移动式海上钻井平台归为船舶，而将固定式钻井平台归为近岸设施或人工岛屿。

除上述三种主张外，有学者跳出既有法律概念的局限，对海上钻井平台进行独立界定，认为海上钻井平台是"位于沿海国大陆架从事海底油气资源勘探开发的海上设施或海上构筑物"。[2]这种主张仅仅客观地描述了海上钻井

---

〔1〕 参见刘力菲、刘腾："浅析钻井平台油污损害赔偿立法的完善——由渤海湾溢油事故引发的思考"，载《行政与法》2013 年第 6 期。

〔2〕 白龙："移动式海上钻井平台法律属性探析"，载《政治与法律》2015 年第 6 期。

平台的客体特征，对于解决海上钻井平台所致海洋油污损害民事责任的归责问题没有实质意义。也有学者主张应依照油污环节及油污原因而区别对待，凡是造成油污的环节、原因属于航海性质的，应将海上钻井平台定性为船舶，适用有关船舶油污公约的规定；凡是造成油污的环节、原因属于海洋工程性质的，则不能将其视为船舶，在处理相关油污损害赔偿法律关系时，适用《民法通则》《侵权责任法》等法律。[1]这种处理方式为定性而定性，会使相关法律适用处于一种不确定状态，将问题复杂化，反而不利于实际问题的解决。

（二）争议背后的原因分析

海上钻井平台"船"与"非船"之争背后的深层原因在于，对海上钻井平台法律属性的界定不同，直接导致油污损害发生后的法律适用不同。海上钻井平台法律属性上的"船"与"非船"之争，本质是法律适用之争。

1. 海洋油污损害赔偿制度的类型化

虽然海洋油污来源于多个方面，但大致可以区分为船舶油污与钻井平台等其他海洋油污。

第一，船舶油污损害赔偿法律制度的相对完善。关于船舶油污损害赔偿，国际上已经形成了以《1969 年责任公约》辅以《1971 年基金公约》为补充的双重保障机制。我国已经加入《1969 年责任公约》及其《1992 年议定书》。此外，2011 年首次发布施行的《最高人民法院关于审理船舶油污损害赔偿纠纷案件若干问题的规定》，对船舶油污所致损害赔偿中的责任人、责任范围、归责原则、损害赔偿基金等进行了详细的规定。到目前为止，我国国内已经具有较为完善的船舶油污损害赔偿法律制度，基本上建立了以船舶油污损害民事责任体系为主，以油污损害赔偿基金为补充的油污损害赔偿机制。这一机制的建立为海洋油污损害中的受害人提起相关民事赔偿提供了有力的法律支持，对受害人获得充分赔偿提供了重要的法律保障。在船舶油污损害赔偿法律问题上，我国司法实践中已经积累了一些成功的案例，对此，本书前文已有多处论述。

第二，海上钻井平台油污损害赔偿法律制度的缺失。目前，尚无专门的

---

[1]　参见李天生："海上钻井平台油污的法律适用范围与责任分析"，载《江西社会科学》2012 第 12 期。

国际公约规范海上钻井平台所致海洋油污的损害赔偿问题。尽管国际海事委员会一直致力于推动相关国际公约的制定，但一直没有实现。1997 年国际海事委员会在里约会议上完成了《1977 年海上移动式装置的国际公约草案》（以下简称《里约公约》草案）。草案的内容较为简单，基本照搬了船舶体系，即要求适用船舶的海事国际公约应同样适用于海上移动式装置。[1]由于公约草案采取了简单化的处理，没有体现海上钻井平台的特殊性而遭到加拿大等国的反对，该草案至今未生效。为了更好地关注和体现海上钻井平台的特点，国际海事委员会在对《里约公约》草案进行修改的基础上，于 1994 年制定了《1994 年海上移动式装置的国际公约草案》（以下简称《悉尼草案》），但该草案仍未形成一部完善的国际公约。

就我国国内而言，对于海上钻井平台所致海洋油污损害赔偿问题，只是在《民法典》、《环境保护法》和《海洋环境保护法》中规定了一些民事赔偿原则，并无专门立法。相对于较为完善的船舶油污损害赔偿法律制度，现有法律框架无法有效地解决海上钻井平台所致海洋油污损害民事赔偿法律问题，其对海洋油污损害民事责任的索赔主体、赔偿范围、责任人、责任限制等问题没有明确规定，缺乏具体的可适用的法律规范。[2]例如：《海洋环境保护法》对责任范围的规定仅为"应当排除危害，并赔偿损失"，笼统且不具有可操作性。

2. 界定海上钻井平台法律属性的两种路径

就海上钻井平台所致的海洋油污损害，无论国际层面还是我国国内，均未形成专门的法律制度，有关海上钻井平台油污损害赔偿法律制度的缺失，加之海上钻井平台溢油事故的现实发生，[3]致使理论界产生了对海上钻井平台法律属性界定的"船"与"非船"之争。

那么，如何有效解决海上钻井平台油污损害赔偿的法律适用问题？如何界定海上钻井平台的法律属性？目前有两种可选择的路径：一种是将海上钻井平台纳入海商法上的船舶范畴，并适用现行较为完善的船舶油污损害赔偿

---

[1] 司玉琢："海事赔偿责任限制优先适用原则研究——兼论海事赔偿责任限制权利之属性"，载《中国海商法年刊》2011 年第 2 期。

[2] 参见马德懿："海洋油污损害之救济机制的解构与重构"，载《太平洋学报》2014 年第 12 期。

[3] 如蓬莱溢油事故发生后，我国在追究相关责任人海洋油污损害民事责任及受害人进行油污损害索赔时，面临着明确法律规定的缺失。

机制来处理海上钻井平台油污损害赔偿问题；一种是确立不同于船舶的独立的海上钻井平台法律属性，建立专门适用于海上钻井平台的油污损害赔偿制度。

如前所述，海上钻井平台法律属性的界定问题，本质上是法律适用问题。现有关于海上钻井平台的"船"与"非船"之争中，认为海上钻井平台不是船舶的学者，尽管提出了新的海上钻井平台属性主张，如人工岛屿说、近岸设施说、混合说等，但这些主张大都停留在对海上钻井平台属性本身的探讨之中，无论主张海上钻井平台为人工岛屿还是近岸设施，均无法适用已有法律制度来解决海上钻井平台油污损害赔偿问题。一旦将海上钻井平台在法律属性上与船舶完全区分开来，在我国现有《环境保护法》与一般侵权法律制度无法有效解决海上钻井平台油污损害赔偿的背景下，就需要构建新的适用于海上钻井平台油污损害赔偿的法律制度。

一种新的法律制度的建构并非一朝一夕可以完成，除了法律规则本身的建立之外，还要考虑其与现有法律制度的融合。尽管我国的船舶油污损害赔偿法律制度相对完善，但这一制度的建立也经历了相当长的时间。我们在构建国内有关船舶油污损害赔偿机制时，国际上已经存在相对完善的船舶油污损害民事责任公约，为我国提供了有益的借鉴与参考；而且我国也已经加入相关国际公约，为国内相应法律制度的建立奠定了法律基础。而对于海上钻井平台油污损害赔偿制度而言，在国际立法尚处于空白的背景下，我国国内制定并出台实施一种全新的法律制度仍需时日。

与此同时，现实案例已经对我们提出挑战。蓬莱康菲溢油事件发生后，作为事故责任方的康菲公司傲慢冷漠，无视自身责任，漠视公众利益，甚至不惜用谎言来掩盖真相，其根源就在于当前我国相关法律救济制度的缺失，无法在现行法律制度下有力追究其民事责任。溢油事故发生后，栾树海等21名养殖户向天津海事法院起诉康菲公司、中海油公司，请求两家公司连带赔偿养殖损失，索赔总额为1.4亿余元。历时四年之后，天津海事法院于2015年10月30日对该案进行宣判，判决康菲石油中国有限公司赔偿21名中国养殖户168万余元。与英国石油公司（BP）在墨西哥湾漏油事故中187亿美元赔偿相比，168万元人民币的赔偿额显得微不足道，甚至抵不上受害人四年来的时间与诉讼成本。这一诉讼结果的出现，使得相关溢油责任方进一步确认，在我国现有法律制度框架下溢油违法成本之低。尽管其示范效应会引发后续诉讼，[1]但对油污责任人而言，其赔偿数额的风险是可控的。

在此背景下，在海洋油污损害赔偿领域，如果能充分利用现有比较完善的船舶油污损害赔偿法律制度，弥补我国海上钻井平台油污损害赔偿法律制度的空白，为司法实践中的相关民事诉讼案件提供法律支持，将具有重要意义。问题在于：在海上钻井平台与船舶存在客观差异的情形下，如何实现上述目的？

二、海上钻井平台油污损害民事责任的归责

（一）海上钻井平台属性船舶化的困境

将海上钻井平台纳入《海商法》上的船舶范畴，适用《海商法》上有关船舶油污损害赔偿法律制度，主要存在以下障碍：

第一，现行国际公约规定的不兼容。作为确立船舶油污损害赔偿法律制度的主要国际公约——《1969 年责任公约》——在其设立目的与宗旨中明确规定，该公约适用于"对由于船舶溢出或排放油类造成污染而遭受损害的人给予适当的赔偿"。而对何为船舶，公约在其第 1 条界定为："装运散装油类货物的任何类型的海洋船舶和海上船艇。"显然将海上钻井平台排除在适用范围之外。

第二，海事赔偿责任限制制度的适用。海事赔偿责任限制制度是海商法一项古老的制度，其制度意义在于减轻船舶从事海事活动的风险。船舶油污损害赔偿享受海商法规定的责任限制，依照《1992 年议定书》的规定，"不超过 5000 吨位的船舶：3 百万计算单位。"而 1976 年《海事赔偿责任限制公约》则明确将"用于勘探或开采海底自然资料或其底土的浮动平台"排除在其适用范围之外。[2]

船舶油污损害赔偿责任限制制度的存在，是将海上钻井平台油污整合纳入船舶油污损害赔偿民事责任制度的最大难点。船舶运输的油类及自身燃油的数量是有限的，其可能的溢油总量是可估计的，因此船舶油污损害赔偿的

---

〔1〕 2015 年 7 月 7 日，青岛海事法院受理了中国生物多样性保护与绿色发展基金会诉被告康菲石油中国有限公司、被告中海石油（中国）有限公司海上污染损害责任纠纷一案。

〔2〕 参照该公约第 15 条第 5 款第 2 项。

责任限制建立在船舶吨位的基础上；而海上钻井平台所可能产生的溢油数量是难以估计的，如果同样适用责任限制制度，其责任限制的标准难以确定。对海上钻井平台油污损害能否适用海事赔偿责任限制，如何适用，学界存在诸多不同的意见，大致有以下几种观点：准用船舶油污损害赔偿标准说、地下油藏储量标准说、区域制解决说及事故制。其中，更多人倾向于采用"事故制"标准计算油污损害赔偿的责任限额。[1]"事故制"标准，即：对每一起溢油事故综合评价其事故规模、事故所造成的损失、事故的发生概率、事故原因及各原因造成事故的概率等多方面因素，以此作为计算责任限额的客观合理的标准。[2]

第三，海洋油污损害赔偿范围外的影响。将海上钻井平台在法律属性上界定为船舶，不仅仅影响海上钻井平台油污损害赔偿的实现。海上钻井平台法律属性的确定，还会直接影响到与海上钻井平台相关事项的法律适用问题，如登记制度、海难救助、沿海国的管辖权等事项的确立。

（二）美国《油污法》的借鉴

《1969 年责任公约》和《1971 年基金公约》及其各自议定书，建立起了现代船舶油污损害赔偿法律体系的系统框架，并在全球范围内得到了广泛的适用，客观上起到了国际统一实体法的作用。但是这一体系也存在一定的局限性，其中之一便是未能将海上石油钻井平台纳入公约适用范围。

在相关国际公约所确立的船舶油污损害民事责任体系之外，美国 1990 年《油污法》确立了船舶油污与海洋石油开发油污并行的法律救济机制。在海上钻井平台油污损害赔偿法律救济制度缺失的背景下，美国 1990 年《油污法》的相关规定可以带给我们一些有益的启示。

美国 1990 年《油污法》没有严格区分造成油污损害的原因是船舶漏油还是海上钻井平台漏油，而是通过对事故后果的描述来界定油污。依照该法规定，"事件"是指"涉及一艘或多艘船舶、设施或者任何联合装置引起的溢油或者重大溢油危险发生的事故，或者由同一原因所引起的一系列事故"。[3]在

---

〔1〕 See John N. K, Mansell, "Flag State Responsibility: Historical Development and Contemporary Issues", *Springer-Verlag Berlin Heidelberg*, 2009, p. 96.

〔2〕 参见何丽新、王功伟："移动式钻井平台油污损害赔偿责任限制问题研究——由墨西哥湾溢油事故钻井平台适用责任限制引发的思考"，载《太平洋学报》2011 年第 7 期。

〔3〕 洪丽："谈海上钻井平台油污损害赔偿责任限制"，载《中国海事》2013 年第 8 期。

油污损害赔偿范围的确定上，并不区分船舶油污与海上钻井平台油污。[1]在海事赔偿责任限制上，对船舶与海上钻井平台的责任限制作了不同的规定，船舶的责任限额根据船舶类型及吨位的不同，最高可享受每总吨 3000 美元或总计不超过 2200 万美元（两者取其高者）的责任限额，[2]这一责任限制适用于油污清理费用及损害赔偿；而海上钻井平台的责任限额为 7500 万美元，但这一责任限制仅适用于油污损害赔偿，对于清污费用则不限制责任。

美国《油污法》在海洋油污损害赔偿法律制度的构建上，并没有将海上钻井平台与船舶在法律属性上进行等同，而是在保持其各自法律属性独立的同时，对两者在海洋油污损害赔偿问题上求同存异：在油污损害赔偿范围的确定上保持一致，而在责任限制制度上做出不同安排。

（三）我国的路径选择

针对海上钻井平台所致油污损害赔偿，我国相关法律制度有所欠缺。蓬莱康菲溢油事件发生后，我国面临有效追究事故责任人油污损害责任法律依据不足的现实。尽管我国船舶油污损害赔偿法律体系较为完善，但是我们无法忽视海上钻井平台与船舶之间存在的客观差异，如果将海上钻井平台在法律属性上直接定性为海商法上的船舶，必然导致现有关于海上钻井平台法律属性争议的继续，不利于现实问题的解决。在独立适用于海上钻井平台油污损害赔偿的法律机制产生之前，我国可以采取折中的方式来处理海上钻井平台油污损害赔偿法律问题，即：在海上钻井平台的法律属性界定上，仍保持其独立性，不将其界定为海商法上的船舶。但是在对海上钻井平台所引发的油污损害赔偿问题的处理上，通过立法规定"可参照船舶油污损害赔偿来处理"。这一折中方式，既可以避免海上钻井平台在法律属性上的"船"与"非船"之争，又能解决我国对海上钻井平台油污损害赔偿的法律依据需求。其可行性在于：

第一，油污损害后果的一致性。尽管海上钻井平台与船舶在客观属性上存在不同，但是其溢油所致的损害后果具有高度一致性。海上钻井平台油污损害赔偿法律制度缺失的主要表现之一便是油污损害赔偿范围的不明确。对

---

〔1〕　该法第 2701 条和第 2702 条详细规定了油污损害赔偿的范围，包含：清污费用、自然资源损害、财产损失、生活用途损失、税收等政府收入的减少、利润和营利能力的降低导致的损失、公共服务减损等。

〔2〕　参见韩立新：《船舶污染损害赔偿法律制度研究》，法律出版社 2007 年版，第 260-261 页。

海上钻井平台所致的油污损害赔偿，参照船舶油污损害赔偿范围加以确定，并无不妥。

第二，海上钻井平台油污损害赔偿同样可以适用责任限制制度。

首先，适用于船舶的海事赔偿责任限制制度，其最初目的是保护船舶所有人以抵御海上活动所特有的巨大风险。实质上，对于海上石油开发者而言，同样面临着巨大的海上风险，一旦发生溢油事故并造成严重损害，相应的赔偿额可能导致其面临最终破产的境地。因此，从制度设计的原始目的与宗旨来看，将海上钻井平台油污损害纳入海事赔偿责任限制的制度范畴之内无可厚非。

其次，在具体赔偿责任限额的确定上，美国《油污法》起到了很好的示范作用。其认识到船舶与钻井平台之间的差异，对船舶与海上钻井平台适用不同的责任限额，且明确规定对海上钻井平台所引发的清污费用不适用责任限额。这一规定正是基于海上钻井平台溢油事故发生后，其可能产生的溢油量无法估计，为了减轻溢油对海洋生态环境的破坏，对清污费用不做责任限制。我国在适用油污损害赔偿限制制度时，可参照美国《油污法》的规定，对船舶与海上钻井平台的责任限制实行两分法，并结合我国的现实情况，确立具体的适用于海上钻井平台的责任限额。

最后，油污损害赔偿责任限制的适用存在约束机制。无论相关国际公约还是美国《油污法》，在授予责任人对损害赔偿享有责任限制权利的同时，也规定了丧失责任限制的具体情形。这一规定的存在，有效地防止了责任限制制度的滥用。事实上，在墨西哥湾漏油事故发生后，鉴于对自己在管理与操作上存在失误的了然于胸，英国石油公司（BP）在总统调查委员会最终报告出炉之前，即主动表示放弃其享有的赔偿责任限额，表示愿意对漏油事故的所有受害人予以赔偿。[1]

第三，与其他国际法律事项的兼容性。对海上钻井平台法律属性的界定，不仅影响到油污损害赔偿的法律适用，还会影响到其他国际法律事项，如海上钻井平台的登记制度、与海上钻井平台有关的海难救助、沿海国管辖权的实现等。如果将海上钻井平台在法律属性上直接界定为船舶，即使在油污损

---

[1]　参见高翔：《海洋石油开发环境污染法律救济机制研究：以美国墨西哥湾漏油事故和我国渤海湾漏油事故为视角》，武汉大学出版社 2013 年版，第 41 页。

害赔偿领域不存在争议，也会引发其他相关国际法律事项上的争议。而在海洋油污损害赔偿领域，对海上钻井平台油污损害赔偿参照船舶处理，避免将海上钻井平台在法律属性上直接等同于船舶，有利于减少与海上钻井平台有关的其他国际法律事项争议的产生。

三、小结

世界海洋石油资源量占全球石油资源总量的1/3，因海底石油开发而致的海洋油污不可避免。到目前为止，尽管海上钻井平台所引发的溢油事故相对船舶溢油事故而言数量不多，但每次溢油事故所带来的海洋环境损害却是巨大的。健全的法律制度的存在，一方面能够对海洋石油开发者起到警示作用，时刻提醒其在石油勘探开发中保持谨慎态度，履行合理注意义务；另一方面，对油污损害发生后的海洋生态环境恢复、受害人合理诉求的实现起到法律保障作用。

对于海上钻井平台油污损害赔偿，国际法律层面及我国国内法层面都缺乏相应的制度规范。理论界对海上钻井平台法律属性的"船"与"非船"之争，实质上是在海上钻井平台油污损害赔偿法律规范缺失的背景下，能否将海上钻井平台油污损害赔偿直接纳入相对健全的船舶规范体系之争。海上钻井平台与船舶之间存在客观上的差异，这一点毋庸置疑。海上钻井平台就是海上钻井平台，在海上钻井平台法律属性的界定上，宜保持其独立性。但是，在海洋油污损害赔偿领域，无论是海上钻井平台油污还是船舶油污，其对海洋环境所造成的现实损害并无本质区别，所不同的仅仅是损害环节，一个是在石油生产过程中的损害，一个是在石油运输过程中的损害。如果能充分利用现行较为完善的船舶油污损害赔偿机制解决海上钻井平台油污损害赔偿法律问题，将具有重要意义。为此，针对我国的现实情况，提出如下建议：

第一，在海上钻井平台的法律属性界定上，应保持其独立性，不将其直接等同于海商法上的船舶，以避免相关争议的继续，并致其他国际法律事项争议的产生，从而不利于争议背后现实问题的解决。

第二，针对海上钻井平台油污损害赔偿，在我国出台专门的法律规范之前，宜通过司法解释的方式加以规定：海上钻井平台油污损害赔偿参照船舶油污损害赔偿处理。海上钻井平台油污所致的海洋生态环境损害在损害赔偿范围上与船舶油污所致损害具有一致性，只是在民事赔偿责任的归责上与船舶存在不同。将海上钻井平台油污损害赔偿参照船舶油污损害赔偿处理，在油污损害民事责任的归责上，海上钻井平台油污损害赔偿同样适用严格的无过错责任原则，在责任主体的确定上应由钻井平台的所有人与实际经营人共同承担责任。同时，对于海上钻井平台油污损害赔偿的责任限制，借鉴美国《油污法》的处理方式，确定单独适用的责任限额。

上述建议，既能正视海上钻井平台与船舶之间存在的客观差异，又能兼顾海上钻井平台油污损害与船舶油污损害的共性。在海洋油污损害生态环境领域，避免因海上钻井平台法律适用问题而致海上钻井平台法律属性争议的继续，有利于海上钻井平台油污事故后的海洋生态环境损害民事责任追责的实现。

第五章
CHAPTER 5

海洋油污损害生态环境民事追责的
诉讼与非诉讼机制

第一节　海洋油污损害生态环境民事责任的诉讼追责

一、海洋油污生态环境侵权诉讼与一般生态环境侵权诉讼的区别

诉讼是海洋油污生态环境损害民事索赔的方式之一，自"塔斯曼海"轮溢油纠纷案以来，我国海洋环境监督管理部门已经代表国家提起多起海洋油污生态环境损害的民事赔偿并取得成功。海洋油污损害生态环境的民事索赔诉讼，在广义上属于生态环境损害索赔诉讼的范畴，但又有着与一般生态环境侵权诉讼的不同，其特殊性，或者说与一般生态环境侵权诉讼的主要区别，可总结如下：

（一）索赔主体不同

依据《海洋环境保护法》第 89 条的规定，海洋环境监督管理部门具有海洋油污所致生态环境损害的民事索赔权，这一点也已经在我国当前的司法实践中得到贯彻。在"塔斯曼海"轮溢油污染案、"闽燃供 2"轮溢油污染案、"世纪之光"轮溢油污染案、"通天顺轮"溢油污染案、"阿提哥"轮溢油污染案、"海成"轮溢油污染案等案件中，我国有关海洋环境监督管理部门代表国家提起海洋生态环境损害的民事赔偿，并取得成功。

其他机构或组织是否具有海洋油污损害生态环境民事诉讼的索赔权？或者说海洋环境监督管理部门的海洋生态环境损害民事索赔权是否为一种专属权利？尽管我国相关法律规定及司法解释没有作出明确规定，但司法实践中的相关判决认可了海洋环境监督管理部门的专属索赔权。

2017 年 8 月，重庆两江志愿者服务发展中心、广东省环境保护基金会向广东省茂名市中级人民法院起诉广东三家镍企非法倾倒、堆填废渣致死红树林案中，法院驳回了原告起诉，认为原告不具有本案的诉讼资格。主要理由为：《环境保护法》作为环境保护的综合性法律，其对环境保护组织环境公益诉讼权利的规定属于一般性规定。本案属于海洋领域的环境公益诉讼，相关主体的诉讼资格应依据属于特别法的《海洋环境保护法》来确定。而按照《海洋环境保护法》的规定，海洋生态环境公益诉讼只能由海洋环境监督管理部门提起，因此，本案两原告不具有海洋生态环境公益诉讼主体资格。

2018 年 3 月，自然之友环境研究所就荣成伟伯渔业有限公司等在禁渔期非法捕捞海产品破坏海洋生态环境的行为，向青岛海事法院提起诉讼，要求被告就其非法捕捞行为承担海洋生态环境民事责任。青岛海事法院最终裁定自然之友环境研究所不具有本案海洋环境公益诉讼的主体资格，其主要理由同样是依据《海洋环境保护法》第 89 条第 2 款的规定，只有海洋环境监督管理部门才能作为海洋环境公益诉讼的索赔主体。青岛海事法院认为，本案系针对破坏海洋渔业水域生态环境提起的环境公益诉讼，法律已经授权渔业行政主管部门诉讼主体资格，同时排除了社会组织的诉讼主体资格。《环境保护法》第 58 条的规定为一般性规定，根据特别法优于一般法的原则，应适用《海洋环境保护法》第 89 条的规定。自然之友环境研究所不服一审裁定，上诉至山东省高级人民法院，山东省高院支持一审法院裁定，驳回上诉，维持原裁定。

上述两个环境公益组织提起的海洋生态环境损害民事公益诉讼，虽然不属于海洋油污损害生态环境民事诉讼，但可据此推断，司法实践并不支持环境公益组织在海洋油污生态环境损害民事诉讼中的索赔权。

尽管如此，人民检察院依照《民事诉讼法》第 58 条、《最高人民法院、最高人民检察院关于检察公益诉讼案件适用法律若干问题的解释》等法律和司法解释的规定，已经成功提起了数起有关海洋生态环境损害的民事索赔诉讼。

我国相关法律规定及司法实践中的做法，使得海洋油污损害生态环境民事责任的索赔权主体并不完全明确，但可以肯定的是，在海洋油污损害生态环境民事诉讼中，公益性社会组织的索赔资格被司法实践加以明确否定。

而一般生态环境损害民事追责诉讼中，依据《民事诉讼法》第 58 条的规定，法律规定的机关和有关组织、人民检察院均具有诉讼资格，其主体资格范围要广于海洋油污损害生态环境领域，特别是社会组织在一般生态环境民事诉讼中发挥着越来越重要的作用。

（二）法律适用不同

海洋油污损害生态环境民事诉讼案件在法律适用上遵循特别法优于一般法的基本原则，这意味着在海洋油污损害生态环境民事诉讼案件的处理中，既要适用一般法律的规定，如《环境保护法》《民事诉讼法》《民法典》等，也要适用特别法的规定，如《海洋环境保护法》《海商法》《海事诉讼特别程序法》等。

此外，我国还加入了一些相关的国际公约，如《国际油污损害民事责任公约》《国际防止船舶造成污染公约》等。因此，还涉及国际公约与国内法适用的协调。

在海洋油污损害生态环境民事诉讼的法律适用中，相关案件的处理会受到海商海事上一些特殊制度的影响。如依据《海商法》及《海事诉讼特别程序法》等海商海事法律及有关国际公约的相关规定，海洋油污损害生态环境民事责任是一种限制性债权，受海事赔偿责任限制制度的约束。在我国已有的司法实践中，海洋环境监督管理部门所提起的海洋生态环境损害民事诉讼案件中，最终赔偿金额都是在海事赔偿责任限制基金中进行分配。而一般生态环境损害民事责任则不属于限制性债权，最终获赔数额与法院的认定数额保持一致。

（三）案件管辖不同

海洋油污损害生态环境民事诉讼案件由海事法院专属管辖。《海事诉讼特别程序法》第7条第2项明确规定，船舶油污所致的海洋环境污染诉讼案件，由污染发生地、损害结果地或者采取预防污染措施地海事法院管辖。

此外，《最高人民法院关于海事法院受理案件范围的规定》[1]和《最高人民法院关于审理船舶油污损害赔偿纠纷案件若干问题的规定》两个司法解释也明确规定将海洋油污案件由海事法院专属管辖。

（四）案件具有复合性

围绕同一个海洋油污事件，往往会出现一系列诉讼案件，也即，由海洋

---

〔1〕 4. 船舶排放、泄漏、倾倒油类、污水或者其他有害物质，造成水域污染或者他船、货物及其他财产损失的损害责任纠纷案件。

环境监督管理部门提起的海洋油污损害生态环境民事诉讼，往往伴随着一系列私益诉讼案件。例如，"塔斯曼海"轮溢油事故发生后，围绕本次事故共出现了十个诉讼案件及一个上诉案件，其中既涉及海洋环境监督管理部门代表国家提起的海洋生物资源损失索赔诉讼，也存在相关渔民及渔民协会对渔业损失的索赔诉讼。

二、海洋油污损害生态环境民事诉讼追责的现状及存在的问题

当前，我国有关海洋油污损害生态环境的民事诉讼索赔已经取得了一些成功的实践，前述几起海洋环境监督管理部门代表国家提起的海洋生态环境民事赔偿大都获胜。但是，相较于我国海洋油污事件的发生频率，针对海洋油污生态环境损害的诉讼索赔数量是非常少的。在多数海洋油污事件中，国家有关主管机关主要通过行政手段或者民事手段对生态环境损害赔偿中的预防措施费用（即清污费用及其他应急处置费用）等进行索赔，预防措施费用是一种实实在在发生的已支出费用，因此，有关主管机关或具体费用支出机构会积极地主张这笔费用。而对于海洋生态环境损害，依照《海洋环境保护法》第89条的法律规定及司法实践中的一贯做法，只有海洋环境监督管理部门才具有索赔权，因此，在海洋油污事故发生后，如果有关海洋环境监督管理部门不去主动主张，则其他机构或组织也不会去主张，最终致使海洋生态环境损害无法得到及时偿付。而且，依照《海洋环境保护法》第89条的规定，只有在油污事件给国家造成重大损失的情况下，海洋环境监督管理机关才提起生态环境损害主张，而何为重大损失，相关法律规定并未明确。尽管海洋生态环境的保护日益受到重视，但事实是，绝大多数的油污事件中，海洋生态环境损害未得到合理补偿。

诉讼是海洋环境监督管理部门代表国家进行海洋油污生态环境损害民事追责的一种重要方式，巨大的海洋生态环境损害赔偿数额，对于督促船东、货主等有关油污事故的潜在责任主体积极作为以防治油污污染具有反面激励作用。同时，对受损海洋生态环境的及时、有效修复提供了资金支持，具有重要意义。但是，当前运用诉讼方式对海洋油污损害生态环境进行民事追责也面临一些问题。

（一）诉讼时间长

对海洋生态环境造成重大损害的海洋油污事件通常都是一些影响比较大

的溢油事件，涉诉的范围较为广泛。这些事件通常会引发海洋油污应急机制的启动，适用突发事故的处理程序，事后也涉及事故的调查及处理程序。在这一过程中，国家有关行政主管机关主导事故的处理程序及进程。相关诉讼一般都是在行政机关对事故处理完毕并调查结束之后进行，而行政机关对事故的调查、处理和善后工作通常需要经过较长的时间。之后进入司法诉讼程序同样要经历很长的时间，一方面，诉讼本身在司法程序上需要时间；另一方面，海洋油污损害生态环境案件在责任人、因果关系的认定、损害赔偿范围的确定等问题上错综复杂，导致案件耗时较长。

因此，海洋油污损害生态环境民事追责的诉讼方式，尽管带来的社会影响力比较大，根据以往实践，最终也大都能取得比较好的结果。但是其过程耗时长，对司法机关及海洋环境监督管理行政机关的精力牵扯过多，这一点在既有的司法实践中已经得到证明。前述我们所谈及的有关海洋环境监督管理部门提起的油污损害生态环境民事诉讼案件，大都历时多年才善终。此外，海洋油污损害生态环境民事诉讼的有效进行必然带来巨额诉讼费用的支出，如律师费、诉讼费、专业机构评估费用、取证费用及前期调研费用等，对海洋环境监督管理部门也是一种负担。

（二）案件管辖权有待扩展

海洋油污损害生态环境民事诉讼案件属于特殊侵权案件，《民事诉讼法》及《海事诉讼特别程序法》均将其与普通侵权案件的管辖权划分进行了区分。[1] 在此基础上，《海事诉讼特别程序法》第 7 条第 2 项规定了海洋污染损害案件的具体管辖法院为污染发生地、损害结果地或采取预防污染措施地三地的海事法院，即污染行为地、损害结果地加预防措施地海事法院管辖的模式。不过《海事诉讼特别程序法》第 7 条第 2 项在对海洋污染损害案件的管辖法院进行规定时，采取了穷尽式列举污染源的方式，依据该条款列举的具体内容，我们可以获知，对于船舶溢油造成的海洋生态环境损害诉讼，适用该条款确定的法院管辖规则；而对于海上钻井平台等海上其他作业活动溢油所致的海洋生态环境损害诉讼，是否适用该条款规定的法院管辖权确定原则，

---

〔1〕《民事诉讼法》第 29 条是对普通侵权案件管辖权确定原则的规定，第 31 条是对特殊侵权案件管辖权原则的确定。依据《民事诉讼法》第 31 条的规定，海洋油污损害生态环境诉讼属于特殊侵权诉讼案件。

则不明确。

除《海事诉讼特别程序法》对海洋油污损害赔偿民事诉讼案件的管辖权作出规定外，最高人民法院也通过司法解释的方式，对海洋油污损害生态环境民事诉讼案件的管辖权进行了规定。《最高人民法院关于审理船舶油污损害赔偿纠纷案件若干问题的规定》第2条规定了装载持久性油类的油轮油污损害赔偿民事诉讼案件由船舶油污事故发生地的海事法院专属管辖。如果油污事故发生在我国海域外，但对我国海域造成油污损害或损害威胁，那么我国的油污损害结果地或采取预防措施地的海事法院也具有管辖权。该司法解释主要规范的是船舶油污损害诉讼案件的管辖权，在《海事诉讼特别程序法》上进一步将有管辖权的法院限制为油污事故发生地的海事法院。

《最高人民法院关于审理海洋自然资源与生态环境损害赔偿纠纷案件若干问题的规定》第2条规定了针对海洋自然资源与生态环境损害的民事诉讼案件的管辖权确定原则，明确由损害行为发生地、损害结果地或者采取预防措施地海事法院管辖。也即，只要对我国海域内的海洋生态环境造成损害，我国就具有管辖权，该规定与《海事诉讼特别程序法》第7条的规定保持了一致，是对第7条规定的延续。

本书认为，《海事诉讼特别程序法》第7条的规定与《最高人民法院关于审理海洋自然资源与生态环境损害赔偿纠纷案件若干问题的规定》第2条的规定更为合理。而《最高人民法院关于审理船舶油污损害赔偿纠纷案件若干问题的规定》第2条对于船舶油污损害民事诉讼案件的管辖权规定，仅规制了装载持久性油类油轮污染事故的管辖权法院确定原则，而对非持久性油类油轮污染事故的管辖权及船舶燃油污染事故的管辖权没有作出明确规定。尽管在海洋油污损害生态环境民事追责诉讼案件中，对载运非持久性油类油轮及船舶燃油油污诉讼案件可以《最高人民法院关于审理海洋自然资源与生态环境损害赔偿纠纷案件若干问题的规定》第2条的规定来确定管辖权，但会使现行法律与司法解释在海洋油污损害生态环境民事诉讼管辖权的确定上稍显混乱，建议将《最高人民法院关于审理船舶油污损害赔偿纠纷案件若干问题的规定》第2条的规定与《海事诉讼特别程序法》第7条的规定、《最高人民法院关于审理海洋自然资源与生态环境损害赔偿纠纷案件若干问题的规定》第2条的规定进行统一。

(三) 与私益诉讼的冲突

在油污事件发生后，海洋环境监督管理部门代表国家提起的海洋生态环境损害民事诉讼与其他主体提起的私益诉讼，是基于同一油污污染行为的诉讼，尽管两者的起诉主体不同，但是两者起诉的客观事实存在一致性。在海洋油污污染损害赔偿诉讼中，海洋环境监督管理部门的生态环境索赔诉讼与其他主体的私益诉讼存在一定的冲突，这种冲突主要表现在两个方面。

1. 诉讼时间的交叉

尽管两者是基于同一污染事件和污染行为提起的民事诉讼，但两类诉讼在提起时间上会存在交叉，两类诉讼可能同时提起，也可能一前一后，那么这种诉讼时间上的交叉会带来什么影响呢？如前所述，在海洋油污事件发生后，相关应急处理程序的启动及应急处理措施是在海洋行政管理机关的主导下进行的，海洋行政管理机关及环境监督管理部门在相关证据的收集等方面处于强势和有利地位，但这一过程往往耗时较长。在事故善后的索赔诉讼中，如果海洋环境监督管理部门率先提起诉讼且审结，那么随后的私益诉讼审理也会相对简单，按照《最高人民法院关于审理环境民事公益诉讼案件适用法律若干问题的解释》第30条第1款[1]的规定，私益诉讼中的原被告无需再就已经确定的事实进行举证。

但如果海洋环境监督管理部门的生态环境损害诉讼与私益诉讼同时审理或私益诉讼先提起，则会带来许多问题。如果私益诉讼案件先审理完毕，那么私益诉讼中所认定的事实能否对公益诉讼产生预决效力，现行法律并无明文规定。私益诉讼中，原告的证据收集能力远低于海洋环境监督管理部门，而按照《民事诉讼法》及相关司法解释的规定，人民法院调查收集证据权限较为严格，不存在《最高人民法院关于审理环境民事公益诉讼案件适用法律若干问题的解释》规定的授权。所以，私益诉讼案件中所认定的事实存在与其后审结的公益诉讼案件中所认定的事实相互不一致的可能。

实践中，私益诉讼的启动成本相对较低，多由渔民、养殖户等自发提起，

---

[1] 第30条第1款：已为环境民事公益诉讼生效裁判认定的事实，因同一污染环境、破坏生态行为依据民事诉讼法第一百一十九条规定提起诉讼的原告、被告均无需举证证明，但原告对该事实有异议并有相反证据足以推翻的除外。

通过诉讼来取得超额利益的投机心态，在私益诉讼主体中更容易出现。这些因素都会促使私益主体更早提起相关诉讼。此时应如何对待在先审结私益诉讼的判决，就存在较大问题。

2. 索赔内容的重复

海洋油污事故发生后，海洋环境监督管理部门代表国家提起的海洋生态环境损害索赔诉讼中，具体损害内容通常包括海洋生物资源损失（包含天然渔业资源的直接经济损失与天然渔业资源的中长期损失），而渔民或渔业协会等私法主体通常也会针对同一油污事件提起赔偿，索赔内容通常包含捕捞停产损失。

针对同一油污事故及责任人，海洋环境监督管理部门提起的天然渔业资源直接经济损失与渔民等私法主体提起的捕捞停产损失在索赔内容上是否存在重复？司法实践中，人民法院在审理相关案件中多采用农业部制定的《渔业污染事故经济损失计算方法》作为依据之一。而根据《渔业污染事故经济损失计算方法》的规定，渔民因为渔业环境污染及环境破坏所遭受的损失额，也就是直接经济损失额＝当地市场价格×水产品损失量，海洋环境监督管理部门的天然渔业资源损失额则是上述直接经济损失额与天然渔业资源损失额相加，但不应低于直接经济损失中水产品损失额的 3 倍。因此，本书认为，渔民的捕捞损失索赔与海洋环境监督管理部门之间的天然渔业资源损失索赔之间是存在重复的。

（四）与公益诉讼的冲突

1. 生态环境损害赔偿诉讼与民事公益诉讼的冲突与协调

生态环境损害赔偿诉讼的诉讼目的主要是解决生态环境领域里的"政府买单"问题，通过有关政府部门对破坏生态环境的单位或个人提起诉讼，进行民事追责，从而修复受损生态环境。[1]在环境法领域，关于生态环境损害赔偿诉讼与环境民事公益诉讼之间的关系也一直为学者所广泛关注，一般认为两者虽然在诉讼请求、适用范围及诉讼目的上存在共同性，但两者并不完全一致，甚至在诉讼主体、诉讼顺位等诉权分配上存在冲突，如何对两种诉讼进行区分和衔接成为环境法领域的热点问题，围绕两种诉讼之间关系的讨

---

〔1〕　参见李艳芳："生态环境损害赔偿诉讼的目的、比较优势与立法需求"，载《法律适用》2020年第4期。

论逐渐增多。

对于生态环境损害赔偿诉讼的性质界定，学界存在一定争议。一种观点认为，生态环境损害赔偿诉讼是一种私益诉讼，主要理由为，生态环境损害赔偿诉讼是政府相关部门基于国家自然资源所有权提起的一种诉讼，因此，其本质应属于私益诉讼。另一种观点认为，生态环境损害赔偿诉讼属于民事公益诉讼，但又与民事公益诉讼存在一定区别，应视为一种特殊民事公益诉讼。持后一种观点者占多数。

2015 年，中共中央办公厅、国务院办公厅联合印发了《生态环境损害赔偿制度改革试点方案》，两诉的冲突问题逐渐引起大家的注意：针对同一生态环境污染损害事件，有关政府部门提起的生态环境损害赔偿诉讼与社会组织提起的环境民事公益诉讼在诉讼目的、适用范围等方面存在一定程度的重叠。生态环境损害赔偿诉讼与民事公益诉讼之间的冲突实质上是一种诉权的冲突，这种诉权的冲突具体体现在：

第一，在一诉已经完成后，另一诉讼权利人基于同一损害提起诉讼请求时，是否会因诉讼请求重合而构成重复诉讼，进而导致诉讼权利的丧失。《最高人民法院关于审理环境民事公益诉讼案件适用法律若干问题的解释》第 28 条第 2 款规定，环境民事公益诉讼案件的裁判生效后，有证据证明存在前案审理时未发现的损害，有权提起诉讼的机关和社会组织另行起诉的，人民法院应予受理。在此背景下，如果有权提起诉讼的其他机关和社会组织认为前案生效判决不合理，但缺乏相关证据，则无法通过提起再审或抗诉等手段进行抗辩，事实上丧失了诉讼权利。

第二，在两种诉讼同时存在时，哪一种诉讼应优先得到支持。2020 年发布的《最高人民法院关于审理生态环境损害赔偿案件的若干规定（试行）》第 17 条规定："人民法院受理因同一损害生态环境行为提起的生态环境损害赔偿诉讼案件和民事公益诉讼案件，应先中止民事公益诉讼案件的审理，待生态环境损害赔偿诉讼案件审理完毕后，就民事公益诉讼案件未被涵盖的诉讼请求依法作出裁判。"该规定确定了生态环境损害赔偿诉讼优先于民事公益诉讼的诉讼顺位规则。除了最高人民法院这一司法解释的直接规定外，环境法学界的一些学者也给出了生态环境损害赔偿诉讼优先的理论支持，可归纳总结为四类：[1]第一，政府为自然资源的代表人说。这种观点认为，有关政府部门的生态环境损害赔偿索赔权是建立在自然资源国家所有权的基础上的，是国务院代表国家行使自然资源所有权的具体体现。在生态环境受到损失时，国务院对这种损害存在直接利害关系，而作为民事公益诉讼的社会组织则不属于直接利害关系人，后者只有在相关政府部门不提起诉讼的情况下，基于环境公共利益而提起环境民事公益诉讼。第二，政府的环境监管职责延伸说。这种观点认为，环境监管是政府部门的基本职责，政府部门对生态环境的监管具有首要职责，而环境民事公益诉讼处于补充地位。第三，政府掌握的诉讼资源丰富说。这种观点认为，相较于社会组织而言，由政府部门提起生态环境损害，在调查取证等过程中能运用各种资源，更有优势。第四，社会组织的诉讼能力不足说。其中，第一种观点的支持者较多。但也有学者对这一观点进行了批判，认为，"在市场条件下，将规模庞大的自然资源设定为国家所有是基于自然资源领域广泛存在的产权不清晰、外部性、公共物品等市场失灵问题，自然资源国家所有权实质上是国家对自然资源的产权管制权"，[2]不同于民法意义上的私人所有权。

对生态环境损害赔偿诉讼与环境民事公益诉讼之间关系的协调，主要体现在对两种诉权的协调上，对此，前述最高人民法院的司法解释及司法实践均认为有关政府部门提起的生态环境损害赔偿诉讼应具有优先地位，但也有学者对此提出不同意见，认为"生态环境损害赔偿诉讼优先论及其司法实践，与我国以环境民事公益诉讼制度和生态环境损害赔偿制度双渠道实现生态环境损害救济的初衷相违背，且存在边缘化与虚置化环境民事公益诉讼制度的风险。在寻求生态环境损害救济时以社会组织提起的环境民事公益诉讼为主导，在一定程度上更为适恰。"[3]

2. 海洋生态环境损害赔偿诉讼与民事公益诉讼的冲突与协调

关于海洋生态环境损害赔偿诉讼的性质，即海洋环境监督管理部门代表国家提起的海洋生态环境损害民事索赔诉讼是否属于环境公益诉讼的问题，

---

〔1〕　参见朱谦、谌杨："'生态环境损害赔偿诉讼优先论'之思辨——兼论与环境民事公益诉讼的顺位问题"，载《学术论坛》2020 年第 5 期。

〔2〕　王克稳："自然资源国家所有权的性质反思与制度重构"，载《中外法学》2019 年第 3 期。

〔3〕　朱谦、谌杨："'生态环境损害赔偿诉讼优先论'之思辨——兼论与环境民事公益诉讼的顺位问题"，载《学术论坛》2020 年第 5 期。

司法实践中的相关判决对此进行了认可，认为海洋环境监督管理部门提起的海洋生态环境损害赔偿诉讼属于环境民事公益诉讼。

对于环境民事公益诉讼的索赔主体，依据《环境保护法》第58条的规定，包括法律规定的机构及社会组织。而现行有关海洋生态环境损害的民事诉讼中，相关司法判决依据《海洋环境保护法》第89条的规定，明确否定了社会组织海洋生态环境损害的诉讼主体资格，认为其专属于海洋环境监督管理部门。但是对于人民检察院的海洋生态环境诉讼主体资格，司法实践又予以了认可。此外，依据《海洋环境保护法》第89条的规定，海洋环境监督管理部门代表国家提起海洋生态环境损害民事索赔的前提是相关污染行为给国家造成重大损失，也即其主要目的是维护国家利益。环境公益诉讼的目的则具有更为广泛的含义，主要是指维护社会公共利益。

也就是说，在环境法领域，存在有关政府部门提起的生态环境损害赔偿诉讼与社会组织提起的环境民事公益诉讼的诉权冲突，这一冲突在海洋油污损害生态环境领域中本应有所反映，但当前的司法实践直接否定了社会组织在海洋油污损害生态环境赔偿诉讼中的索赔权，使得这种诉权冲突似乎在海洋油污损害生态环境诉讼索赔中不存在，但实际上，有关社会组织一直在尝试提起海洋油污损害生态环境民事公益诉讼，对社会组织的这种诉权，本书在前文已进行详细阐释，依据当前法律规定，无法得出社会组织不具有海洋生态环境损害赔偿诉讼主体资格的结论。因此，这两种诉权的冲突在海洋油污损害赔偿索赔诉讼中仍然现实存在，至于两者之间的协调，本书在前文中已有论述，主张在海洋生态环境损害赔偿领域，应以海洋环境监督管理部门的索赔权为先，以社会组织的索赔权为辅助，以人民检察院的索赔权为补充。

第二节　海洋油污损害生态环境民事追责的非诉讼机制

诉讼方式在海洋油污损害生态环境的民事追责中具有重要意义，但民事诉讼追责是海洋油污损害生态环境民事追责的最终解决程序，是对相关责任人进行追责的最后一道防线。民事诉讼追责只是海洋油污损害生态环境民事救济的方式之一，对其作用，我们不能进行无限放大。对海洋油污损害生态环境的民事追责，需要诉讼方式与其他非诉讼方式相互协调、配合及衔接，以真正保证海洋油污损害生态环境民事追责的有效实现。

一、美国墨西哥湾漏油事故的处理及其启示

（一）事故简述

2010 年 4 月 20 日，位于美国南部路易斯安那州沿海的"深海地平线"钻井平台起火爆炸，爆炸油井位于海面下 1525 米处。事故造成大量原油泄漏入海，总计漏油量达 490 万桶，形成了 2000 平方英里（约 5180 平方千米）的污染区，其所造成的污染损害远超过催生美国 1990 年《油污法》诞生的"埃克森·瓦尔迪兹"号油轮漏油事故，该事故最终导致墨西哥湾严重的海洋生态环境污染，并给沿海各州带来巨大经济损失。

墨西哥湾漏油事故发生后，英国石油公司（BP）被美国政府确定为事故的主要责任方，围绕海洋生态环境损害修复与赔偿，各方采取了以下措施：[1]

1. 美国政府在漏油事故发生后，建立了专门的网站每天公布漏油事件的进展及政府采取的措施，定期发布漏油点堵塞和油污清理的进展情况，公布权威部门有关漏油扩散监控报告，建立野生动物收容所。[2]受损墨西哥湾生态环境需要几十年才能完全恢复，且需巨额资金的支持。为了能获得充足的恢复资金，相关政府向英国石油公司提起赔偿诉讼。

2. 2010 年 5 月 17 日，对于因油污而导致旅游业衰退的一些地区，英国石油公司提供大量资金用于重振旅游业。

3. 2010 年 6 月 16 日，英国石油公司与美国政府达成一致，同意设立 200 亿美元的赔偿基金，赔偿范围包括沿海企业及民众因漏油事件而受到的经济损失、政府恢复环境的各种支出，以及自然资源受到的破坏。

2010 年 8 月，为了方便与油污有关的各种索赔诉讼，美国成立一个中立的索赔机构，专门接受和审查相关诉讼，对符合条件的索赔赔偿从油污基金中进行支付。

此外，美国政府就相关政府部门在本次溢油事件中支出的清污费用等向

---

[1] 参见高翔：《海洋石油开发环境污染法律救济机制研究：以美国墨西哥湾漏油事故和我国渤海湾漏油事故为视角》，武汉大学出版社 2013 年版，第 66 页。

[2] Summary of the Federal Government's Role in BP's Effort to Stop the BP Oil Leak, https://obamawhitehouse. archives. gov/blog/2010/05/21/summary-federal-government-s-role-bp-s-effort-stop-bp-oil-leak，其建立的官方网站：https://www. restorethegulf. gov/，最后访问日期：2020 年 2 月 20 日。

英国石油公司等责任方主张赔偿，英国石油及相关责任方及时支付了这些费用，累计金额达到 7 亿美元。

4. 2011 年 3 月 4 日，英国石油公司与墨西哥湾联盟共同发起成立了墨西哥湾研究倡议项目。英国石油公司向该项目提供了 5 亿美元资金，用于开展研究本次溢油事故对环境造成的影响和损害。

5. 2011 年 4 月 19 日、20 日，英国石油公司与美国国家海洋大气管理局、内政部、路易斯安那州、密西西比州、阿尔巴马州、弗罗里达州、德克萨斯州的政府部门签署环境重建框架协议，决定成立深海地平线漏油事件环境自然资源基金。英国石油公司先期注入 10 亿美元基金到一个中立账户，用于沿海生态环境的重建。

（二）启示

墨西哥湾漏油事件发生后，各方对事故的处理相对比较积极，其背后原因为美国有关法律制度的相对健全，美国 1990 年《油污法》将海上钻井平台等近岸设施纳入调整范围，且将自然资源损害纳入油污损害的赔偿范围，使得墨西哥漏油事故发生后，相关索赔具有一定的法律支持。

在事故发生后的海洋生态环境修复与民事索赔方面，美国政府起着主导作用。在美国政府的主导下，英国石油公司设立了专门的赔偿基金，并以此为中心成立了一个中立的索赔机构专门处理与漏油事件有关的索赔事项，这一机制可以有效地避免相关索赔过于分散。漏油事故的影响范围广泛，涉及墨西哥湾沿海的多个州，相关受害人也比较分散，依据管辖等规定，各相关受害人要在不同地方、不同级别的法院提起索赔之诉，致使案件不能集中审理、相关证据不能共享。统一索赔机构的设立，使所有与漏油事故有关的索赔集中在一处审理，程序相对简易，各种证据的提供使得法官更容易全面掌握事实，作出更合适的裁断，且相关判决建立在事先设立的基金的支持上，更容易得到有效执行。这对受损海洋生态环境的修复及其他私益主体损失的有效补偿都具有积极意义。

二、我国蓬莱油田溢油事故的处理及其启示

2011 年，我国发生渤海蓬莱 19-3 油田重大溢油事故，该油田由中国海洋石油总公司与美国康菲公司合作开发，是我国最大的海上油气田，年产量约占渤海原油产量的 1/5。溢油事故给渤海海洋生态环境和生物资源造成严重危

害，影响范围涉及辽宁、河北、天津、山东三省一市，这起事故被国务院调查组定性为中国迄今最严重的海洋生态事故和漏油事故。

（一）事故简述

2011 年 6 月，国家海洋局接报，渤海 19-3 油田钻井平台附近海面发现少量溢油。经分析，确认溢油来自渤海 19-3 油田。

6 月 11 日，北海分局根据卫星遥感结果、油指纹鉴定以及专家会商结果，确认溢油来自蓬莱 19-3 油田。

7 月 5 日，国家海洋局召开第一次新闻发布会，就事故原因、处置情况和对环境的影响等问题进行通报。

7 月 29 日，国家海洋局要求康菲公司在月底前采取有效措施解决溢油源头问题，避免出现再次溢油现象。

8 月 9 日，针对本次溢油事故，贾方义以个人名义提起民事索赔诉讼，请求康菲公司与中国海洋石油总公司成立 100 亿元的赔偿基金进行生态赔偿和恢复等，该诉讼未能立案。随后，贾方义以个人名义向法院提起行政诉讼，起诉国家海洋局在渤海油田溢油事件中行政不作为。其诉状中指出：国家海洋局对溢油事故的相关信息通报不透明、不及时。而且，国家海洋局所认定的事故责任人只有康菲公司，没有对中国海洋石油总公司的责任人身份进行认定，这一做法不合理、不合法。

8 月 19 日到 24 日，康菲公司中国区的总裁司徒瑞在北京召开新闻通气会，并就渤海湾溢油事件进行道歉。面对媒体，司徒瑞说，康菲公司将在月底前完成事故海域的油浆清理，相关工作已经取得非常大的进展。同时，康菲公司愿意考虑事故所引发的损害赔偿请求。

8 月 25 日，国家海洋局召开媒体见面会，副局长王飞对事故处置情况进行了通报。国家海洋局指出，有关事故后续处理的工作方案已经确定，目前正在进行证据的继续收集及生态环境损害评估，并准备相关的海洋生态损害索赔事项。

2012 年，国家海洋局与康菲公司、中国海洋石油总公司签订《海洋生态损害赔偿补偿协议》，康菲公司和中国海洋石油总公司总计支付 16.83 亿元人民币，其中，康菲公司出资 10.9 亿元人民币，赔偿本次溢油事故对海洋生态造成的损失；中国海洋石油总公司和康菲公司分别出资 4.8 亿元人民币和 1.13 亿元人民币，承担保护渤海环境的社会责任。

2015 年 7 月，中国生物多样性保护与绿色发展基金会（绿发会）向青岛海事法院提起海洋生态环境公益诉讼，诉请被告康菲石油中国有限公司、被告中海石油（中国）有限公司承担漏油污染生态环境损害赔偿责任。最终，法院认定绿发会不具有诉讼主体资格。

（二）启示

蓬莱油田溢油事故发生后，事故责任人之一的康菲公司在海洋生态环境损害赔偿问题上不积极、不主动，主要原因之一是我国相关法律规定的不健全。依照《海洋环境保护法》及相关法律的规定，作为行政机关的国家海洋局在行政处罚上最高可处以 20 万元的罚款，这与溢油事故造成的海洋生态环境损害相比，可谓杯水车薪，也远远不足以威慑相关事故责任人。

国家海洋局在事发后的处理措施也存在一些值得诟病的地方，如相关信息发布的迟延、不公开、不透明等。相对而言，民间力量则不断推动着事故的处理进程。

不过这次事故促使国家海洋局对海洋油污损害生态环境的民事追责进行了积极的反思，后续相继出台了《海洋生态损害国家损失索赔办法》、《海洋溢油生态损害评估技术导则》以及《海洋生态损害评估技术导则》，虽然这些规则仅仅适用于国家海洋局内部，但这些规则的出台，对海洋油污生态环境损害追责制度的建设带来有益启示，具有积极意义。

三、生态环境损害赔偿磋商制度在海洋油污领域的适用可能

（一）生态环境损害赔偿磋商制度

2015 年，《改革试点方案》发布实施，随后确定在吉林、山东等七省市开展试点工作。该方案创设了生态环境损害赔偿磋商制度，并将其作为诉讼的前置程序。在生态环境损害发生后，由各级政府或其指定的部门对生态环境损害的责任者提出赔偿磋商，磋商不成，则以政府作为生态环境损害赔偿权利人提起赔偿诉讼。2017 年 12 月 17 日，新的《改革方案》发布实施，废止前述《改革试点方案》，要求从 2018 年 1 月 1 日起，在之前部分省市进行试点的基础之上，将试行工作扩展至全国。

生态环境损害赔偿磋商制度区别于传统侵权责任法，依照《改革方案》的规定，对以环境为介质而造成的人身损害和财产损害赔偿，仍适用《侵权责任法》等法律规定。《改革方案》所规定的生态环境损害赔偿磋商制度，是

对"环境有价、损害担责"的环境价值理念的体现，强调的是对生态环境损害本身进行赔偿的磋商制度。《改革方案》从总体上对生态环境损害的赔偿范围、赔偿义务人及赔偿权利人进行了原则性规定，要求各地根据当地情况，对具体细节性问题展开积极探索并提出相关立法建议。《改革方案》同时对生态环境损害赔偿磋商制度与司法制度的衔接进行了原则性规定，对于经过磋商达成的赔偿协议，可以通过向法院进行司法确认的方式来保证其后续执行。在这种衔接制度安排下，如果义务人不履行协议所达成的赔偿内容，则赔偿权利人或法定机构可以申请人民法院强制执行。如果经过磋商无法达成协议的，则可以启动诉讼程序，由赔偿权利人或法定机构向法院提起诉讼。

贵州贵阳开磷化肥有限公司污染案是全国第一例生态环境损害赔偿磋商案件。该案中，贵州省律师协会作为独立的第三方磋商组织，于2017年召集作为磋商双方当事人的贵州省环保厅和开磷公司召开磋商会议，就生态环境损害事实、责任主体、赔偿范围、履行方式和期限、生态环境损害修复方案及其实施和验收等达成一致意见。尽管在磋商过程中双方就修复方案的选择曾存在分歧，但经过会后的进一步磋商，最终达成一致意见。双方最终签订《生态环境损害赔偿协议》，并就此协议向清镇市人民法院申请了效力确认。

生态环境损害赔偿磋商制度在实践探索中取得了积极意义，当然，该制度在探索过程中也出现了一些问题，比如这一制度的法律性质问题，是纯粹的民事行为，还是行政行为，抑或是两者的结合？理论界对此尚存争议。本书认为，生态环境损害赔偿制度实质是借助私法手段来实现环境公共治理中的权力行使方式。在这一过程中，不再强调行政机关行政手段的强制性，而是由行政机关与责任人采取平等协商的方式来实现生态修复与损害赔偿的双重目的，磋商是手段，过程强调权利处分的合意性。这种私法属性的引入，对于生态环境损害责任人主动担责具有鼓励作用。同时，因协议体现了当事双方的合意，有利于责任人事后积极主动地履行所确认的协议内容。综上，生态环境损害赔偿磋商制度应属于一种私法行为，在这一过程中，行政机关与责任人处于平等的民事主体地位，协议结果的达成是基于双方合意，而不是行政机关的行政权力。

生态环境损害赔偿磋商与诉讼衔接机制也是一个有待解决的问题。依照《改革方案》的规定，生态环境损害赔偿磋商是相关行政机关开展生态环境损害赔偿诉讼的前置程序，如果磋商不成功，应及时向人民法院提起生态环境损害赔偿诉讼。而依据我国现有法律规定，生态环境损害赔偿属于公益诉讼。在出现生态环境损害事故后，与生态环境损害赔偿有关的诉讼可能存在三种，一是由社会组织提起的环境民事公益诉讼；二是由人民检察机关提起的环境民事公益诉讼；最后一种即为生态环境损害赔偿磋商不成后，由行政机关提起的赔偿诉讼。此时，如何协调各方在磋商与诉讼中的关系，避免在同一生态环境损害赔偿上的无序现象产生，就是一个亟待解决的问题。对此，环境法理论界也存在不同的主张。本书认为，既然推行生态环境损害赔偿的磋商制度，就应坚持磋商优先，行政机关诉讼优先的原则。

当前生态环境损害赔偿磋商制度处于改革试点过程中，许多细节性的制度设计还有待探索。但是生态环境损害赔偿磋商制度具有积极的意义，该制度将民事契约理念引入行政机关生态环境损害民事追责中，对于促进受损生态环境的及时、有效修复具有积极意义。

（二）生态环境损害赔偿磋商制度在海洋油污领域的适用

《改革方案》虽然明确不适用于海洋生态环境损害赔偿，但一般生态环境损害与海洋生态环境损害毕竟具有很多相似之处，在相关民事责任的追责制度上，也具有许多共通之处。

1. 国家海洋局的海洋生态环境损害索赔函制度

早在 2014 年，国家海洋局就发布了《索赔办法》，该《索赔办法》第 9条提出了"海洋生态损害国家损失索赔函"制度，意指在海洋污染事故发生后，海洋行政主管部门首先向海洋生态环境损害责任人发出索赔函，海洋生态环境损害责任人如果对海洋行政主管机关索赔函的索赔内容和索赔要求没有异议，则应由双方签订具体赔偿协议，由责任人依照协议内容履行海洋生态环境损害的修复与赔偿责任。如果责任人对索赔函的索赔内容和索赔要求存在异议，海洋行政主管部门则寻求协商、仲裁、诉讼等其他方式解决相关问题。

为此，国家海洋局还发布了海洋生态损害国家损失索赔函（样式）：

××海洋（与渔业）厅（局）/国家海洋局×海分局

海洋生态损害国家损失索赔函（样式）

××赔函〔20××〕××号

×××单位（个人）：

地址：

经查，你单位（个人）的以下行为（时间、地点、污染行为的描述）＿＿＿＿＿＿导致＿＿＿＿＿＿海域海洋生态严重破坏，造成国家重大损失，依据《中华人民共和国海洋环境保护法》第九十条第二款、《海洋生态损害国家损失索赔办法》的规定及《海洋生态损害评估技术指南》，根据×××单位＿＿＿＿年＿＿＿＿月＿＿＿＿日评估结果，拟对你单位（个人）索赔人民币＿＿＿＿＿＿＿＿元整（￥＿＿＿＿＿＿）。

请你单位（个人）在收到本索赔函后7个工作日内主动与我局联系赔偿事宜，双方协商一致后签订赔偿协议，并按照协议规定的方式、程序和期限履行赔偿责任。

如逾期未得到你单位（个人）回复，我局将考虑通过仲裁、诉讼等方式要求你单位（个人）履行赔偿责任。

本局地址：＿＿＿＿＿＿＿＿＿＿＿＿　邮政编码：＿＿＿＿＿＿＿

联系人：＿＿＿＿＿＿＿＿＿＿＿＿　电话：＿＿＿＿＿＿＿

（盖章）

年　月　日

接收情况：

已于＿＿＿＿年＿＿＿＿月＿＿＿＿日＿＿＿＿时＿＿＿＿分收到××赔函〔20××〕××号索赔函。

接收人签字：

（盖章）

2. 海洋生态环境损害索赔函制度与生态环境损害赔偿磋商制度的区别

国家海洋局在《索赔办法》中确立的海洋生态环境损害索赔函制度与《改革方案》中的生态环境损害赔偿磋商制度存在一定不同。

第一，两者适用范围不同。海洋生态环境损害索赔函制度主要适用于国家海洋局及其下属的地方海洋行政主管部门针对海洋生态环境损害赔偿的索赔。而生态环境损害赔偿磋商制度适用于生态环境损害赔偿的索赔。后者无论是在适用主体上还是适用案件的范围上，都远远广于前者。

第二，性质不同。海洋生态环境损害索赔函制度更多体现了行政主导与行政强制的意味，海洋行政主管部门制定索赔函的过程及向海洋生态环境损害赔偿责任人发出索赔函的过程，并不存在与责任人进行磋商的内容，索赔函的索赔数额是由海洋行政主管部门根据自行收集的证据及相关鉴定结论确定的，其中并不体现责任者的意志。而生态环境损害赔偿磋商制度强调磋商，最终协议的达成体现了行政机关与生态环境损害赔偿责任人的合意。

第三，内容不同。通过国家海洋局发布的海洋生态损害国家损失索赔函（样式）可知，索赔函的内容相对较为狭窄，其对海洋生态环境损害的赔偿主要体现在货币赔偿上，没有反映生态环境修复等在生态环境损害赔偿领域广泛采取的责任承担方式。而生态环境损害赔偿磋商制度所确定的责任承担方式更为丰富，既包括货币赔偿，也包括采取修复措施等。

3. 融合的可能

尽管国家海洋局在2014年印发的《索赔办法》中确定的索赔函制度，与生态环境损害赔偿磋商制度存在较大不同，但我们也可以看到，《索赔办法》在其第11条也倡导通过协商的方式来解决海洋生态环境的损害赔偿问题。而且，两者都尝试在诉讼程序之前设置前置程序，以防止损害发生后采取单一的诉讼方式所带来的耗时耗力问题。

本书认为，在海洋油污损害生态环境的民事追责中，我们可以借鉴生态环境损害索赔领域的生态环境损害赔偿磋商制度，探索将国家海洋局《索赔办法》中的索赔函制度加以改进并扩展适用。

依据我国当前司法实践中的相关判例，海洋油污损害生态环境的索赔资格专属于海洋环境监督管理部门，也即海洋环境监督管理部门在海洋油污损害生态环境损害的索赔中处于主导地位，这与生态环境损害赔偿磋商制度所规定的行政机关在生态环境损害索赔中处于主导地位具有一致性。海洋油污生态环境损害发生后，诉讼方式往往耗时耗力，不利于受损海洋生态环境的及时修复。如果能够在海洋环境监督管理部门与海洋生态环境损害责任人之间设置一个前置的磋商程序，用于解决油污损害生态环境的赔偿问题，则有利于相关赔偿问题的尽快解决，对于责任人及时恢复生产经营、受损海洋生态环境得到及时修复，减轻当事人的诉累具有积极意义。

当然，将现行生态环境损害赔偿磋商制度引入海洋油污损害生态环境民事追责制度中，也会面临一些制度上的困难。在海洋油污生态环境损害领域，油污所致的生态环境损害赔偿与油污所致的其他人身、财产损害赔偿是共同放在海事赔偿责任限制基金里进行分配的，如果引入生态环境损害赔偿磋商制度，必然面临这种磋商而成的损害赔偿是否会影响油污所致其他损害的受偿问题。

　　由于生态环境损害赔偿磋商制度是一种处于试点中的新制度，其能否被引入到海洋油污损害生态环境民事追责中尚待观察与研究，一方面有待生态环境损害赔偿磋商制度本身的发展完善，另一方面也需要对生态环境损害赔偿磋商制度与现行海商海事法律制度的衔接进行研究。

结　语

　　本书对我国海洋油污损害生态环境民事追责法律制度的研究，包含海洋油污损害生态环境民事追责制度的实体内容与程序规范，其中重点研究了四个方面的内容：海洋油污损害生态环境民事追责的索赔主体、海洋油污损害生态环境民事责任的具体内容及其确定、海洋油污损害生态环境民事责任的归责以及海洋油污损害生态环境民事追责的方式。

一、海洋油污损害生态环境民事追责的索赔主体

　　海洋油污损害生态环境民事追责的首要问题是明确有权进行追责的主体。在对各索赔主体的索赔权利来源、相关法律规定及司法实践进行分析的基础上，本书认为，在油污致海洋生态环境损害的民事追责中，具有索赔资格的主体包括：国家、社会组织及人民检察院。其中，国家的索赔权具有优先性，社会组织只有在国家不行使索赔或索赔之后尚存在部分海洋生态环境损害未得到索赔的情况下，才具有海洋生态环境损害的索赔权。只有在国家及社会组织均未行使索赔权的情况下，人民检察院才可以提起海洋生态环境损害赔偿领域的公益诉讼索赔。

　　在上述具有索赔资格的主体认定上，对何为适格的具有生态环境损害公益诉讼索赔权的社会组织，我国相关法律及司法解释已经作出明确规定；作为海洋生态环境公益诉讼索赔主体的人民检察院，也是比较明确的，在法律规定、司法实践及法学理论上都不存在争议。而作为代表国家提起海洋生态环境损害赔偿的具体主体，在认定中却存在一定模糊性，有关司法实践稍显混乱。

　　结合《深化党和国家机构改革方案》对于国务院机构改革的最新规定及各海洋环境监督管理部门的具体职责，本书认为，就海洋生态环境损害的国

家索赔，各海洋环境监督管理部门的权限可以采取如下配置方式：

第一，从横向角度，生态环境部作为海洋环境监督管理的主要部门，总体上负责海洋生态环境损害的国家索赔。当出现油污致海洋生态环境损害需要行使国家索赔权时，由生态环境部索赔。如果相关案件涉及渔业资源损失时，由农业农村部的渔业渔政管理局配合生态环境部进行海洋生态环境损害的国家索赔；如果相关案件涉及军事船舶污染海洋生态环境，则由军队环境保护部门配合生态环境部进行海洋生态环境损害的国家索赔；如果相关案件涉及的是海事部门所管辖港区内的非渔业非军事船舶所致海洋生态环境污染损害，则由海事局配合生态环境部进行海洋生态环境损害的国家索赔。

第二，从纵向角度，针对区域内的油污致海洋生态环境损害国家索赔，由区域内行政级别最高的省级生态环境厅或者省级生态环境厅指定的下级生态环境行政管理部门提起。对跨区域的油污致海洋生态环境损害国家索赔，如果是跨省级的则由生态环境部提起，如果是省内跨地区的，则由省级生态环境厅或其指定的下级生态环境行政管理部门提起。

此外，为了不同主体之间索赔权行使的更好衔接，本书建议：对《海洋环境保护法》第89条第2款的规定进行修订，取消海洋环境监督管理部门代表国家进行海洋生态环境损害索赔的前提条件，即"重大损失"。

二、海洋油污损害生态环境民事责任的具体内容及其确定

明确的责任内容是进行有效民事追责的前提。海洋油污损害生态环境民事追责的一个重要内容是明确海洋生态环境损害的具体内容，进而确定海洋生态环境损害的赔偿范围，以最终实现民事追责。

本书通过对国内外海洋油污损害生态环境民事责任范围的相关法律规定进行梳理认为，相比国际法律规范，我国国内法对这一问题的规定更为细致。尽管我国国内法在法律这一层次上没有专门规定海洋油污损害生态环境的民事责任范围，但最高人民法院的司法解释对海洋生态环境损害民事责任的具体内容及范围进行了较为明确和细致的规定，这对于司法实践中相关案件的处理具有重要的指导作用，有利于相关纠纷的有效解决。依据我国国内相关法律及司法解释的具体规定，海洋油污损害生态环境民事责任赔偿的具体内容和范围大致包括：预防措施费用、恢复费用、恢复期间的损失和调查评估费用。尽管这一内容和范围已经相对明确，但如何确定这些费用的具体项目

及具体数额，并非易事。

司法实践中有关海洋油污损害生态环境民事责任赔偿的项目主要包括：海洋环境容量损失、海洋生态服务功能损失、海洋生物资源损失以及防止污染扩大而支付的合理的必要的费用等。

尽管法律规定及相关法律文件极少使用海洋环境容量这一词，但在司法实践中，海洋环境监督管理机关在提起海洋生态环境损害赔偿诉讼时，已经将海洋环境容量损害作为海洋生态环境损害民事责任的具体项目。本书认为，在确定是否存在海洋环境容量损失时，应明确两点：第一，对"已经采取或将要采取的合理措施"的具体内涵应予以明确；第二，海洋环境容量损失在性质上应属于恢复费用，即恢复受损海洋环境容量所需要的费用。在海洋生态环境已经自行恢复的情况下，就不应再要求责任人承担海洋环境容量损失。

关于海洋生物资源损失的具体项目，司法实践及学术界同时存在容易混淆的多个相关表述：天然渔业资源损失、天然渔业资源恢复损失、渔业资源直接经济损失、中长期渔业资源损失、天然水产品直接经济损失等。本书认为，这些项目可归为两大类，一是受污染海域渔业资源的直接经济损失，二是天然渔业资源损失。同时，本书认为，作为海洋油污损害生态环境民事责任内容的天然渔业资源直接经济损失与渔民的渔业捕捞损失具有同一客体，在索赔中存在冲突，对此，本书提出了两种可能的解决路径。

海洋油污事故发生后的及时清污，对海洋生态环境的保护和修复具有重要意义，而实践中，基于对清污费用法律性质的认识不同，清污单位在清污费用的求偿中面临重重困难。本书认为，不对强制清污费用清偿行为进行性质上的限定，而通过法律的直接规定赋予请求人直接向油污责任人或其保险人进行主张的权利。

三、海洋油污损害生态环境民事责任的归责

海洋油污主要来源于船舶和海洋石油开发工程建设（钻井平台油污），尽管海上钻井平台所引发的溢油事故相对船舶溢油事故而言数量不多，但每次溢油事故所带来的海洋环境损害却是巨大的。

当前，有关船舶油污损害的国内外法律制度相对成熟。对于海上钻井平台油污损害赔偿，国际法律层面及我国国内法层面都缺乏相应的制度规范。理论界对海上钻井平台法律属性的"船"与"非船"之争，实质上是在海上

钻井平台油污损害赔偿法律规范缺失的背景下，能否将海上钻井平台油污损害赔偿直接纳入相对健全的船舶规范体系之争。本书认为，在海洋油污损害赔偿领域，无论是海上钻井平台油污还是船舶油污，其对海洋环境所造成的现实损害并无本质区别，所不同的仅仅是损害环节，如果能充分利用现行较为完善的船舶油污损害赔偿机制解决海上钻井平台油污损害赔偿法律问题，将具有重要意义。为此，针对我国的现实情况，提出如下建议：第一，在海上钻井平台的法律属性界定上，应保持其独立性，不将其直接等同于海商法上的船舶，以避免相关争议的继续，并致其他国际法律事项争议的产生，从而不利于争议背后现实问题的解决。第二，针对海上钻井平台油污损害赔偿，在我国出台专门的法律规范之前，宜通过司法解释的方式加以规定，海上钻井平台油污损害赔偿参照船舶油污损害赔偿处理。

四、海洋油污损害生态环境民事责任追责的方式

诉讼方式在海洋油污损害生态环境的民事追责中具有重要意义，但民事诉讼追责是海洋油污损害生态环境民事追责的最终解决程序，是对相关责任人进行追责的最后一道防线。民事诉讼追责只是海洋油污损害生态环境民事救济的方式之一，对其作用，我们不能进行无限放大。

对海洋油污损害生态环境的民事追责，需要诉讼方式与其他非诉讼方式相互协调、配合及衔接，以真正保证海洋油污损害生态环境民事责任的有效追责。对此，我们可以借鉴生态环境损害索赔领域的生态环境损害赔偿磋商制度，探索将国家海洋局《索赔办法》中的索赔函制度加以改进并扩展适用。在海洋环境监督管理部门与海洋生态环境损害责任人之间设置一个前置的磋商程序，用于解决油污损害生态环境的赔偿问题，有利于相关赔偿问题的尽快解决，对于责任人及时恢复生产经营、受损海洋生态环境得到及时修复，减轻当事人的诉累具有积极意义。

因生态环境损害赔偿磋商制度本身尚处于试点建设与探索中，本书对这种前置磋商程序在海洋油污损害生态环境赔偿领域的具体运用未展开进一步更细致的研究，对此，本书将持续保持对这一问题的关注及研究尝试。

REFERENCES

参考文献

一、著作类

1. 吕忠梅等：《环境损害赔偿法的理论与实践》，中国政法大学出版社 2013 年版。

2. 陈亮：《美国环境公益诉讼原告适格规则研究》，中国检察出版社 2010 年版。

3. 邓海峰：《海洋油污损害国家索赔的理论与实践》，法律出版社 2013 年版。

4. 蔡守秋主编：《环境法学教程》，科学出版社 2003 年版。

5. 高翔：《海洋石油开发环境污染法律救济机制研究：以美国墨西哥湾漏油事故和我国渤海湾漏油事故为视角》，武汉大学出版社 2013 年版。

6. 曲格平等编：《环境科学基础知识》，中国环境科学出版社 1984 年版。

7. 王修林等：《胶州湾主要化学污染物海洋环境容量》，科学出版社 2006 年版。

8. 王利明：《物权法研究》（修订版）（上卷），中国人民大学出版社 2007 年版。

9. 韩立新：《船舶污染损害赔偿法律制度研究》，法律出版社 2007 年版。

10. 邱聪智：《新订民法债编通则》（上），中国人民大学出版社 2003 年版。

11. 王泽鉴：《民法学说与判例研究》，中国政法大学出版社 1998 年版。

12. 王利明：《侵权行为法归责原则研究》，中国政法大学出版社 2003 年版。

13. 翁岳生：《行政法》（上册），中国法制出版社 2002 年版。

14. 郭瑜：《海商法的精神——中国的实践与理论》，北京大学出版社 2005 年版。

15. 司玉琢：《海商法专论》，中国人民大学出版社 2015 年第 3 版。

16. 傅廷中：《海商法论》，法律出版社 2007 年版。

二、文献类

1. 王淑梅、余晓汉："《关于审理海洋自然资源与生态环境损害赔偿纠纷案件若干问题的规定》的理解与适用"，载《人民司法（应用）》2018 年第 7 期。

2. 王小钢："生态环境损害赔偿诉讼的公共信托理论阐释——自然资源国家所有和公

共信托环境权益的二维构造"，载《法学论坛》2018 年第 6 期。

3. 黄宗斌、江琴："海洋生态损害国家索赔主体问题研究"，载《中国海商法研究》2013 年第 2 期。

4. 柯文仲："千万元油污案透视"，载《环境》2000 年第 6 期。

5. 章礼明："检察机关不宜作为环境公益诉讼的原告"，载《法学》2011 年第 6 期。

6. 吕忠梅："环境公益诉讼辨析"，载《法商研究》2008 年第 6 期。

7. 杨秀清："我国检察机关提起公益诉讼的正当性质疑"，载《南京师大学报（社会科学版）》2006 年第 6 期。

8. 段厚省："环境民事公益诉讼基本理论思考"，载《中外法学》2016 年第 4 期。

9. 梅宏："海洋生态环境损害赔偿的新问题及其解释论"，载《法学论坛》2017 年第 3 期。

10. 宋丽容："生态环境损害赔偿与社会组织公益诉讼之衔接"，载《中国环境管理干部学院学报》2018 年第 5 期。

11. 陈海嵩："生态环境损害赔偿制度的反思与重构——宪法解释的视角"，载《东方法学》2018 年第 6 期。

12. 李昊："损害概念的变迁及类型建构——以民法典侵权责任编的编纂为视角"，载《法学》2019 年第 2 期。

13. 刘静："论生态损害救济的模式选择"，载《中国法学》2019 年第 5 期。

14. 陈尚等："我国海洋生态系统服务功能及其价值评估研究计划"，载《地球科学进展》2006 年第 11 期。

15. 司玉琢："沿海运输船舶油污损害赔偿若干法律问题研究"，载《中国对外贸易》2002 年第 6 期。

16. 邹明锡："浅议溢油应急反应中的清污费用"，载《山东航海学会、山东海事局2007 年度优秀论文专刊》。

17. 杨楠："简析我国船舶溢油污染海洋的清污费用性质"，载《珠江水运》2007 年第 2 期。

18. 包继来："强制清污费用的法律探析"，载《世界海运》2009 年第 3 期。

19. 曹宝根："强制清污费的法律性质研究"，载《集美大学学报（哲学社会科学版）》2008 年第 3 期。

20. 龙玉兰："强制清污应具备的法定条件及清污费用的性质"，载《中国海商法年刊》2007 年第 00 期。

21. 王威："中国强制清污费用的法律性质探析"，载《广西民族大学学报（哲学社会科学版）》2013 年第 6 期。

22. 王婷婷、叶舟："船舶油污事故中强制清污费用请求权基础之证成——以'中恒

9'轮溢油事故为视角",载《大连海事大学学报（社会科学版）》2019年第1期。

23. 王利民、郭明龙："民事责任归责原则新论——过错推定规则的演进：现代归责原则的发展"，载《法学论坛》2006年第6期。

24. 晋海："生态环境损害赔偿归责宜采过错责任原则"，载《湖南科技大学学报（社会科学版）》2017年第5期。

25. 张梓太、席悦："生态环境损害赔偿纠纷处理机制探析"，《中国环境报》2017年12月21日，第3版。

26. 马腾："我国生态环境侵权责任制度之构建"，载《法商研究》2018年第2期。

27. 竺效："生态损害填补责任归责原则的两分法及其配套措施"，载《政治与法律》2007年第3期。

28. 张梓太、李晨光："关于我国生态环境损害赔偿立法的几个问题"，载《南京社会科学》2018年第3期。

29. 司玉琢："沿海运输船舶油污损害赔偿法律适用问题研究"，载《大连海事大学学报（社会科学版）》2002年第Z1期。

30. 司玉琢："从因果关系要件解读船舶碰撞致油污损害的请求权竞合"，载《中国海商法年刊》2008年第00期。

31. 陈向勇、陈永灿："船舶碰撞油污损害赔偿非漏油方民事责任——兼评油污损害赔偿司法解释草案的新发展"，载《中国海商法年刊》2010年第4期。

32. 何丽新、王功伟："移动式钻井平台油污损害赔偿责任限制问题研究——由墨西哥湾溢油事故钻井平台适用责任限制引发的思考"，载《太平洋学报》2011年第7期。

33. 刘力菲、刘腾："浅析钻井平台油污损害赔偿立法的完善——由渤海湾溢油事故引发的思考"，载《行政与法》2013年第6期。

34. 白龙："移动式海上钻井平台法律属性探析"，载《政治与法律》2015年第6期。

35. 李天生："海上钻井平台油污的法律适用范围与责任分析"，载《江西社会科学》2012第12期。

36. 司玉琢："海事赔偿责任限制优先适用原则研究——兼论海事赔偿责任限制权利之属性"，载《中国海商法年刊》2011年第2期。

37. 姚圣、毛子涵："生态权益、环境成本、资源损失：工业企业的环境控制体系"，载《中国矿业大学学报（社会科学版）》2012年第1期。

38. 赵红："关于审理船舶油污损害赔偿案件中的法律问题"，载《中国律师2005年海商法研讨会论文集》。

39. 吴南伟、余晓汉："关于海洋油污损害赔偿的现实与理性思考"，载《2005上海国际海事论坛论文集》。

40. 马德懿："海洋油污损害救济机制的解构与重构"，载《太平洋学报》2014年第

12 期。

41. 洪丽："谈海上钻井平台油污损害赔偿责任限制"，载《中国海事》2013 年第 8 期。

42. 韩萌："康菲溢油事故的法律责任分析"，载《华北电力大学学报（社会科学版）》2012 年第 1 期。

43. 曹明德、王琬璐："渤海油田漏油事故法律问题分析"，载《法学杂志》2012 年第 3 期。

44. 蔡守秋："从环境权到国家环境保护义务和环境公益诉讼"，载《现代法学》2013 年第 6 期。

45. 王明远："论我国环境公益诉讼的发展方向：基于行政权与司法权关系理论的分析"，载《中国法学》2016 年第 1 期。

46. 关正义、鹏鸠："CLC 油污民事责任公约适用的若干法律问题"，载《沈阳师范大学学报（社会科学版）》2007 年第 6 期。

47. 竺效："论环境民事公益诉讼救济的实体公益"，载《中国人民大学学报》2016 年第 2 期。

48. 张新宝、李倩："纯粹经济损失赔偿规则：理论、实践及立法选择"，载《法学论坛》2009 年第 1 期。

49. 竺效："生态损害公益索赔主体机制的构建"，载《法学》2016 年第 3 期。

50. 刘长霞："强制清污费用法律问题研究"，载《中国海洋大学学报（社会科学版）》2015 年第 2 期。

51. 宋家慧："美国《1990 年油污法》及船舶油污损害赔偿机制概述"，载《交通环保》1999 年第 3 期。

52. 王灿发、程多威："新《环境保护法》下环境公益诉讼面临的困境及其破解"，载《法律适用》2014 年第 8 期。

53. 谢高地等："基于单位面积价值当量因子的生态系统服务价值化方法改进"，载《自然资源学报》2015 年第 8 期。

54. 张先明："正确审理船舶油污损害赔偿纠纷案件并不断加快海洋环境司法保护工作步伐——最高人民法院民四庭负责人答记者问"，《人民法院报》2011 年 6 月 15 日，第 2 版。

55. 孙佑海："对修改后的《民事诉讼法》中公益诉讼制度的理解"，载《法学杂志》2012 年第 12 期。

56. 梅宏："海洋生态环境损害赔偿的新问题及其解释论"，载《法学论坛》2017 年第 3 期。

57. 单红军等："论我国海洋环境公益诉讼的若干法律问题——以'大连环保志愿者协会诉大连中石油公司等案'为视角"，载《环境保护》2016 年第 Z1 期。

58. 刘伊娜："试论环保组织参与海洋环境公益诉讼的路径与完善"，载《浙江海洋大学学报（人文科学版）》2019 年第 6 期。

59. 刘学在："民事公益诉讼原告资格解析"，载《国家检察官学院学报》2013 年第 2 期。

60. 刘长霞："基于油污损害赔偿的海上钻井平台法律属性探析"，载《中国海洋大学学报（社会科学版）》2016 年第 3 期。

61. 张辉："海洋石油开发油污损害赔偿责任限制问题研究"，载《武大国际法评论》2017 年第 6 期。

62. 黄西武："美国墨西哥湾溢油事故诉讼案件概要及其启示"，载《人民法治》2018 年第 4 期。

63. 张宏凯："船舶碰撞致油污损害中非漏油船责任承担之研判与构想"，载《河北法学》2018 年第 8 期。

64. 蒋琳："船舶油污损害的国际法研究"，华东政法大学 2014 年博士学位论文。

65. 张海枫："海洋石油污染归责原则体系研究"，对外经济贸易大学 2019 年博士学位论文。

66. 曾旭："我国船舶油污损害海洋环境赔偿范围研究"，大连海事大学 2018 年硕士学位论文。

67. 国家海洋局："蓬莱 19-3 油田溢油事故联合调查组关于事故调查处理报告"，国家海洋局 2017 年 9 月 11 日发布。

68. 肖琪畅："法律修订视角下环境民事公益诉讼主体问题探索"，载《时代法学》2019 年第 1 期。

69. 敖双红："公益诉讼概念辨析"，载《武汉大学学报（哲学社会科学版）》2007 年第 2 期。

70. 李挚萍："中国环境公益诉讼原告主体的优劣分析和顺序选择"，载《河北法学》2010 年第 1 期。

71. 李艳芳、吴凯杰："论检察机关在环境公益诉讼中的角色与定位——兼评最高人民检察院《检察机关提起公益诉讼改革试点方案》"，载《中国人民大学学报》2016 年第 2 期。

72. 李艳芳："生态环境损害赔偿诉讼的目的、比较优势与立法需求"，载《法律适用》2020 年第 4 期。

73. 朱谦、谌杨："'生态环境损害赔偿诉讼优先论'之思辨——兼论与环境民事公益诉讼的顺位问题"，载《学术论坛》2020 年第 5 期。

74. 王克稳："自然资源国家所有权的性质反思与制度重构"，载《中外法学》2019 年第 3 期。

75. 曹明德："环境资源民事责任"，载蔡守秋主编：《环境资源法学》，人民法院出版社 2003 年版。

三、外文类

1. John Mccarthy, Zahari Zen, "Regulating the Oil Palm Boom: Assessing the Effectiveness of Environmental Governance Approaches to Agro-industrial Pollution in Indonesia", *Law & Policy*, 2010.

2. W. Kip Viscusi, Richard J. Zeckhauser, "Deterring and Compensating Oil-Spill Catastrophes: The Need for Strict and Two-Tier Liability", *Vanderbilt Law Review*, 2011.

3. Rick S. Kurtz, "Coastal Oil Pollution: Spills, Crisis, and Policy Change", *Review of Policy Research*, 2004.

4. David D. Caron, *Liability for Transnational Pollution Arising from offshore Oil Development: A Methodological Approach*, *Econlogy Law Quarterly*, 1982-1983.

5. Sergio J. Alarcon, Flynn M. Jenningst, "Monitoring Costs under the Oil Pollution Act of 1990: A Blank Check for the Coast Guard?" *Tulane Maritime Law Journal*, 1996-1997.

6. Xin Liu and Kai W. Wirtz, "Total oil spill costs and compensations", *Maritime Policy & Management*, 2006.

7. Millennium Ecosystem Assessment, "Ecosystems and human well-being: A framework for assessment", *Washington DC: Island Press*, 2003.

8. Wu Chao, "Pollution from the Carriage of Oil by Sea: Liability and Compensation", *Kluwer Law International*, 1996.

9. Gauci G., "Limitation of Liability in Maritime Law: an Anachronism?" *Maritime Policy*, 1995.

10. Thomas L. Nummery, "Environmental Salvage Law in the Age of the Tanker", *Fordham Environmental Law Review*, 2009.

11. Carol Adaire Jones, "Compensation for Natural Resource Damages from Oil Spills: A Comparison of US Law and International Conventions", *International Journal of Environment and Pollution*, 1999.

12. Geoffrey Brice, Q. C. "Salvage and the Marine Environment", *Tulane Law Review*, 1995-1996.

13. Eze AmakaG., Eze, "Ted C. International Law and the Prevention and Control of Oil and Gas Pollution", *Journal of Law, Policy and Globalization*, 2015.

14. Babatunde. Isaaco., Akpambang Enobong Mbang, "Impediments to Enforcement of Environmental Treaties against Oil Pollution", *Nnamdi Azikiwe University Journal of International Law and Juriprudence*, 2017.